JN102237

英語と日本語の深層を探る

（上）

開拓社
言語・文化選書

89

英語と日本語の深層を探る（上）

言語を比較する

平出昌嗣 著

開拓社

は し が き

　本書は英語と日本語の比較・対照研究で，さまざまな言語現象，さまざまな文法項目に焦点を当て，両言語の違いを浮き彫りにするとともに，その違いに表れた言語精神を明らかにする。そのために視野をできる限り広く取り，歴史の流れや言語文化という大きな枠組みの中で各言語の特徴を捉えていく。

　本書の特色として，ただ現代語を研究対象とするだけでなく，その背後にあるもの，すなわち語源や文法の歴史的変化，さらには日本と西欧の文化の違いをも研究対象としている。目に映る水面の輝きだけでなく，その奥に広がる暗く深い世界をさぐることで，いわば立体的に言語を捉えることができるからである。またもう一つの特色として，多くの引用を文学作品から持ってきている。その範囲は，英文学では『欽定訳聖書』やシェイクスピアの戯曲に始まり，ロマン派などの詩，古典小説，現代小説および，国文学では『竹取物語』『源氏物語』に始まり，和歌，俳句，歌舞伎，中世の物語や現代小説におよぶ。これは一つには歴史の中での言葉の使い方や変化を見るためであり，また一つには良質の言語資料を提供するためである。言語の仕組みだけではなく，それがどのような形で芸術に結晶しているかも見ていきたいと思う。

　本書は，一つの文法項目，一つの言語現象にこだわるのではなく，さまざまな文法項目や言語現象を総合し，言語の全体像を築き上げることを目指している。一つの文法項目，一つの言語現象に見られる発想は，その言語，あるいはその言語民族の根本的な発想として，ほかの文法項目，ほかの言語現象にも通じていると思われる。たとえば，英語は言葉を独立的に捉え，それ自体で意味を成すよう細かく分析的に表現する傾向があるのに対し，日本語は，言葉を人との係わりの中で捉え，細かい表現は避けて，暗示や情緒性が

強くなる傾向がある。それは個人の問題というよりも，文法がそうなるよう規定しているからである。そしてその文法の違いは，人間が言葉で考える限り，思考方法の違い，表現方法の違いともなり，それは背後にある文化の違い，たとえば個の文化と和の文化，牧畜文化と稲作文化といったものとも深く結び付いている。したがって，そうした違いの例を言語表現の中からできる限りすくい取り，比較対照を通して各言語の全体像を浮かび上がらせることが本書の目指すところとなる。

　本書は，上・中・下巻の三部作である。全体的構成として，言語を三つの側面に分けて考察する。この上巻では言語現象一般を扱い，両言語の特徴，語彙，文の構築法，発音とリズム，擬音語・擬態語，文字を見る。中巻では文法に焦点をしぼり，主語，語順，否定，時制と相，受身，仮定法と敬語を扱う。下巻ではさらに細かい品詞に焦点をあて，動詞，助動詞，形容詞，代名詞，冠詞と数，前置詞と助詞を扱う。なお「言葉」と「言語」は和語と漢語というだけで基本的には同じだが（大和言葉とは和語 the Japanese language のこと），区別する場合は，言語が，英語とか日本語とか，ある民族や国で用いる，固有の語彙と文法を持つ体系的なものなのに対し，言葉とは特に限定されない一般的なものになる。

　2021 年 3 月

平出　昌嗣

目　次

序

　人間には二つの世界がある。一つは，目で見，耳で聞く感覚の世界であり，もう一つは言葉で知る認識の世界である。二つの世界は重なっており，認識の世界とは感覚の世界を言葉で表現したものになる。したがって，その二つは，自然と文化，あるいは本能と知性に対応している。動物は本能と感覚によって自然界に生き，人間は自然界に身を置きながら，同時に言葉によって文化の世界と係わっている。しかし言葉の鏡に自然界のすべてが映し出されるわけではない。言葉の世界とは，いわば自然界にヴェールをかけて白紙にし，その白紙の上へ特定の対象を引っ張り上げ，それに意味と名前を与えて知性の目に見えるようにしたものである。何をどう引っ張り出すかは各民族の発想と係わる。民族の発想に合わず，拾い上げられないものは言葉にならず，感覚の世界に沈んだままで，目には見えていても認識の対象とはならない。

　同じものを引っ張り出しても，それを言語化するときに違いが出てくる。ただ音声だけでなく，それをどう見たかで言葉の意味合いも違ってくる。狼は，語源をたどれば，日本語では「おおかみ」で大いなる神の意，漢語では「狼（ろう）」で群れを成して波のように襲いかかる獣の意，英語では wolf で引き裂く獣の意になり，対象は同一でもイメージが違う。さらに英語には常に数の意識があり，文では a wolf と冠詞がついて一頭と認識されるが，日本語に冠詞はなく，通常は数の意識もない。言葉を並べて文を作るときも，Don't kill the wolf before I join you.（私が行くまで狼は殺すな）のように，英語は Don't kill という話し手の意志を最初に置いて言いたいことを早く伝えようとするが，日本語は「殺すな」を最後に置いて文をまとめようとする。それが，論説やスピーチなど，言葉で何か伝えようとするときの文章の構成方法にもなる。

　言葉はただ現実を映すだけではなく，さらに新しい現実も作り出す。自由とか正義といった言葉は，自然界には存在しない抽象的な言葉である。神とか地獄，ゼロとかマイナスもそうである。しかしそれらの言葉なくしては社会は成り立たない。だから目に見える世界にも増して，人間は言葉の世界，あるいは言葉が作り出すフィクションの世界に住んでいる。その言葉のフィクション性が意識されることはほとんどない。それが現実を構成しているからである。しかし当然視していた認識の世界が奇妙にゆがむことがある。外国語に触れ，捉え方の違いを知るときで，たとえば head が，頭と同一ではなく，頭と顔を含め，さらに頭蓋骨まで含むと知るとき，同じものを見ていながら捉え方がまったく違っていることに気づく。さらに「首を振る」は neck を使わず，shake one's head と表現することを知るとき，首という日本語の概念までも揺らぐことになる（漢字の「首」は head の意）。言葉の鏡にはゆがみがあり，そのゆがみは民族の発想そのものを表している。本書が関心を持つのもそのゆがみであり，英語と日本語を比較・対照することで発想の違いを浮かび上がらせ，それぞれの言語の特徴を明らかにすることが本書の第一の目的となる。

　言葉の使い方の根本的な違いとして，日本語は人を見て話し，英語は物を見て話すということがある。聖徳太子が「和を以て貴しと為す」と言って以来，日本は一貫して和を貴ぶ風土であり，対人関係を重んじて，言いたいことを一方的に主張するのではなく，向かい合う相手を見て話し方を加減する。上下，親疎，内と外といったものが人間関係の土台になっているから，上の人や遠い人には敬語を使い，距離を置いて，あからさまな発言は控えられる。一方，親しい人，目下の人には気遣いなく，飾らない裸の言葉でざっくばらんに話せる。だから「食べる」が，「召し上がる」「お食べになる」「食べられる」「いただく」「食う」「食らう」のように膨らんだり縮んだりし（「食べる」は本来は「食う」の丁寧語），文法も，主語や目的語をつけたりつけなかったり，「いただくぜ」「いただきます

ね」のように助詞や助動詞を使い分けたりして，感情の機微を表しやすいように出来ている。概して和の雰囲気が強ければ，まるで霧に包まれるように言葉の暗示性や情緒性が強くなり，弱ければ，今度は霧が晴れるように，言葉は明示的，客観的になる。日本語は，表現手段としては，いわば柔らかな粘土と言ってよく，状況に応じて大きくしたり小さくしたり，整えたりゆがめたりする。

　一方，英語は，人ではなく，物を見て話す。物とは，自分の心にある言いたいと思う観念である。物は事と言ってもいい。英語では物と事を区別せず，どちらも thing になる。だから A strange thing happened to me. は「奇妙なことが起こった」となる（thing の語源は「集会」で，そこから話し合われる「問題，事件」となり，「物，事」となった。日本語の「言」と「事」は同語源で，事は言によって現れる事象，「物」は「者」と同語源で存在を表す）。西欧は和ではなく，個の社会であり，キリスト教では人はみな神の前では平等と教えるように，人間は誰もが魂を持ち，個人として独立し，対等・平等である。独立している限り，人と人，個と個の間には溝があるから，言いたいことははっきりと相手に伝える必要がある。「食べる」にしても，英語には eat という事実を述べる言葉しかなく，日本語のように人に応じて言い方を変えるようなことはしない。文法も，日本語では省かれる主語や目的語，数や時制を細かくはっきりと示して，まるで光を当てるように，言いたいことを明確に表現できるように出来ている。英語の単語は柔らかな粘土ではなく，硬いレンガであり，レンガとレンガをしっかりと組み合わせて明確で頑丈なメッセージを作る。一言で覆えば，日本語は人を見て話す主観性の強い言語であり，英語は物を正確に伝えようとする客観性の強い言語になる。

　「初めに言葉ありき」（ヨハネの福音書 1.1）が英語（西欧語）の言語精神であり，「言挙げせず」が日本語の言語精神である（「秋津島大和の国は神からと言挙げせぬ国」万葉集）。神が言葉（ロゴス）で世界を創造したように，西欧では言葉は自分の考えを打ち立てる力

であり，また相手を征服する武器ともなる。それゆえ明確に，かつ論理的に，かつ雄弁に語ることでその力を発揮する。日本では言葉は「事の端」で，物事の一端しか言い表すことができず，それゆえ自然の成り行きに任せ，強く自己主張することを慎む。そうして真意をぼかすことで暗示力を強め，以心伝心，察する，思いやる，腹を読むという心の交流を促すが，英語は誤解がないようにはっきりと言い切ることで，心の交わりというよりは，言葉と言葉のやり取りを促す。人が学ぶべき話術も，古代から一貫して，日本では敬語，西欧ではレトリック（雄弁術）（現代ではスピーチやディベート）で，一方は相手を引き立てるためのもの，一方は相手を説き伏せるためのものになる。

　以上ごく簡単に英語と日本語の特徴をスケッチしたが，おのおのの言語にはその民族特有の精神が脈打っており，それは，言葉がその文化に血として流れている限り，ほとんど変えることのできないものである。新しい便利な言葉が外国語から入ってきても，その精神はすぐにそれを消化，同化し，いわば自国語に帰化させてしまう。たとえば「彼・彼女」は he, she の翻訳語として明治期に作られたものだが，子供や老人には使わないし，「わたしの彼」のように恋人の意にさえなる。しかし元の英語はあくまでそうした主観を排除した客観的，機能的なものになる。

　本論に入る前に，文法用語と時代区分について整理しておく必要がある。本書において使われる文法用語は，煩雑さを避けるために原則として英文法で使われる用語に統一し，必要に応じて日本語文法の用語を用いる。日本語の文法は，西欧の文法に準拠しているとはいえ，いくつか名称が異なるし，同じ名称を用いていても概念にズレがある。これは英語の分析方法は英語特有のもので，日本語にはうまく当てはまらないためである。

　普遍的な言葉の三要素として，名詞，動詞，形容詞がある。意味で規定すれば，名詞とは物，動詞とは動き，形容詞とは状態を表す

言葉，文中の役割で規定すれば，名詞とは主語や目的語として動詞につくもの，動詞とは主語や目的語をつなぐもの，形容詞とは名詞や動詞を修飾するものとなり，この三つでほとんどのことは捉えられる。この三つの言葉をどうつなげるかで，言語は三つのタイプに分かれる。膠着語，屈折語，孤立語で，膠着語とは，日本語のように単語に「て・に・を・は」などの助詞や助動詞をつけて関係を示すもの，屈折語とは，英語のように I－my－me－mine，go－went－gone－going といった語形変化によって示すもの，孤立語とは，中国語のように「我爱她」（I love her）「她爱我」（She loves me）といった単語の配列順序のみによって示すものである。英語は，ラテン語・ドイツ語・フランス語などの西欧語のようにもともとは屈折語だったが，歴史の中でほとんどの語尾変化をなくし，代わりに語順を定め，助動詞や前置詞を使うようになって，孤立語あるいは膠着語としての性質を帯びるようになってきている。

　英語と日本語の品詞を分類してみると，以下の表のようになる。品詞（parts of speech）とは，文法的性質に基づいて分類した単語の区分けのことで，学校文法では，英語は 8 種類，日本語は 10 種類になる。

	物	動き	状　態	関　係
英語	名詞，代名詞	動詞（助動詞）	形容詞（冠詞），副詞，間投詞	接続詞，前置詞
日本語	名詞（代名詞）	動詞，助動詞	形容詞，形容動詞，連体詞，副詞，感動詞	接続詞，助詞

　「物」の欄での違いは，日本語では代名詞は名詞に含まれることである。それだけ代名詞の独立性が弱い。「動き」では，英語の助動詞は動詞に含まれる。もともと動詞だったもので，動詞を補う役目を果たす。日本語の助動詞は動詞の意味を限定する積極的な役割を果たす。「状態」では，英語の冠詞は形容詞に含まれる。名詞を

修飾するものだからである。日本語の形容詞，形容動詞，連体詞は，英語ではすべて形容詞になる。「大きい」という活用する形容詞と，「大きな」という活用のない連体詞を区別する発想は英語にはなく，また「寂しい」という形容詞と「孤独だ」という形容動詞を区別する発想もない。また副詞は，「早く（走る）」(fast) は英語では副詞だが，日本語では形容詞の活用になる。間投詞と感動詞はだいたい同じものだが，「はい・いいえ」という返事は，日本語では感動詞，英語では副詞になる。「関係」では，英語の前置詞は日本語の後置詞である助詞（格助詞）に相当する役目を果たす。同一名称の品詞の違いについては本論で詳しく述べる。

　文として品詞を配列する際，英語では主語，動詞，目的語，補語という用語を用いる。日本語では主語，動詞は同じだが，目的語や補語はなく，修飾語という名称になる。名詞（体言）にかかる形容詞は連体修飾語（形容詞的修飾語），動詞・形容詞（用言）にかかる副詞は連用修飾語（副詞的修飾語）と呼ぶ。英語の目的語や補語も日本語では連用修飾語になる。主語に修飾語がつく場合は，そのまとまりを主部と呼び，述語に修飾語がつく場合はまとめて述部と呼ぶ（語と部を区別しないこともある）。文は「主語＋述語（主部＋述部）」（〜が〜する，〜は〜である）の形を取る。「赤い風船がお空に上がったよ」では，「赤い風船が」が主部，「風船が」が主語，「お空に上がったよ」が述部，「上がったよ」が述語（助動詞，助詞を含める）になる。A red balloon went up into the sky. では，a red balloon が主部，balloon が主語，went up into the sky が述部，went up が述語動詞（動詞）（助動詞や句動詞を含める）となる。述語は，日本語では動詞，形容詞，形容動詞，名詞になるのに対し，英語は動詞に目的語や補語を含んだ部分になる。また英語では二つ以上の語から成るまとまりで，その中に「主語＋述語」のあるものは節 (clause)，ないものは句 (phrase) とし，それが文中で名詞の働きをする場合は名詞句・名詞節と呼び，名詞を修飾する場合は形容詞句・形容詞節，動詞や文を修飾する場合は副詞句・副詞節

と呼ぶ。二つの節が and や but の接続詞で対等に並ぶものは等位節（重文），because などの接続詞や関係詞などで一方が他方に従属するときは主節と従属節（従節）を区別する（複文）。日本語の場合は主語がなくても述語だけで文になるので，句や節の区別はあまり意味を持たず，ほかの語句への掛かり方で連体修飾部，連用修飾部を分ける。学校文法では文節という言葉を使うが（橋本文法の用語），これは文を自然な発音で区切った際の最小のまとまりのことで，英語の節とは異なる。「父は・東京へ・行った」は三文節になる。このように両言語の文法用語にはズレがあるため，本書では原則として英語の用語に従うこととする。

　言葉の時代区分では，英語，日本語とも大きく四つに分けられる（20 世紀を前の時代とくっつけて一つと見なし，三分割する見方もある）。偶然なのか，時期はほぼ似かよったものになっている。

	1100		1500		1900	
英語	古英語		中英語	近代英語		現代英語
				初期近代英語	（後期）	
日本語	古代語		中世		近世語		近代語
	上代語奈良時代	中古語平安時代	院政・鎌倉時代	室町時代	江戸時代前期	江戸時代後期	

1086　　　　1603　　　　1868

　英語の場合，古英語（Old English（OE））とは 5 世紀半ばのアングロ・サクソン人のブリテン島侵入から始まり（文献は 700 年頃から），ノルマン人のイギリス征服（the Norman Conquest, 1066）によりノルマン人・フランス語の支配が始まるまでの時期で，動詞・名詞・形容詞・冠詞がすべて屈折し，特有の語尾を持った。文献としては『ベオウルフ』（*Beowulf*）やアルフレッド大王の『アングロ・サクソン年代記』（*Anglo-Saxon Chronicle*）が重要になる。中英語

(Middle English（ME））は，ノルマン人・フランス語の支配を中心に，英語が国語として復権し，ルネサンスが始まる 1500 年までの時期で，言葉の屈折が減少していく語尾水平化の時代になる。中世後期のチョーサーの『カンタベリー物語』（*The Canterbury Tales*）が重要な文献になる。近代英語（Modern English（ModE））はルネサンスから 20 世紀を迎えるまでの時代で，屈折がほぼ消失した時代になる。大母音推移など，言語上の変化の大きかった 1700 年までを初期近代英語として特に区別する。シェイクスピアの戯曲や『欽定訳聖書』がこの時期の重要な文献になる。1900 年からの英語は現代英語（Present-day English（PE））となり，アメリカ英語の存在が大きくなるが，近代英語に含めることもある。

　日本語の場合，日本史で区分し，古代とは，大和朝廷の成立から始まり，古代語（古典語）が発展・完成される時代で，発展期の奈良時代およびそれ以前を上代，完成期の平安時代を中古と呼ぶ。上代では『古事記』『日本書紀』『万葉集』，国風文化の栄える中古では宮廷の女流作家による『源氏物語』『枕草子』といった和文体の作品が重要な文献になる。中世は 1086 年の院政からで，政治の担い手は天皇から将軍，貴族から武士に移って封建制の時代となり，文法面では連体形が終止形を兼ねるようになるなど，古代語の規範が崩れて新しい表現が現れてくる。特に室町時代には現代語に通じる口語表現が現れ，言葉が大きく変わる。この時期の代表的な文献は『方丈記』『平家物語』といった和漢混淆文で書かれた随筆や軍記物，あるいは当時の口語をローマ字等で記したキリシタン資料になる。近世は江戸幕府の始まる 1603 年以降で，京・大坂の上方文化が中心だった前期と江戸文化が中心になる後期に分かれ，中央語（文化の中心としての都の言葉）もそれまでの上方語から江戸語に移って，現代語の元となる近世語が発展していく時代になる。この時代は貴族，僧侶，武士の上層階級の言葉に加え，町人の言葉も多く文献に現れてくる。そして近代は明治時代の始まる 1868 年以降で，時代の主役は市民に移り，言文一致体が確立され，戦後は現代

語，そして共通語の時代となる。また別に，日本語史は大きく二分
法を取ることもあり，平安文学を規範とする貴族の言葉を古代語，
それが崩れた後の武士の言葉，および庶民の言葉を近代語とする。
その境界線は中世で，朝廷が二つに分裂し，社会が大きく乱れた南
北朝がその象徴的な時代になる。

第1章　言　語

1.　言葉の誕生

　言葉とは何か。それは人間とは何かという問いと同じくらい難しい問題である。人間は言葉なくしては生きられない。人は毎日，言葉で人と交わり，言葉でさまざまなことを知り，言葉で考え，言葉で自分の生活を切り開いていく。言葉は人間にとって，空気や水と同じくらい生きるのに不可欠なものである。だから，もし人間から言葉を取り去ってしまったら，人とは交われず，現実を知ることもできず，考えることも，自分の生活を切り開いていくこともできなくなる。つまり人は人間ではなくなり，うなるだけ，吠えるだけの動物と同じ存在にまで退化していってしまう。

　ふだん何気なく使っている言葉も，人類の進化と係わりを持つ。と言うより，言葉こそ人類を進化させた根本的な力である。現在この世に生きている人類はホモ・サピエンス（賢い人の意）と言い，西洋人，日本人を含め，またコーカソイド（白色人種），ネグロイド（黒色人種），モンゴロイド（黄色人種）を含めて，人間であればすべてこの種に属する。何万年も前には，ネアンデルタール人やホモ・エレクトゥス（直立した人の意）など同じヒト科ヒト属に入るほかの種もいたが，すべて絶滅して地上から消えていった。しかしホモ・サピエンスはほかの種よりも脳が発達し，言語能力，知的能

力に優れ，それに基づく開拓能力，支配能力を持っていたから，大自然の生存競争に勝ち残ることができた。

　人類の歴史を少したどっておけば，サルと同じ霊長類に分類されるヒト属は，約二百万年前，アフリカで，それまでの森林での樹上生活をやめ，木から下り，森を出て直立二足歩行を始めた。彼らは自由になった手で石器や道具を扱うことができるようになり，長い時間をかけて，猿人，原人，旧人，新人と発達してきた。新人であるホモ・サピエンスは，二十万年前に現れ，長く東アフリカに住んでいたが，五万年前に東アフリカから出ると，中東を経て，ヨーロッパやアジアなどに広がっていった。そこにはすでに，ヨーロッパには旧人のネアンデルタール人，アジアには原人のホモ・エレクトゥス（北京原人など）といった先住人種が暮らしていた。共存の時期もあったと推測されるが，最終的に，ホモ・サピエンスは彼らとの生存競争に打ち勝ち，入れ替わっていった（ヨーロッパのネアンデルタール人は三万年前に絶滅するが，その原因は，ホモ・サピエンスとの戦い，火山の噴火による食糧不足などが考えられるものの，不明）。この新人類はその開拓能力により，ユーラシア大陸のみならず，氷河期で地続きとなっていたアメリカ大陸やオーストラリア大陸にも移動し，世界の各地で新しい社会，新しい文化を築いていった。日本にも，約三万年前，氷河期で海面が低下し，アジア大陸と地続きとなっていた頃にやって来，約一万年前，氷河期が終わって海面が上がり，日本が大陸から隔てられると，縄文人として，そこで独自の文化を築くようになる。

　このホモ・サピエンスが生き残ることができた能力は，直立二足歩行，道具の使用，火の使用以上に，言葉の使用がある（よってホモ・ロクエンス homo loquens「言葉を持つ人」とも呼ばれる）。直立二足歩行により，脳の容積が増し，咽頭部が広がって，多様な音声を出し，それを操れるようになる。この言語能力の発達のおかげで，言葉を使った交流や団結，状況把握や計画行動などができ，また言葉による知識の伝授によって文化の維持・発展ができた。つま

り言葉こそ彼らの発展を支える力であった。脳でこの言語をつかさどる部分は言語野（言語中枢）と言い，人類はこの部分が発達している。もし脳腫瘍や外傷でこの部分を損傷すると失語症になり，言葉を理解したり話したりすることができなくなる。重症の場合，思考そのものができなくなり，動物と同じ本能と感情だけの存在となってしまう。つまり，人間は言葉があるおかげで考えることができる。だから，言葉は人間を人間らしくしている本質的な力と言っていい。言葉の力によって人間は自然への隷属から脱し，みずからの高度な世界を築くことができるようになった。

　ではその言葉はどのように発展したのだろう。生き物はすべて，たえず流れ動く現象界に投げ出されており，そこに依存し，そこに順応して，生まれ持った本能の力で生きていく。その生き方は自然環境に支配された受動的なものである。しかし人間は，二本足で立ち上がり，話す力，考える力を得ることで，その流れ動く現象界から抜け出し，その現象界を思考の対象とするようになる。そしてその流動的な世界を固定し，分解して，取り出した一つ一つに言葉を与え，観念化して，いわば道具として扱いやすいものに変えていった。目に見えるものなら，木，川，空，鳥，花といったように，動作であれば，歩く，眠る，走る，食べるといったように，状態なら，暑い，寒い，怖い，うれしいといったように，現象界は最小の要素に分解され，言語化されていった。こうして人間は，自分たちが置かれた，感覚を通して知る物理的世界のほかに，言葉によって構築される観念的世界を持つことができるようになった。彼らは現実の事物を言葉に写し取るだけではなく，さらには時間や方向や数を表す言葉を考案し，現象界を確実に言葉の網の中に捉えていった。それは自然に依存するのではなく，逆に自然を捉え，分析し，支配していこうとする積極的な生き方である。ただ目に見える世界だけではない。目に見えない世界まで推測し，想像し，言語化して，認識できるものに変えていく。こうして目に見えない大自然の法則がつかみ出され，神や精霊や霊魂が生み出され，宗教が誕生

し，宗教は，その壮大なヴィジョンと力強い言葉ですべての人間を
まとめ上げる大きな力へと発展していく。かくて言葉が作り出す強
力な観念の下に部族が形成され，文化が作り出され，さまざまな道
具や技術が開発され，農業や産業が営まれ，都市ができ，階級がで
き，国家ができ，他国への侵略・征服を通して領土が拡大され，知
識や文化が吸収され，大きくふくれ上がって一大王国が作り出され
ていく。そしてついには文字が発明され，改良され，広まって，あ
らゆるものが記録として残され，後世に伝えられて，法律が，文学
が，科学が，歴史が，そして文明が，熟する果実のように，大きく
豊かに作り出されていった。その人類の発展を支えた根本的な力
が，言葉なのである。

　言葉には大きく二つの働きがある。一つは，仲間どうしのコミュ
ニケーションの手段となることである。言葉によって意思疎通がは
かれ，知識が伝わり，議論ができ，方針が決まり，心と心がつな
がって，目的と秩序を持った集団行動を取ることができる。また同
じ言葉を話すことが同族であることの印であり，それは血が成す以
上に集団を堅固にする。古代のギリシャ・ローマ人は外国人をバー
バリアンと呼んで軽蔑していたが，それは「わけの分からない言葉
を話す人」の意であった。集団が大きくなり，国家となれば，その
国語を話すことが国民であることの証になる。したがって，言葉
は，人と人をつなげ，団結心を作り出し，社会をまとめる大きな手
段になる。とりわけ支配者の言葉，宗教的指導者の言葉は，人々を
支配し，団結させ，精神を鼓舞して民族的行動に駆り立てる強大な
力となる。

　言葉のもう一つの働きは，抽象的な思考を可能にすることであ
る。言葉を用いることで，目の前の具体的な事物にとらわれず，そ
こから離れて，自由にものを考えることができる。その能力によ
り，人間は現実を超え，現実にない新しいものを想像することがで
きる。進歩と創造はそこから生まれる。作り出されたものは共有さ
れ，改良され，蓄積され，文化はどんどん大きく豊かなものになっ

ていく。その最たるものは宗教であろう。霊的世界は、その存在こそ証明できないが、人生や現世に意味を与えてくれる精神的土台となりうる。神がいる、あるいは死んだ両親や祖先が見守ってくれると信じることで、人間は不安や孤独から救われ、自信や希望を持ってしっかりした生活を送ることができる。だからもし宗教が失われれば現世だけがすべてになり、弱肉強食がルールとなって、社会はただちに崩壊するかもしれない。したがって、幻想が人生や社会の土台になっていると言ってもいい。ただ宗教だけではなく、さまざまな理想的観念が人間や社会を支えている。たとえば今日、日本人は、自由、権利、個人、正義、あるいは民主主義といった観念を価値あるものと思い、それを社会の土台にしている。しかしそれらは自然界に目に見える形で存在しているものではない。それは人間が作り出した観念であり、社会の外側から見ればフィクションであり、幻想であるが、それが社会を支えている。しかも日本の場合、それらは明治期に西欧から取り入れたものであり、それ以前の日本には存在しないものだった。しかし言葉として存在を得ることで、その観念は実体となり、人や社会を支配する大きな力となる。ジョージ・オーウェルの小説『1984年』では、独裁政府は語彙を減らすことで民衆の思考を支配しようとした。もし自由とか正義という言葉を知らなければ、自由や正義に憧れることも、自由や正義を求めて戦うこともないわけである。

　だから言葉こそが、人類を、また文明を支え、発達させる力となる。ただし、言葉によって人間は自然から独立するが、同時に、言葉が幻想である以上、人間は言葉の世界に閉じ込められ、現実を見られなくなるという負の側面も持つ。言葉を土台にした文明そのものが、自然から隔離された巨大な牢獄としての側面を持つ。人間は、その一員である限り、時代や社会や政治を支配するイデオロギーからはなかなか自由になれない。個人においても、人は言葉の囚人であらざるをえず、言葉に縛られ、言葉に振り回される。ドン・キホーテは物語の世界を現実の世界と思い込んで妄想の中に生

き，シェイクスピアの主人公たちは，魔女の言葉に操られるマクベ
スや，イアーゴのうそに翻弄されるオセロ，甘いへつらいの言葉に
盲目となったリア王のように，言葉の罠にはまり込み，致命的な行
動に走って，すべてが手遅れになってからやっと言葉の呪縛から抜
け出ることができる。平凡な日常生活でも人は，三日後の試験をあ
と三日しかないと言っては絶望し，まだ三日もあると言っては希望
を持つ。実際には何も変わっていないのに，言葉が現実を色づけ，
まったく違うものに変えてしまうのである。このように人間は言葉
で操られるゆえに，禅宗などにおける無の境地は，人間が言葉の檻
から脱して到達すべき一つの理想とも成りえる。

　今日，世界で話されている言語は，主だったものは二十数語，全
体では三千から七千語と言われている。もしホモ・サピエンスの故
郷が五万年前の東アフリカであるとするなら，その頃は多少とも似
かよった言語が話されていたかもしれない。しかしアフリカから
出，世界に分散していく過程で劇的に変化していった。時間の単位
は何千年，何万年という単位である。その気の遠くなりそうな時の
流れの中で，人類は移動と定着，繁栄と衰退を繰り返しながら，そ
れぞれの地で，その気候風土や歴史に条件づけられながら独自の文
化を築き，固有の言語を作り出していった。西欧，中東，東洋など
で独自に発達した言語は，ちょうどアフリカでは黒かった肌の色が
白や黄色に変わってしまうように，まったく別種のものに変わって
いった。同じ言語でも，今の日本人が千年前の『源氏物語』を読み，
あるいは英国人が五百年前のシェイクスピアの戯曲を読んですんな
り理解することは難しい。しかしその五百年，千年というのは，新
人類の何万年にも及ぶ歴史の中ではほんの一瞬のことにすぎない。
もっとも共通点として，名詞，動詞，形容詞の組み合わせで文を作
るということがある。そうして最小単位に分けることが新人類の言
語の特徴なのかもしれない。しかし土台は同じでも，発音や語彙と
いった具体的な側面になると，すべての国，すべての時代に共通す
るものを見つけ出すことはほぼ不可能である。

　この流動性の高い言語は，人類の発展と共に，劣ったものから優れたものへと進歩してきたのだろうか。確かに語彙は，他言語との交流を通して豊かになった。しかし文法面を見ると，必ずしも進歩したとは言い難い。西欧では古代ギリシャ・ローマ語がもっとも高度で洗練されたものと見なされ，日本でも平安時代の古典語が長らく書き言葉の規範として尊ばれてきた。どちらも文法が複雑で，微妙な違いを豊かに表現できるもので，それと比べると現代語は細かい区別を失って単純化された印象を受ける。同様に，人間でさえ進歩しているとは言い難い。文化や文明は知識の蓄積により進歩していくから，人間も，なんとなく，現代人より古代の人間のほうが原始的で，知的レベルも低いと考えがちになる。しかしホモ・サピエンスである限り，脳の容積という点ではまったく同じである（もし変われば新しい人種になる）。プラトンやホメロスを生み，個人を尊ぶ価値観の確立されていた古代ギリシャ文明は今でも西欧文明の原点であり，ルネサンス以降，憧れを向ける時代であり続ける。その絶頂期は紀元前五世紀ごろで，日本では縄文から弥生へ移り変わろうとする頃である。比較すると日欧の文化の差は歴然としているが，しかしそれはただ日本語に文字がなかっただけかもしれず，もしかしたら，同じホモ・サピエンスである限り，太古の日本にも優れた王や学者や詩人がいたかもしれない。しかし文字がなかったために，すべては霧に包まれ，それを見通すすべはない。

2.　英語と日本語の歴史

　今，言語で分かっていることは，英語は，他のヨーロッパの言語と同様，インド・ヨーロッパ祖語から発展したということである。インド・ヨーロッパ祖語とは推論上の言語で，それを話す民族は，BC 4000 年頃，中部ヨーロッパ，あるいは黒海の北あたりにいた遊牧民族と考えられている。しかしちょうどホモ・サピエンスがアフリカから出て全世界に広がっていったように，この民族もヨー

ロッパからインドにかけての地域に広がり，それぞれの土地に住み
ついて，独自の言語と文化を作り出していった。ヨーロッパに展開
される歴史はすべて，このインド・ヨーロッパ祖語から派生した言
語民族，すなわちケルト，ギリシャ，ローマ，ゲルマンといった民
族によって作り出されてきた。ヨーロッパ文明の源流となるのは古
代ギリシャの文化で，それはローマ帝国に吸収され，ローマ帝国が
地中海沿岸からヨーロッパ西部一帯を支配下に置くことで，西の果
てのイギリスにまで浸透していく。それまではケルト人が広くヨー
ロッパの中・西部にいたが，彼らもローマの支配下に入ることにな
る。その後，アジアのフン族の侵入に押されて東部からゲルマン民
族大移動が起こり，ローマ帝国は分裂・崩壊するとともに，その大
移動の一波として，五世紀半ばに，ドイツ北西部にいたゲルマン人
の部族アングル・サクソン・ジュート族がブリテン島に侵入する。
そして先住のケルト人をスコットランドやウェールズに押しのけて
イングランドを支配することで英語の歴史が始まる。English とは
「アングル族（Angles）の」の意である。したがって，英語は，イ
ンド・ヨーロッパ語族のゲルマン語派に属し，ドイツ語やオランダ
語などと兄弟言語になる。[1]

　一方，氷河が溶けて海面が上がり，日本列島に閉じ込められた新
人，つまり縄文人は，そこで大陸からの影響はほとんど受けず，
一万年にわたって独自の言語と文化を築き上げていく。東の果ての

---

[1] インド・ヨーロッパ語族では，ゲルマン語派のほかに，ギリシャ語派，ケル
ト語派，イタリック語派（ラテン語，およびそこから派生したフランス語，イタ
リア語，スペイン語などのロマンス諸語），バルト＝スラブ語派（ロシア語，ポー
ランド語など），インド＝イラン語派（サンスクリット語，およびそこから派生
したペルシャ語，ヒンディー語など）がある。またインド・ヨーロッパ語族のほ
かに，まったく別種の言語体系を持つアルタイ語族，アフロ・アジア語族（セ
ム・ハム語族），シナ・チベット語族などが 10 ほどある。語族とは同一の祖語
から派生した言語集団だが，日本語については，アルタイ語系説が有力なもの
の，いまだ仮説にとどまる。

小さな島で，縄文人がどういう言語を話していたかとか，紀元前5世紀頃に大陸から来た弥生人とどう係わり，言語がどう変化・発展したかといったことは何も分かっていない。文字がなく，記録がいっさい残っていないからである。日本語ははっきりとした兄弟言語を見出せないが，その孤立性は，日本語の親言語が遠い昔に消滅してしまったのか，あるいは，もっと可能性のあることとして，南方系の縄文人と北方系の弥生人が出会ったとき，一方の言語が他方の言語を駆逐するのではなく，両者が融合し，きわめて特殊な言語に変貌してしまったのかもしれない。実際，発音には南方系，語彙・文体には朝鮮語などの北方系の特徴が認められている。この融合というのは，日本文化の大きな特色となる精神である。大陸は，広大である分，たくさんの民族がおり，どの民族も他民族に征服されることを嫌い，戦いや移動を通して自分たちのアイデンティティをなんとしても保とうとする。しかし日本は海に囲まれた小さな島国であり，対立ではなく融合に生きるすべを見た。血縁的には，今の日本人（大和民族，日本民族）は縄文人と弥生人の結合によって生まれており，血は混ざり合って区別はできない（アイヌ民族と琉球民族は弥生人との混血を拒んだ純縄文系）。それはイギリスが今でもアングロ・サクソン民族とケルト民族を区別するのと対照的である。歴史的には神仏習合が文化融合の一つになる。土着の神道と外来の仏教が融合したもので，西欧ではキリスト教が他の宗教をことごとく駆逐したことと対照的である。言語面では漢字を中国語風に音読みしたり日本語風に訓読みしたりする。人称代名詞でさえ融合があり，「おれ，おのれ，てまえ」は一人称にもなれば二人称にもなる。道で女性が男の子に「ぼく，どうしたの」と聞くとき，この「ぼく」とは you のことである。英語では I は I，you は you で，日本語のように重なることは決してない。日本語が和の文化，英語が個の文化であることの端的な表れになる。

英語も日本語も歴史の中でその形態は大きく変化してきた。イギリスも日本ももともとは文化の遅れた小さな島国であり，語彙も少

なく，言葉も単純で素朴なものだった。しかし高度な文明を誇る大国と係わることで，その言語や文化の影響を強く受けて発展してきた。日本語の場合，ずっと文字がなかったが，4世紀後半に中国文明から文字（漢字）と膨大な数の語彙を取り入れ，9世紀には日本語に合うようにその文字を改良して仮名を作り出し，独自の文字や文体を発展させていった。日本はその島国性が幸いして他民族の侵略や支配を受けることがなく，またみずからも外国との交流を閉ざす傾向が強かったので，その閉鎖性の中で文化も言語も比較的安定して発展してきた。平安時代は宮中の女性を中心に，京都の貴族の言葉（古代語）による優雅な文学が花開いてその後の日本語の模範となった。武士の時代になると，社会の変化，価値観の変化とともに話し方がかなり変わる。[2] 識字層も広がり，漢字も普及して，江戸時代には上方と江戸で町人文化が花開き，近代語による活気に満ちた文学作品が作られた。日本語の標準となる都の言葉は，古代・中世は奈良・京都，近世は江戸に移るが，違いは方言的なものだったので英語ほど激烈な変化をこうむることなく現代にまで至っている。とりわけ和文体と漢文訓読体の融合した和漢混淆文は，鎌倉時代に成立してから一貫して日本語の文表記を支えてきたものであり，それは，明治になり，文体が文語体から口語体に変わっても，漢字仮名交じり文として現代まで続いている。口語体が主流になるのは，口語体と文語体の区別のない西欧語の影響によるもので，西欧語からはさらに，それまでの日本語にはなかったたくさんの語彙や表現方法を取り入れて，日本語はいっそう豊かで多様なものになっている。

　英語の場合は，アングロ・サクソン語を土台に，古代においては，イギリスに入り込んだキリスト教の影響でローマ帝国の言語

---

[2] 古代では貴族の書いた文しか残っていないので，庶民がどういう話し方をしていたのかは不明。中世になり，話し方が変わったように見えるのは，貴族に代わって庶民の言葉が優勢になったという可能性もある。

だったラテン語の語彙を取り入れ，さらにゲルマン民族大移動の一派として東部一帯を征服・支配していたデーン人（ヴァイキング）の古ノルド語の語彙も取り入れて発展した。しかしとりわけ大きかったのは，1066年にノルマン人がイギリスを征服し，それから300年にわたってイギリスを支配したことである。フランスとの戦いで，イギリスは自国の文化を支えるべき貴族を数多く失い，代わってノルマン人とフランス語の支配を許した。それ以降，宮廷や議会や裁判所などで使われる公用語はフランス語であり，上流階級の人たちはみなフランス語を学び，フランス語を話して，英語は顧みられず，ただ中・下層階級でのみ使われる劣性言語になる。このフランス語支配の下で膨大な数の語彙が入り込み，今でも英語の語彙の半分近くはフランス語由来である。この時代，英語を標準語として維持するための中心地もなく，また規範となるべき書物もなくて，いくつかの方言に分かれた（ラテン語もローマ帝国崩壊で規範を失ったために流動化し，各土地の言語と結びついてフランス語，スペイン語，イタリア語などに分かれた）。その混乱の中で，英語は名詞や動詞の複雑な語尾変化を失って著しく簡略化され，ほかに例を見ない劇的な変化を遂げる。そして15世紀になり，ノルマン人とフランス語の支配が終わると，古英語とはまったく違う言語となって浮かび上がってくる。近代英語は首都ロンドンの方言を中心とするもので，文学の興隆，活版印刷術による本の普及に助けられて，標準英語を構成するものとなる。さらに国の発展と共に国語意識も高まり，ラテン語からはさらにたくさんの語彙を取り入れ，18世紀には学校文法の元となる規範文法を定め，文法書や辞書も作られて，英語はよく整理された一流国の言語になっていく。

3. 英語と日本語の違い

　このように，日本語と英語は長い時間をかけて，地球の東の端と西の端で別々に発達した言語であるから，当然，大きな違いがあ

る。ではどう違うか，簡単な例で見てみよう。まず「人」を表す言葉について。人は，英語では man という（「人」が原義。後に「男」の意にもなる）。指す対象は同じだが，言い方が違う。語源をたどっていくと，man は，諸説あるものの，mind の語源でもある men-，つまり think と係わる（ラテン語の mens は知性，思考の意）。そこには，考えるもの＝人間という発想がある。アリストテレスが人間を「理性（ロゴス）を持つ動物」と言い，パスカルは「考える葦」と言ったように，西洋人にとっては思考が人間を動物から区別する第一の特徴になる。一方，「人」は，象形文字としては，人の立っている姿を横から見たもので，人間とは立って歩くもの，つまり直立二足歩行という発想がある。しかしこれは漢字で，ニンと読み，中国人の発想になる。日本人はニンではなく，ヒトとして捉えた。ヒトとは日を受けるものの意で，太陽の光を浴びて生まれたものという生命的な発想がある（ヒは，男を表すヒコ（彦・日子），女を表すヒメ（姫・日女）のひと同語源で，太陽の意。トは，ミナト（港・水戸），セト（瀬戸）のトと同語源で，止・戸・門の意）。したがって，それぞれの言葉には，人間をどう見るかという各文化に固有の発想が最も簡単な形で反映されていることになる。

　人についてのイメージの違いは，人が作る言葉のイメージの違いにもなる。英語は理性に基づく言語であり，対象を事実として客観的に捉えようとする。だからすぐにはっきりと分かるような明晰さや論理性が求められる。一方，日本語は命のこもった言語であり，言葉は人の心を反映して，ふくらんだり，ぼやけたりする。たとえば太陽は，英語では the sun で，それ以外の言い方はないが，日本語では太陽，日，お日様，お天道様，あるいは日輪，火輪，天日などとも言う。英語は事実だけを述べるが，日本語は同じ一つのものを述べるにも話し手の気持ちを反映して多様な言い方をする。あるいは He will come. という文だと，英語では三人称代名詞は he の一語だが，日本語では相手への感情がこもるから「彼」だけではなく，「あの人」「あの方」「あれ」「あいつ」「あの野郎」と言ったり，

名前や尊称をそのまま繰り返して使ったり，主語を言わないことも多い。この主語に，助詞として「は」をつけるか「が」をつけるか，あるいは助詞そのものをつけないかでも意味が微妙に違ってくる。動詞も，英語では come だけだが，日本語では「来る」「いらっしゃる」「来られる」「おいでになる」「お越しになる」「お見えになる」，あるいは「参る」「やって来る」「来やがる」などと言え，さらに語尾をつけて，「来るさ」「来るぜ」「いらっしゃるわ」「来られるの」「来られますよ」とも言える。以上の言い方を組み合わせれば，その表現は数え切れないくらいになってしまう。

　この表現の一律性と多様性の背後には，話し方の違いがある。ただ事実だけを述べる英語に対し，日本人の話し方は，共同体意識が強いため，自分の立場を意識し，そこから話しかける相手を見，相手の心情を考え，相手を基準に文を作る。だから同じことでも相手に応じて言い方が変わる。相手が目上であれば，敬語を使い，距離を取って，率直な発言，あからさまな発言は控えなければならない。よって文は，耳に心地よく響く，柔らかく婉曲的なものになる。谷崎潤一郎は，あけすけに書くことは人前で脛や太腿を出すことと同じと言っているが（『文章読本』），敬語を使うとは，むき出しの言葉を嫌い，いわば言葉に服を着せることに等しい。一方，目下や親しい者には，今度は飾らない，率直で親近感のこもった言葉遣いになる。いわば裸の付き合いで，裸どころか腹を割って話すこともできる（英語では a heart-to-heart talk）。しかし同じ場を共有する意識から，やはり暗示や省略が多くなる。言葉ではっきりと語られない部分については，聞き手は察して理解しなければならない。沈黙も一つの答えになり，否定か肯定か，状況で判断する必要がある。言葉に出さなくても，察する，思いやる，その場の空気を読むというのが，日本人独特のコミュニケーションとしてある。

　話し方の例として主婦と訪問客の会話を挙げる。夫が外出先から戻ったという設定である。

  (1)　「奥さん，どうも」

     「あら，佐藤さん，こんにちは。お元気ですか」

     「まあまあですな。ところで，旦那さん，もうお戻りにな
りましたかね」

     「ええ，もう戻りましたわ」

     「じゃあ，ちょっといいですかね。例の件で，ちょっと」

     「ああ，あのことですね。では，どうぞ。呼んでまいりま
すわ」

　敬語は「お戻りになる」（尊敬語），「まいります」（謙譲語），「戻
りました」（丁寧語），省略は「どうも」に含まれた「お世話になっ
ています」，「どうぞ」の後の「お入りください」や各文の主語ある
いは目的語，暗示は「ちょっといいですかね」に含まれた「会えま
すか」や「ちょっと（話したい）」という要望，「例の件」「あのこと」
で示される，言わなくても分かる何かになる。「まあまあ」は十分
ではないが一応はよいということで，はっきりとは言わない控えめ
な表現になっている。さらに「な」や「ね」や「わ」という語尾も表
現を柔らかなものにしている。この一種のぼかし，あるいは余韻が
日本語の話し方の特徴としてあり，小説などの書き言葉でも，敬語
を使わず，客観的描写が多くなっても，省略や暗示という特徴は引
き継がれる。[3]

---

  [3] 日本独特の話芸である落語はよくこのぼかしを笑いにする。たとえば「不精
床」での床屋と客の会話。英語では cut my hair と言えばいいところである。

  (i)　（客）「いや，悪いんだが，すぐやってもらいてぇんだが……」（親方）
「すぐやる？　何を？」（客）「頭をやってもらいてぇんで」（親方）「ど
こへ？」（客）「どこへって……。おれぁ頭を荷造りしてどっかへ届け
ようってぇんじゃあねぇよ，頭をこさえてもらいに来たんだよ」（親方）
「頭をこさえる？　そりゃぁだめだ。うちは人形作りじゃぁねぇから，
頭なんざ作れねぇ」（客）「そうじゃねえんだよ，つまり……どう言ゃ
あ分かるんだ」（親方）「どう聞きゃあ分かるんだ？」

（「東西落語特選」より）

　一方，英語は，相手をおもんばかるのではなく，自分の言いたいことを中心に置き，それを明確に相手に伝えようとする。基準は相手ではなく，自分にあるから，ぼかすような表現はせず，はっきりした言葉で相手に理解させようとする。

(2)　"Hello, Emily.　How are you?"
　　　"I'm fine, thank you, Mr. Sato.　And how are you?"
　　　"All right.　Has Jack come back yet?"
　　　"Yes, he's here."
　　　"That's good.　I want to talk to him about the party we'll be having next Sunday."
　　　"All right.　Please come in.　I'll call him."

　英語は，日本語のように一つの語のふくらみでメッセージを作るのではなく，語と語の組み合わせ，つまり構文でメッセージを作る。文の型は決まっているので，それに従って主語や目的語は明示され，したいこともはっきり示されて，表現にあいまいな部分はない。「まあまあ」も直訳は so-so だが，英語でははっきりと all right で表現する。また「ね」や「わ」といったような表現を柔らかくする語もなく，すっきりしている。単語はこのように感情的な色付けを伴わず，事実としてありのままに提示される。「どうぞ」も日本語ではあいまいで，相手に頼む場合も勧める場合も単独で使われるが，英語でははっきりしており，相手の利益になることには使わず，こちらから何かを頼む場合に使う。また please 一語では何のことか分からないので，頼む内容を明示する必要がある。「どうぞ」と同様，「どうも」もあいまいな表現で，「どう考えても，本当に」の意の副詞であるが（英語なら very, really），「どうもありがとう」「どうもすみません」の肝心の部分を省略して使われる。さらには挨拶として，こんにちは，さようならの代わりとしても使われるが，正確な意味が不明の，いかにも日本語らしい表現になる。
　英語でも省略はよく使われるが，聞き手に推測させようとする日

本語と違い，同じ表現の繰り返しを避けるための機能的な省略になる。たとえば Mr. Jones did not smoke, and never had. No one saw him. だと，had の後に smoked，him の後に smoke が省略されている。これを日本語に直す場合は，「ジョーンズさんはタバコを吸わなかったし，今まで一度も吸ったことはなかった。誰も彼が吸っているところを見たことはなかった」のように同じ表現を繰り返す必要がある。次の会話文も同じ表現が省略されているが，こういう省略をしない日本人にとってはかなり分かりにくい。

(3)　"Do many men kill themselves, Daddy?"
　　　"Not very many, Nick."
　　　"Do many women?"
　　　"Hardly ever."
　　　"Don't they ever?"
　　　"Oh, yes. They do sometimes."

(Ernest Hemingway, "Indian Camp")

（「父さん，自殺する男の人って，多いの？」「それほど多くはない」「女の人は，多い？」「ほとんどいない」「一人も？」「いや，時にはいるな」）

　日本語では話し手は自分の気持ちを文に込め，敬語などで色づけをして相手に発する。英語では自分のことでも外から客観的に捉える。I will go tomorrow. は，英語では主語を明記するが，日本語では話し手と同じだからいちいち言及しない。それは英語では構文が自分のことでも客体として捉えることを要求するということである。また日本語では被害を受けたときは「頭をたたかれた」と受身で表現するところを，英語では外から客観的に状況を見て，He struck me on the head. と行為者を主語に置き，自分は目的語にする。あるいは自分を励ますときに Henry Foster, you are a brave man. と自分に向かって呼びかけたり，相手のところへ「行く」ことも，視点を相手のところに移し，そこから自分を見て，I'll come. と言ったりする。Halloo, driver!—Take a passenger? (Nathaniel Hawthorne, "David Swan") は運転手に視点を置いて乗客を取るかと聞いているが，日本語なら自分に視点を置いて「乗せてくれませんか」と言うところである。Watch your head.（頭上注意）は，物理的には鏡でもなければ自分の頭は見られないが，英語では心理的には可能である。さらに，"What!" she cried, her lips quivering so violently she could barely make them speak. (Erskine Caldwell, "The Mating of Marjorie")（[直訳]「なに！」と彼女は叫んだが，唇がとても激しく震えたので唇にしゃべらせることがほとんどできなかった→[意訳]唇が激しく震えて話せなかった）といった表現では，まるで自分の唇が，自分から離れ，それ独自の意志を持っているかのように扱っている。どれも外側から客観的，分析的に捉えようとする発想のため，内側から主観的に捉えようとする日本語とはうまく合わない。

　こうした話し方の特徴は，文化的発想の表れとして，音楽，彫刻，踊り，建築など，ほかの手段による表現方法とも重なる。たとえば絵の描き方を見ると，絵巻物，襖絵・屏風絵，水墨画，浮世絵などの日本画では，見る者（画家）は対象をすぐ目の前にあるものとして見，それだけを切り取るようにして捉える。だから部分的，平面的で，影はなく，時に大写しによるゆがみを伴う。背景は簡略化されたり，雲や霞でぼけたり，あるいは何も描かれなかったりする。一方，西洋画は写実的，立体的で肉質感があるが，とりわけ西洋らしいのはルネサンスに確立された遠近法で，画面全体が統一と調和を持つ。見る者（画家）は，対象そのものではなく，対象の奥にある消失点（すべての線が集中する一点）に目を据え，そこからすべてを捉える。だから対象は全体の風景の中で立体的かつ客観的に捉えられる。言葉もそれと同じで，日本語は，「食べた」のように言いたいことだけを口にし，他は述べない。しかし英語では ate だけでは意味をなさず，I ate dinner. のように構文を用いて全体の形を示す必要がある。いわば言葉の遠近法である（諏訪春雄）。

　文の構成では，英語は中心となる動詞を一つに定め，他は名詞や

句や節にしてその動詞に従属させる。言わば主文の動詞を核とし，それを中心に，石を並べるように他の語を秩序立てて配置する。とりわけ特徴的なのは動詞の名詞化で，たとえば I believe firmly that your father's failure resulted from his total ignorance of the situation. という文だと，SVO という土台となる構文に「SV＋副詞句」が組み込まれているから，文法上の中心となる動詞は主節の believe，次は従属節内の resulted で，あとの動詞相当語句は全体のバランスの中で縮小して名詞化し，failure, ignorance とすることで統一と秩序を持った文を作り出している。これも言葉の遠近法である。この文を直訳すると，「あなたの父親の失敗はその状況の完全な無知から生じたとわたしは強く信じています」となるが，日本語としてはなんとも硬くぎこちない。日本語は敬語を使い，名詞は動詞に変え，言葉の響きを柔らかくして，「あなたのお父さんが失敗されたのはその状況をまったくご存知なかったからだとわたしは思っています」とする必要がある。これは動詞の一つ一つが，他から抑えられることなく，自己を大きく広げる形である。比較すれば，日本語は主観性が強く，柔軟かつ情緒的で，水がなめらかに流れるイメージ，英語は客観性が強く，簡潔かつ論理的で，中心があり，それに従って石が周囲にきちんと並べられるイメージになる。例を挙げる。

(4) a. To my knowledge, it is her rejection of the offer that plunged Jim deep into depression.

　　　（私の知る限り，ジムがひどく落ち込んだのは，彼女が申し出を拒否したためだ）

b. He got a firm grip on Uncle Rance's hand and shook it up and down.　　(Caldwell, "A Visit to Mingus County")

　　　（彼はランスおじさんの手をしっかりと握り，上下に振った）

c. Though he had run away … let the money … be kept in reserve for his possible return.

(George Eliot, *Brother Jacob*)

（彼は家出をしたが，お金は彼がいつ帰ってきてもいいように
取っておくべきだ）

d. "Ay, ay," said Mr. Freely, smiling, with every capabil-
ity of murder in his mind, except the courage to com-
mit it. (ibid.)

（「ああ，ああ」とフリーリー氏は笑いながら言ったが，心の
中には，実行する勇気はないものの，相手を殺しかねないく
らいの思いを秘めていた）

e. He told me this story of his adventure with many
flashes of white teeth and lively glances of black
eyes. (Joseph Conrad, *Amy Foster*)

（彼は白い歯を何度も輝かせ，黒い生き生きとした目でこちら
をちらちら見ながら自分の冒険話を語った）

f. The silence of the kitchen and then the sight of the
fire gone out in the grate smote me with the cruel re-
alization that the Blessed Virgin had let me down.

(Frank O'Connor, "The Man of the House")

（台所が静かで，暖炉の火が消えているのを見て，聖母マリア
は私を見捨てたのだとつらい気持ちで悟った）

　ちなみに漢文も英語と同様，石をきちんと並べるような簡潔性，
論理性があり，たとえば「春眠暁を覚えず／処処啼鳥を聞く」（孟
浩然）といった漢文訓読文も，和文らしく訳せば，「春の眠りは心
地よく，夜の明けたことにも気がつかない／あちこちから鳥の鳴き
声が聞こえてくる」のように柔らかく流れる感じになる。漢文では
「春眠不覚暁／処処聞啼鳥」となり，動詞は一語で，文は石がきち
んと並べられたような印象になる。

　この石を並べるようというのが英語の文の展開の仕方である。
The young lady jumped for joy into her father's arms. だと，まず

The young lady jumped という核となる独立した部分があり，そこに for joy という感情が追加され，さらに into her father's arms という方向を表す副詞句が追加されて全体の行為が完成する。その後に when she saw him in the garden を加えればさらに文は膨らんでいく。それは核の部分に語句が次々に追加されて意味を広げていく形である。それに対し，「娘は，庭に父を見たとき，うれしくて・父の腕に・飛び込んだ」は，「娘は」のあと，断片的な語句が宙ぶらりんのまま連続し，最後の動詞の「飛び込んだ」ですべてが一つにつながって意味が完成される。つまり英語が土台を固め，その上にパーツをどんどん追加していくのに対し，日本語はふろしきの中にいろいろ入れ，最後にふろしきを縛って閉じ，一つにまとめる形になる。さらに，「お庭にお父様をご覧になると，お嬢様はお喜びのあまり，お父様のお腕の中に飛び込まれました」とすると，敬語が文全体をおおって，米を水につけるように，言葉が話し手の気持ちを吸い込んで大きく膨らむ。その際，主語は，文脈で明らかであれば省かれて，行為だけが語られることになる。

　英語は同じ文意でも，さまざまな単語の並べ方ができる。例として「わたしは歴史にとても興味があります」という文を英訳してみよう。「歴史」も「興味」も history と interest の訳語として一般化し，定着した言葉である。

<u>interest を名詞として使った表現</u>

(5)　I が主語の場合

　　I have a great interest in history.

　　（動詞は feel, cherish, find, possess, 動作なら take, get も可。interest は不可算名詞だが，an も可で，特に形容詞がつくときは a がつきやすい。形容詞は deep, eager, enormous, extraordinary, high, immense, keen, profound, strong あるいは not a little, a lot of, much など，選択肢が多い）

(6)　history が主語の場合

    a.　History is of great interest to me.

    b.　History attracts my great interest.

    （後者の文では absorbs, catches, captures, draws, engages, arouses, excites, holds なども可）

(7)　interest が主語の場合

    My great interest lies in history.

    （動詞は is でも可）

<u>interest を動詞として使った表現</u>

(8)　a.　I interest myself in history very much.

    b.　History interests me very much.

      （副詞は greatly, keenly, deeply, profoundly, highly, intensely なども可）

<u>interest を形容詞として使った表現</u>

(9)　a.　I am very interested in history.

      （interested は過去分詞の形容詞。very は much でも very much でもよいが，much は堅い表現。by history も可だが，その場合は動詞の受身形になる）

    b.　History is very interesting to me.

      （interesting は現在分詞の形容詞。for me でも可）

　表現に堅い柔らかいはあるとしても，英語はこのように多彩な表現ができる，あるいはたくさんの石の並べ方ができる。日本語は敬語などによって言葉の色づけは多様になるが，文の基本形は，「歴史に興味がある」と「歴史はおもしろい（興味深い）」ぐらいである。これが，人を見て話すか，物を見て話すかの違いになる。

4.　二つの文化

　この英語と日本語の違いの背後にあるのは文化の違い，とりわけ

文化が規定する人間のあり方の違いである。日本は古代より，人と人との和が何よりも重視される。年齢や身分による秩序と調和がその和を支える土台であり，「言挙げせず」と言うように，むやみに自己を主張せず，おのれの本分をわきまえ，人と和して，上の者に従うことが求められる。話し方もその精神に支配され，以心伝心，くどくどと語らず，相づちを打って皆と和する穏やかなものになる。言葉とは「事の端」であり，相手に思いを伝える手段ではあるが，そのすべてではなく，その一端を表せるにすぎず，それゆえ聞き手はその一端を聞いて相手の言わんとすることを察することが求められる

　一方，西欧には古代ギリシャ・ローマ時代より個人を重んじる伝統がある。individual とはラテン語から来た言葉で，「個人」とはその訳語になり，明治以前の日本にはない概念だった。語源は「（これ以上）分割できない（もの）」で，社会の最小単位としての個人を指し，和とは対極の概念になる。日本が和の文化なら西欧は個の文化であり，神の下ではみな平等というキリスト教思想もそれを支える。話し方では，人は独立し，和という共通の場を持たないから，同じく個の存在である相手には自分の意見をはっきりと述べ，相手と積極的に意思疎通をはかることが必要になる。言語観も，すべてを言葉では表せないと考える日本人に対し，言葉によってこそ物事ははっきりと表せると考える。今でも学ぶべき話術は，日本では敬語の使い方であり，西欧では議論のやり方である。その議論の要も，日本では相手の情に訴え，共感を得ることだが，西欧では理性に訴え，理解を得ることである。だから議論が白熱してくると，日本人はとかく感情的になり，西欧人は理屈っぽくなる。

　中世に起こり，その後の両言語を決定づけた文法上の変化はきわめて示唆的である。平安時代，日本語には係り結びの手法があり，文の終わりを終止形で言い切るのではなく，連体形や已然形で止めることで余韻・余情を出した。まだ言い終わっておらず，続きがあるという感覚だが，その特殊な言い方が好まれ，広く用いられたた

め，鎌倉時代には連体形が終止形と同じ役目を持つようになり，本来の終止形はすたれてしまった。つまり日本人は終止形で文をはっきりと言い切るよりも，断言を避け，余韻を出す柔らかい話し方を好んだ。これは今でもそうで，「行ったんだ，父に会いに」のように倒置形にしたり，「では行ってくるから」のように接続助詞で切って含みを残したり，「行った」ではなく「行ったよ」のように終助詞を使って終わり方を柔らかくしたりする。俳句・和歌では，「夏草や兵どもが夢の跡」(芭蕉)，「みちのくへ涼みに行くや下駄はいて」(子規)のように，体言止め，倒置法，省略法といったものが余情を作り出す技法としてよく使われる。

　一方，英語は，古英語に支配的だった動詞や名詞や形容詞などの複雑な語尾変化が中英語に多く切り捨てられ，簡略化されていった。名詞は，古英語では性・数・格によってその語尾を変えたが，性は消失して，格も数が減り，形容詞も，名詞の性・格に応じた変化が消えて数の単複に応じた語尾が残るだけとなり，それもその後消えた。動詞は古英語の語尾を比較的よく保ったが，方言によっては簡略化が進み，それが支配的となって，近代には一般動詞は三人称単数現在形に -s がつくだけとなる。それら消えた特有の語尾は，ほかの語と結びつくカギ（鉤）あるいはツメのようなもので，一方のカギと一方のカギがぴったりくっつく（食い付く）ことで，しっかりとした文ができ上がった。しかし今はどれものっぺりとしたものになって，代わりに語順が文の統語原理になる。つまり合理化，平板化，簡略化が徹底された。また話し手の心情を表す仮定法も，ほかのヨーロッパ言語と異なり，その特有の語尾をほとんど失うことでその使用範囲が大幅に縮小し，直説法で事実をはっきりと述べる傾向が強くなった。こうした変化は，日本語で喩えるなら，動詞などの活用語尾がなくなったというよりも，その衝撃度からすれば敬語が一掃されたようなものかもしれない。文から余計なものが取れ，分かりやすい裸のままの言葉になる感覚である。

　先に言語を絵画に喩えたが，その比喩を続ければ，油絵を中心と

する西洋画は，事物の形態を明確に写し出すリアリズムが基本で，対象の描き方は明るい光を当てたように緻密で正確であり，遠近法や明暗法，また油絵具の塗り重ねによって重厚で立体的なものになる。それは言いたいことを冠詞，時制，代名詞，前置詞などを用い，細かく正確に語ろうとする英語の精神と重なる。日本画は西洋画と比べると平面的，装飾的で，輪郭線で対象を写し取り，絵具（岩絵具）の塗り方はさらっとした淡いものになる。画面は多く雲や霞がたなびき，そのすき間から風景が見えるだけで，全体ははっきりとは見えない。それは，暗示や省略が多く，あいまいになりがちな日本語の表現方法と重なる。だから，「動いたら殺す」を英訳すると I'll kill you if you move. となり，日本語では省かれた主語や目的語がついて正確なものになり，また「わたしはハンドバッグからブローチを取り出し，ブラウスにつけた」は I brought out a brooch out of my handbag and put it on my blouse. となり，名詞の一つ一つに冠詞や代名詞がついて緻密なものになる。日本語がさらっとなめらかに描く感覚なら，英語は言葉を塗り重ね，細かく立体的に描く感覚になる。

　こうした違いはさらに，西欧が牧畜文化，日本が稲作文化ということとも係わってくる。牧畜文化にとって重要なのは家畜の解剖・解体であるが，その対象は動物のみならず，自然界全体にも及ぶ。動物の肉を剥ぎ取り，その奥の内臓や骨格をあばき出すように，自然界についても，その表面の現象を剥ぎ取り，その奥にある内臓や骨格，つまり永遠不変の元素や原理や法則をつかみ出そうとする。もしキリスト教の教えのように，神がその設計図に従って天地を創造し，人類の歴史を定めたのなら，目に映る現象の根底にあるその設計図を明らかにすることが人類の精神活動の目標になる。その発想は，稲の生長に目を向ける稲作文化の発想とはおのずと異なる。自然や歴史に対する日本人の態度は，解剖や分析ではなく，目の前の移り変わる現象をそのままに受け入れ，そこに身をゆだね，共に流れていくことである。神道では人は神々に守られて生きており，

その神々に触れたり逆らったりすることは許されない。イギリスの詩人ワーズワースは，Sweet is the lore which Nature brings; / Our meddling intellect / Mis-shapes the beauteous forms of things: — / We murder to dissect. (William Wordsworth, "The Tables Turned") (すばらしきは自然がもたらす知識だ／我々の知性は干渉し，万物の美しい形を損ねてしまう／我々は命を奪って解剖するのだ) と詠んだ。We murder to dissect., つまり自然を殺し，それを解剖分析することが西欧の知性である。しかし日本人にとって大切なのは a heart / That watches and receives (ibid.) (見守り，受け入れる心)，つまり自然を殺さず，その生きている様を見守り，それをそのまま静かに受け入れる共生の態度になる。

　この対照的な態度は言葉の使い方に端的に現れる。「花が揺れる」は日本語的で，ただ目の前のありさまをそのままに写し取る。しかし同じ現象を「風が花を揺らす」とすれば，その現象を分析し，その原因や仕組みを明らかにしていることになる。これが英語の発想になる。同様に，「熱が出て外出できない」は日本語的，「発熱がわたしの外出を妨げる」(The fever prevents me from going out.) は英語的である。日本語は自動詞が多く，英語は他動詞が多いということはその発想の違いのためである。

　それぞれの文化・民族が係わる家畜と米は，何かを作り出す際のモデルにもなる。アリストテレスは悲劇のプロットについて，「生きている有機体（生物体）のように」，初めと真ん中と終わりを持ち，統一されていることを理想とした（『詩学』）。文についても同様であり，喩えれば，頭部，胸部，腰部を持つ羊のように，主語，動詞，目的語などをすべて備え，構造がしっかりとしていて，その形が常にはっきりと見えることが基本になる。西欧語特有の語尾変化とはパーツとパーツをしっかりと組み合わせるカギあるいはツメのようなものであった。英語の場合，カギをなくし，代わりに語順を新しい統語原理としたが，それは言わば，背骨に沿って頭部，胸部，腰部を順番につなぐのにも似ている。形容詞や副詞は肉付けで

あり，追加される副詞句などは胴体につながれる手足に相当するものとも言えようか。

　一方，米作りを生活の土台としてきた日本人にとってのモデルは稲である。稲は，根，茎，葉，花，実（米）という構造を持つが，いつも見えているものは葉と茎で，根は土壌に隠れて見えず，花や実は時期が来なければ現れない。文もまた稲と同じであり，一部が示されるだけで，全体像ははっきりとは示されない。花（実）はいわば言いたい核心部分，つまり本音であるが，それはあからさまに言わないで相手の想像力に任せ，相手の心に花開くのを待つ。また根がある土壌とは話し手と聞き手が共有する場のことであり，主語とか目的語とか，自明なことはあえて表に出すことはない。言葉は事の端，そして言の葉であり，「人の心を種として」（紀貫之『古今和歌集』仮名序），葉を茂らせ，花や実を導く，あるいは暗示する。一言でそのイメージを言うなら，日本語の文生成の原理は，実る，生まれるということであり，英語の原理は，作る，組み立てるということになる。

　以上のように，本論は文化と言語は切り離せないものという前提に立つが，民族によっては，自分達の言語を捨てて別の言語を選択することもある。文化的に成熟していない民族にとっては自分達よりも優れた国の言語に切り替えることは容易で有益であるが，文化が成熟すればするほど，その文化を支えた言語を切り離すことは難しくなる。なるほど，他民族に征服されたような場合，いやでもその民族の言語を使うことを強いられる。たとえばイギリスという国名で一括されるスコットランド，ウェールズ，北アイルランドは，古くは自分達のケルト語派の言語を使っていたが，イングランドに支配されることで英語の使用を強制され，その言語で生活するようになって，母国語は著しく衰退した。しかし20世紀に入ってからゲール語，アイルランド語，ウェールズ語の愛国的な復権運動が起こり，学校で教えられるようになったように，民族固有の言語を完全に消滅させることは難しい。とりわけその言語によって自分たち

の祖先が長く生活し，社会を作り，国家を築き，またその言語に
よって文化や歴史を作ってきたのなら，たとえ外からの圧力によっ
て衰退したとしてもその火が絶えることはなく，底で静かにくすぶ
り続け，何かあればまたメラメラと燃え上がる。スコットランドの
詩人ミュア（Edwin Muir）が，16世紀以降，スコットランド人は
スコットランド語で感じ，英語で考えてきたと言ったように，英語
は生活するためになくてはならないものだとしても，母国語も，民
衆の心を育ててきたものとして，なくてはならないものになる（そ
の点で日本語の共通語と方言の区別にも似る）。異国の言葉を生活
手段にするとしても，母国語は民族の魂にも等しいから，それを消
滅させるには数十年，数百年という単位では無理で，何百年，何千
年という単位でやっと可能になるものかもしれない。

第2章　語　彙

　現象界はさまざまなものが分かちがたく混ざり合い，生成と消滅を繰り返しながら，たえず揺れ動き，移り変わっていく。事物はその中から一個の独立したものとして取り出され，観念化され，概念化され，それ固有の名前を与えられることで初めて存在するものとなる。だから，名前を与えられなければ，目には見えていても認識されるものとはならない。その際，何を捉えるか，どのような輪郭で切り取るか，どういう名称を与えるかは，言語によって異なる。同じものを指しているように見えても，その捉え方が違うし，名称や定義が違うし，またその語にまつわるイメージも違う。言葉は，対象そのものではなく，その対象にまつわる民族特有の見方を反映しているからである。

　たとえば，英語以外のほとんどのヨーロッパ語にはジェンダー（gender）というものがある。名詞が持つ文法上の性別のことで，山，川，木，あるいは机，鉛筆，笛，あるいは愛，夢，勇気といったものにも，男性・女性，あるいは中性の区別がある。英語も，中英語で消滅しはしたが，古英語にはちゃんとあった。性別があるということは，ちょうど母親から生まれるものはみな性別（sex）を持つように，この世に存在するものは，山だろうと川だろうと森だろうと，また人間の作る橋や電車や町であろうと，すべて大地ある

いは人間から生み出された一種の生命体であるということであろう。実際，ギリシャ神話では，大地の女神ガイアは海，天，山々を生み，また木や花や鳥や獣を生み，またその血筋から，愛の神，光の神など，男女六柱ずつから成る十二神が生まれた。生み出されたものである限り，個々のものが性別を持つことは理解できないことではない。日本神話でもイザナギ，イザナミが夫婦として交わって日本八島を生み，ついで海，川，山，木，草といった地上の神々や，日の神，月の神という天の神を生み出した。だから土地などにも命が宿り，草木もものを言うが，主要な神を除けば，性別までは示されていない。こうした性別があるのは，西欧語やインドの古代サンスクリット語および現代のヒンディー語などを含むインド・ヨーロッパ語族の言語である。その祖語となる言葉が誕生した原初の時代には，無生物を含め，すべての存在物に命と性を見るアニミズム的発想が強かったからと思われる。それは，家畜を扱い，性（そして数）というものにこだわる牧畜民族特有の発想だったのであろう。東洋では，古代中国の易学が万物を性ではなく陰と陽で説明し，日，春，夏，昼，東，南，火，男，動，奇数などは陽，月，秋，冬，夜，北，西，水，女，静，偶数などは陰とした。やはり万物を二元論で理解する発想，ただし太陽に依存する農耕民族の発想になる。いずれにしても，自然の性によらない西洋の名詞の性別は，物それ自体が持つものではなく，人間の側で付与するものであり，その対象に対する文化的，民族的な見方を反映することになる。[1]

　この章では基本的な語彙について日本語と英語の違いを見ていく

---

　[1] 性の数は，インド・ヨーロッパ祖語は男性・女性・中性の三つと想定され，古代のラテン語やサンスクリット語も三つ，現在のドイツ語のほか，スラヴ語などの東欧系の語も三つだが，ラテン語から派生したフランス語，イタリア語，スペイン語などの西欧系の語やサンスクリット語から派生したヒンディー語は男性・女性の二つである。

が，事物を捉える見方は，一般化すれば，英語は分析的，客観的であり，日本語は印象的，主観的である。とりわけ，日本語では漠然と一語で言うところを，英語では細かく分けて明確に表現する。それは，ほかの文化事象で言えば，日本では，料理の際，一本の包丁を使い分けるのに対し，西欧ではさまざまなタイプのナイフを使うのに似ている。あるいは，日本の伝統的な居間は，食堂，客間，寝室などを兼ねるが，西欧ではその一つ一つが区別されるのに似ている。

1.　具体的な語彙

1.1.　名詞

　まず目に見える地形から見ていこう。高山の多い島国と広大で平坦な大陸とではおのずと言葉のイメージが違ってくる。山は mountain だが，まったく同じものではない。mountain とは頂上が岩だったり雪をかぶっていたりする険しい山のことで，そうでないものは hill になる。日本語では高く盛り上がった形のものは何でも山で，丘は小高くて上が平らなところになる（山も丘も象形文字で，丘は真ん中がくぼんだ山）。この違いの背後にあるのは実際の地形の違いで，日本は国土の七割が山で占められた島国であり，どこまでも山が続くが，ヨーロッパは広大な大陸で，高山は少なく，なだらかな丘がどこまでも続く（アメリカも同じ。イギリスは元は大陸の一部で，地殻変動で分離された大陸島）。水の流れるところは，日本語では大小を問わず川というが，英語ではその大きさにより brook, stream, river と分ける。river が一番大きく，船が走り，海に注ぐ大河のことで，飛び越えられるような川は stream，自然にできる小川は brook になる。だから日本語は大きさよりも形，英語は形よりも大きさにこだわることになる。谷は，山国の日本では，山と山の間の，川の流れる狭く長い V 字型のくぼ地を言うが，英語で valley というと，山と山の間の広い谷のことで，盆

地も指す。狭い谷は ravine，さらに狭くて絶壁にはさまれたような谷は gorge というようにやはり大きさで区別する。野は field だが，英語では畑や牧草地も指し，the wilds (wilderness)（荒野）と区別される。日本語の野は荒野を含み，耕された田畑と区別される。田畑は，田は水田，畑は乾いた田になる（漢字の「畑」は火で焼いた田，「畠」は白く乾いた田で，共に国字）。こうした違いは家畜を草地に放して飼育する牧畜文化と水田で稲を育てる稲作文化の違いになる。道は，日本語では大きさに係わりなく，人の歩くところは何でも道になるが，英語では，車の走る都市間の幹線道路は road や highway，両側に家の並ぶ市街地の道は street や avenue，市中の細い道は lane，狭い裏通りは alley，山道は pass などと区別する（way は古英語では「道路」の意だったが，今は on my way のように概念的に使われる）。以上，比較すると，英語は具体的な大きさにこだわり，細かく分析的で，日本語は形にこだわり，おおざっぱで概念的である。

　自然現象では，霧は，英語では濃さにより，haze, mist, fog と分け，fog が一番濃く，視界が不明瞭になる。日本では，古代は霧とも霞(かすみ)とも言ったが，平安以降，春立つものは霞，秋立つものは霧と，季節で区別し，今でも俳句の季語になっている。霧が薄くなると靄(もや)になるが，季語にはならない。また雷と稲妻は同じものだが，俳句では，雷は夏，稲妻は秋の季語になる（稲の字が入るため）。和菓子も，同じものが，春の牡丹が咲く頃はぼたもち，秋の萩が咲く頃はおはぎになる。このような季節による区別は日本独特である。特に雨は，日本は降雨量が西欧の二倍近くもあるので，季節と結び付いて，春雨（はるさめ・しゅんう），春霖（しゅんりん），梅雨（つゆ・ばいう），空梅雨（からつゆ），五月雨（さみだれ），夕立（夏），白雨（はくう）（夏），秋雨，秋霖，時雨（しぐれ）（初冬），氷雨（ひさめ）（初冬）などと多様である。雨は英語では単に rain で，降雨の程度に応じて drizzle（霧雨）や shower（にわか雨）となる。drizzle だけでも，日本語では，霧雨(きりさめ)，糠雨(ぬかあめ)，小糠雨(こぬかあめ)，細雨(さいう)，

小雨（こさめ・しょうう）などの表現がある。比べれば，英語は客観的な事実だけを述べ，日本語は移り変わる季節の情緒と結び付いている。

　次に身体に関する名称。まず head と頭を見ると，これは広義には同じであるが，日本語の場合は特に顔と区別して使う（動物にその区別なし）。この頭という語は，もともとは頭頂部を指し，日常生活でも「頭をかく」，「頭をなでる」，「頭にかぶる」のように，多く髪の毛の生えた部分を指して使う。顔は頭とは区別されるので，驚いた時の表現，His eyes popped out of his head. は，「顔から目が飛び出した」ならいいが，「頭から目が飛び出した」では髪の毛の中から目が飛び出すように聞こえてしまう。同様に，put one's head out of a window は「窓から顔（首）を出す」，raise one's head は「顔を上げる」としたほうが自然であり，「窓から頭を出す」とすると，後頭部を出すような印象を受けてしまう。英語の head は首から上の頭部全体を指し，face は head の一部となる。本来 head に相当する日本語は「首」であり，「首を振る」，「首をかしげる」，「首を切る」，「首をつっこむ」というときは，shake one's head のように，neck ではなく，head を使う（和語「くび」はくびれたところの意で neck に相当するが，漢字「首」は髪の生えた顔を表す象形文字で，本来は head の意。「頸」とすると neck になる）。

　この言葉の違いは，文化の違いと係わる。西欧は遠い昔から牧畜文化，肉食文化であるから，身体を解剖学的に見る発想が強い。つまり head とは，首を切断して得られる，頭蓋骨を中心とした頭部の塊である（head の語源の一つが cup-shaped で，頭蓋骨を暗示）。人間は羊などと同じ哺乳類であるから，家畜を解体して各部分に名づけた名称が，そのまま人間にも応用されたのであろう。一方，日本は稲作文化，米食文化であるから，身体を，解剖学的にではなく，視覚的，表面的に捉える傾向が強い。だから，どんぐりのように，髪の毛の生えた黒い部分と，そうでない顔の白い部分を分けて認識することになる（目尻，目頭も日本的で対応する英語がない）。

　このことは体のほかの部位についても言える。shoulder と肩を比較すると，肩は，「肩にかつぐ」，「肩をもむ」，「肩をたたく」のように，首から腕の付け根までの上部表面部分を指すが，英語では，その語源が「平たいもの」であり，肩甲骨を暗示するように，骨を中心とした肉の塊として，上背部までの広い範囲を指す。胴体と腕のジョイント部分が shoulder なら，胴体と足のジョイント部分は hip である。よく「尻」と訳されるが，その語源は「丸いもの」で，丸く張り出した腸骨（骨盤）を暗示するように，腰の左右に張り出した部分を指す（左右に一つずつあるので，shoulder と同様，両方を指すときは複数形）。この hip に相当する名称は日本語にはない。身体を解剖学的な見方では捉えなかったからである。waistも，よく「腰」と訳されるが，ぴったりと相当する語はない。それは上半身と下半身を分離する線で，肋骨とヒップの間の（切断しやすい）くびれた部分を指す。日本語の腰はおおざっぱに胴のくびれから尻にかけての部分，上半身を曲げたりするその土台となる部分を指し，英語の waist と hips，あるいは buttocks（丸く盛り上がった尻の肉の部分。二つあるので複数形）までを含む。一方，胸はchest で，「箱」という語源が示すように，肋骨・胸骨に囲まれ，肺や心臓を収めた箱状の部分を指す。つまり胴体を切断したときの，首から下，腹部から上の，それ以上切断できない塊である。日本語の胸は「棟」と語源が同じであり，屋根の棟木のように肋骨・胸骨が張っているところ，つまり外から体の前面を見たときの，首と腹の間にある盛り上がった部分を指す（英語では特に女性の胸をbreast と言い，「ふくれたもの」の意。両胸なら複数形。文語ではbosom。日本語の乳房は房の形から。おっぱいも御杯の意か）。腹は belly で，「袋」が語源である。腹の出た人は a man with a belly，妊婦のお腹は a big belly と言うようにふくれた腹の暗示があるので，一般には stomach を婉曲語として使う。その語源は「のど・口」であり，それが「胃」に転化し，ついで「腹」となった。だからどちらも内臓を中心に置いた発想である。それに対し日本語

の腹は，「原」，「平」，「張る」が原義であり，外から見て原のように広いところ，何か食べれば張るところという視覚的な捉え方である。「腹をさする，腹を切る，腹が出る」のようにまず表面を指し，二次的に「腹が痛い」のように内部を指す（特に内部を指すときは漢語の胃を使う）。だから stomach のように胃と腹は同一ではない。

　次に一日の時間を見ると，英語は一日を一つの物体として捉え，それを理性のメスで解剖する。まず一日は夜明け（dawn）と日暮れ（dusk）で二分され，昼（day）と夜（night）に分けられる。これを横の線とするなら，縦の線は午後零時（noon, midday）と午前零時（midnight）の二点で切断され，午前（a.m.）と午後（p.m.）に二分される。分ける四ヵ所は点なので，前置詞は at を使う（at dawn, at noon）。大きく四分割されたもののうち，夜明け（あるいは午前零時）から正午までが morning，正午から日没までが afternoon となる。日暮れから就寝までの，人が起きている時間帯は evening で，その後が night になる（広義には日暮れから）。この広い時間帯は人が活動する時間帯なので，in the morning のように前置詞は in になり，the によって互いに区別される。夜は眠りの時間で，広がりとしては意識されないので at になる（at night）。日本語の場合，太陽の出ている明るい時間帯は上代から朝・昼・夕と三分され，それを今も継承している。朝は午前 10 時くらいまでだから，朝＝morning とはならず，昼＝noon とはならない。昼は本来は太陽の出ている時間帯を指すが（ヨ・ルに対するヒ・ル），また朝と夕にはさまれた，太陽が高く昇っている時間帯も指す（漢語で正午とすると noon）。昼休みのつもりで「昼に来て」と言うと，かなり待たされることになる。また夕＝evening ともならない。どちらも夕暮れを含むが，夕は昼の時間帯の終わりの部分，evening は日が沈んでから寝るまでの時間になる。

　また夜は，上代では，夕べ，宵，夜中，暁，あした（朝）と分けられ，夕と夕べ，朝とあしたは捉え方が違うだけで，実質的には重

なった。しかし中世以降，視点の置き方から，あしたは明日，夕べは昨夜を意味するようになっていった（to-morrow の morrow も朝の意）。宵は人が起きている時間帯であり，evening と重なる（晩という言い方もあるが，これは漢語。和語では宵（「よい」の「よ」は夜の意）。今晩は今宵と同じ）。また，真夜中＝midnight ではない。midnight は点だが，真夜中は深夜の意味で，時間帯が長い。だから，after midnight というと，午前零時を過ぎた時間だが，真夜中過ぎというと，明け方の時間になる。もし英国人と日本人が真夜中過ぎに駆け落ちの約束をすると，二人は落ち合うことができなくなる。真夜中を表す正確な英語は，midnight ではなく，the middle of the night で，前置詞は，前者の場合は点を表す at，後者は広い時間帯を表す in になる。また暁は夜中から夜明けまでの時間帯で，暁の終わりが曙となるが，今日ではどちらも明け方の意で使われている（「あかつき」「あけぼの」の「あか」「あけ」は「明く」の意）。さらに細かい時刻については，西欧では noon と midnight で一日を二分しておのおのを十二等分し，1 時間（60 分）を定めた。日本では，江戸時代まで，昼と夜をおのおの六等分したが，季節によって昼と夜の長さが違うため，一ときの長さも季節によって変動した。このように英語は客観的，分析的，絶対的であり，日本語は主観的，視覚的，相対的になる。

　英語のこうした分析的な発想はさまざまな分野におよぶ。たとえば日本語の「心」は，英語では二分され，喜怒哀楽の感情をつかさどる部分は heart，思考など理性をつかさどる部分は mind となる。だから，「ある考えを心に抱く」は have an idea in one's mind，「心が変わる」は change one's mind，「心に決める」は make up one's mind となり，heart は使わない。また ache, beat, bleed, break, leap, melt, sink するのは heart であり，mind ではない。ただし心のありかは，日本語の場合でも二分され，感情であれば胸（胸が躍る，胸が裂ける，胸を弾ませる），意志や考えであれば腹（腹を決める，腹を探る，腹を割る）になる。そして心は顔と対比

される。顔は世間体といったもので（顔が広い，顔が利く，顔に泥を塗る），本音と建前は腹と顔の対立となる。英語の場合は，mindと heart のありかはそれぞれ脳（brain）と心臓（heart）で，肉体としての body と対立する。

　心を二つに分けたように，ほかの事象でも，日本語では一語なのに，英語では二語，あるいはそれ以上になるものが多い。怪我は，事故による偶然的なものは injury（軽ければ hurt），武器による意図的なものは wound，列は，横に一列は row，縦に一列は line，お土産は，自分のためなら souvenir，人のためなら present（改まれば gift），虫は，昆虫なら insect，這う虫なら worm（ミミズやうじ虫，毛虫など），家は，家屋なら house，家庭なら home，自由は，束縛のない状態なら freedom，束縛から解放された状態なら liberty（日本人の思う自由は license で自由気ままの意），勇気は，信念のある強さなら courage，危険に立ち向かう強さなら bravery（向こう見ずの勇気は boldness），間違いは，判断の誤りなら mistake，計算などの誤りなら error，宇宙は，すべての天体を含むなら universe，秩序あるものなら cosmos，宇宙空間なら space，雷は，鳴れば thunder，光れば lightning，落ちれば thunderbolt（漢語では雷鳴，雷光，落雷，和語では雷が鳴る，光る，落ちる）となる。また動物では，家で飼うウサギは rabbit，野うさぎは hare，カメは，陸ガメなら tortoise，海ガメなら turtle，ヘビは，普通の蛇はsnake，毒を持った大きな蛇なら serpent のように分かれ，特に身近な動物は，性別に応じて，犬のオスは dog，メスは bitch（子犬は puppy），ネコは cat が総称で，オスは tomcat，メスは tabby（子ネコは kitten）と区別し，家畜であれば，今度は繁殖や管理のための去勢が入ってきて，羊なら，総称は sheep，オスは ram，メスは ewe，子羊は lamb，去勢した羊は wether，さらに羊の肉はmutton（子羊の肉は lamb）と細かく分けられる（牛，馬もほぼ同じ）。こうした家畜の名称の区別は，米が「もみ，苗，稲，米，ごはん」と分けられるのと同様，各文化特有のものになる。

　自然界は天と地，男と女，昼と夜，光と闇，生と死，右と左，上と下，引き潮と満ち潮のように二元論で成り立つ。人間界も善と悪，心と体，戦争と平和，都会と田舎のように二元論になる。その普遍性に加え，牧畜民族であれば，繁殖のために家畜のオス・メスを区別することは当然であるが，一般の語にも二種類の言い方があるのは，分析的精神と共に，性別（gender）の二元論的な発想が広く働いているのかもしれない。たとえばドイツ語では，手は，Arm は男，Hand は女，流れは，Strom は男，Strömung は女，方法は，Methode は女，Weg は男，文字は，Buchstabe は男，Schrift は女，芽は，Keim は男，Knospe は女，嘆きは，Klage は女，Jammer は男，輸出は，Export は男，Ausfuhr は女，運転は，車なら Fahrt で女，機械なら Betrieb で男といったように，性別が違ってくる。フランス語では同じ名詞でも性別によって意味が変わるものがあり，たとえば poste は，男だと部署，女だと郵便，mort は，男だと死者，女だと死，somme は，男だと眠り，女だと金額，tour は，男だと一周，女だと塔，voile は，男だとヴェール，女だと帆，mode は，男だと方法，女だと流行になる。英語はもうジェンダーは失ったものの，その二元論的な発想は生きている。おもしろいのは海岸で，英語では，海から見たときは shore（陸の意も持つ），陸から見たときは coast（大洋に面した部分で，地理的，防衛的意識がある）となり，ドイツ語では Strand（shore）は男，Küste（coast）は女となる。日本語では海岸は，岸，浜，浜辺，海辺，海浜，渚，磯，波打ち際といった言い方があるものの，和語（岸，浜）か漢語（海岸）かといった違いはあっても，対立的なものにはなっていない。

　細かい区別が生まれる原因の一つに，外来語との共存がある。ラテン語でもフランス語でも，外来語は英語と同じアルファベット表記で入ってくるため，同一のものを指していても表記が違えば別物になり，互いに意味が限定される。花は，古英語では blossom だったが，フランス語から flower，古ノルド語から bloom が入ってく

ると，flower が花全般，blossom は果樹の花，bloom は観賞用植物の花というように区別が生じた（日本語はどれも花）。空は，もともとは heaven だったが，古ノルド語から sky が入ってきたため，空は sky になり，heaven は天国になった。sea もギリシャ語から ocean が入ってくると，海と大洋に区別された（アメリカ英語では ocean も sea の意）。先の海岸も，coast はラテン語から，shore は中期オランダ語・中期低地ドイツ語からで，もともとあった beach は shore の一部となった。日本語の場合，外来語は中国語が漢字として入ってきたが，空を「そら」と読むように，本来の音読みを訓読みにすることで漢語と和語を一つに結び付けた。「そら」は天とか天空とも言うが，音読みすることで，異なった意味が生じるのではなく，格式ばった語感になる。「うみべ（海辺）」と「海岸」も意味は同じで，ただ和語が日常的で柔らかく響くのに対し，漢語は文語的で，海岸地方，海岸線，海岸警備のような堅い熟語を作る。

　この日本語の融合の精神は，たとえば神仏習合で大日如来と天照大神を同一視してしまうような捉え方にも出ている。しかし外来であろうとなかろうと，日本語には，英語とは逆に，本来は別物だが，比喩的に一つにまとめてしまおうとする傾向がある。アナグマはクマではないのにクマといい，ハリネズミはネズミではないのにネズミといい，スズランやサフランはランではないのにラン，ユキヤナギ，ルリヤナギもヤナギではないのにヤナギ，シバザクラもサクラソウもサクラではなく，キクラゲもクラゲではない。どれも種類は違っても，外見などが似ているために付けられた名である。また日は sun と day を兼ね，色は color と lust を兼ね（「色」は象形文字としては男女の交合の図），「手」は hand と arm，さらに means，「足」は leg と foot，さらに money を兼ねる。「手が出ない」ときはお金が足りず，「足が出る」ときは予算オーバーになって，どちらも痛い。しかしとりわけ日本独特のものは人の呼び方で，赤の他人であっても，家族の名称を使って，年配の男性ならお

父さん，おじさん，おじいさん，女性ならお母さん，おばさん，おばあさん，若ければお兄さん，お姉さんなどとなる。英語では sir, ma'am, man, woman, miss などとなるところである。兄弟・姉妹は英語では brothers and sisters で，上下はなく，性で区別されるが，ひらがなで「きょうだい」とすると姉妹も含まれ，女きょうだいは sister(s) となる。古代では妹は男の側の姉，妹，妻，恋人のどれをも指した（兄は女の側の兄，弟，夫，恋人）。「女子」は女の子と女性の両方を兼ねる。英語の girl も少女から娘まで幅があるが，woman（大人の女性）の対になるから「女性」すべては含まない（ただし old girl はおばあさんの意）。「親」も日本語では広く名詞につけて使われる。親分，親方，親鍵，親機，親潮，親指，親会社，親木，親時計，親柱，親ねじ，あるいは親知らず，トランプの「親」などである。母も，母屋，母港，空母，酵母，母音，分母，母集団のように使われる。父についてはほとんどない。「子」は，子分，子方，分子，店子，子機，子会社，あるいは利子，種子，胞子，精子，卵子などがある。したがって，英語と比べると，異なるものを一つにまとめようとする一元論的な発想が強い。

　人間関係で意味のずれる語として relative と family がある。relative（relation）は親戚と訳すが，英語では親・子・きょうだいを含む。日本では親や子は家族であり，親戚とは言わない。relative は（血縁や婚姻で）自分と係わる人の意であり，個人（自分）を中心に置く西欧の価値観を反映する。family は家族で，日本では家というまとまりに価値を見るから自分の家族に限定されるが，英語ではさらに親戚を含めることもあれば，子どもだけを指すこともある。I have a large family. は大家族ということで，子供がたくさんいる意（親は含まない）になる。原義は家の召使で，そこから範囲が広がっていった。

　また日本語独特の語として，「かげ」がある。「かげ」は和語としては一語だが，表記では漢字によって「影」（輪郭のはっきりした物体の投影）と「陰」（日の当たらない所）を区別する。英語では

shadow と shade に相当するが，語源は同じだから shadow は時に shade の意味も持つ。この「影」が日本語独特というのは，その本来の意味は「光」だからである。そこから，光に照らされて見える姿や水・鏡に映る形，および光で生じる陰影などを指した。だから月影とは月の光のこと，人影とは人の姿のこと，面影とは心に残る顔つきのことで，その影を見る道具が，影見，つまり鏡になる。この意味の「影」に相当する英語は，figure, image, reflection, shape である。現代ではそれらの語には像，形，姿の文字を当てる（「かたち」「すがた」に含まれる「かた」とは型のこと）。この光が影に転化するのと似た例としては，古代，相手を指す代名詞の「おれ」が自分を指す語に変わってしまったり，夫・妻の両方を指した「妻」（稲妻の「妻」は夫の意）や，男女どちらの名にも使えた「子」（小野妹子は男）が，女性に限定されてしまったりする例がある。あるいは今でも「われ」は，「我は行く」「われ，何するんじゃい」（関西弁）のように，自分も指せば相手も指す。昔は心が乱れると「我か人か」（自分と他人の区別がつかないほど呆然とした状態）ともなった。日本語では自他の区別はあいまいで，入れ替わってしまうこともある。

1.2.　動詞

　名詞と同様，英語は動詞も分析的で，日本語では一語で間に合わせるところを複数の語で使い分ける。「疑う」は，「（犯人）ではないと思う」ときは doubt，「（犯人）であると思う」ときは suspect，「貸す」は，無料なら lend，有料なら loan，「借りる」は，無料なら borrow，有料なら rent（日本語の「貸す」は昔は「借す」で「借る」（借りる）と同根），「這う」は，足のない蛇や芋虫，クモなどが腹ばいでゆっくり進んだり，うじゃうじゃと這い回るなら crawl，四つ足の動物などが獲物を狙うようにそっと忍び足で進むときは creep（cr- はひっかく語感）（creepy は恐怖が忍び寄ってくるようで「ぞっとする」意），「禁じる」は，法律などの公的な場合

は三音節の格調高いラテン語由来の prohibit, 個人による一般的な禁止は古くからのアングロ・サクソン語の forbid, 道徳的宗教的で非難がこもる場合は古ノルド語の影響を受けた ban, などと区別する。

　一連の動作なら, 開けるは open, 閉めるは, 閉じた状態にするなら close, 力を入れ, ぴたっと閉める動作であれば shut（原義は「かんぬきを掛ける」）になる。日本語の場合,「あける－しめる」に対し,「ひらく－とじる」がある。「あける」は店・引き出し・ふたなどを開いて明るくすること（unlock）（「明ける」と同根）,「しめる」は, それをふさいで暗くするイメージ（「締める」と同根）,「ひらく」（「広げる」と同根）は傘・本・会などを広げること, 逆は「とじる」（「綴じる」と同根）で, 開いていたものをぴったりと重ねて隙間のない状態にすることになる。戸や窓はどちらでも使えるが, 一方しか使えない語もあるし, 口をあける, 口を開く（ものを言う意）のように意味の異なることもある。「始まる（始める）」は start と begin が一般的で入れ替えて使えるが, start は語源が「跳ぶ」で, 競走ではこの語を使うように, 意志的で勢いがあるのに対し, begin は一連の過程の客観的な始まりになる。反対語は, start は finish で, ゴールに達する, 仕上げるという感覚（対句は from start to finish）, begin は end で, 一連の流れの終わりになる（対句は from beginning to end）。日本語は「始まる－終わる」で, 始まるは「端」, 終わるは「尾」の意を含む。

　上下の移動は, 英語は go up (down), move up (down), 手足を使ってよじ登る場合は climb up (down), ラテン語由来なら ascend (a(= to) + scend(= climb)), descend (de(= down) + scend) になる。climb（登る）に down がつく場合（She climbed down the tree）, よじ降りるとは言えないから, うまく訳せない。英語では go, move, climb という動作があり, その方向を up, down で示す。日本語の場合, 漠然と上（下）へ行くとも言うが, 具体的な対象があれば,「（～に）のぼる, あがる」,「（～を, ～から）くだる,

さがる，おりる」と言う。違いは，「日がのぼる，山にのぼる，都
にのぼる」のように「のぼる」は上に少しずつ進むその過程に焦点
があり（逆は，くだる，おりる），「あがる」は「家にあがる，学校
にあがる，海からあがる，雨があがる」のように下から上へ一気に
移るその結果に焦点がある（逆は，さがる，おりる）。日本は上下
関係が重視されるので，「あがる」は「どうぞ熱いうちにおあがり
ください」（食べる意），「すぐにお届けにあがります」（行く意）の
ように敬語として使われたり，「できあがる，晴れあがる」のよう
に複合動詞としても使われる。

　動作の描写では，英語は細かく区別する。馬は移動手段として生
活に密着していたので，その走り方は walk, amble, trot, canter,
gallop と実に細かい。日本語では，ゆっくりと，全力で，といっ
た修飾語や，ぽくぽく，ぱかぱか，といった擬音語で区別する。
「飛ぶ」も，獲物の動きを見定めようとする狩猟民の本能と係わる
のか，かなり細かく区別し，鳥のように空中を飛べば fly，空中に
跳ね上がれば jump，鹿のように大きく跳んで移動すれば leap，突
然に飛び跳ねれば spring，ウサギや鳥のように両脚をそろえて跳
べば hop，子羊のように軽く跳ねながら進めば skip になる（jump
は擬音語で，bump（どしん）と似て，足が地面に着くときの音）。
日本語は「飛ぶ」か「跳ねる」で，突然，勢いよく，軽やかにとい
う修飾語や，ぴょんと，ぴょんぴょんと，ぴょーんと，ひょいと，
ひょいひょいと，ひらりと，さっと，といった擬態語で区別する。
足の「飛ぶ」に対し，手の「つかむ」も多様である。日本語の取る，
つかむ，握るは小さくて動かないもの，あるいは動きの小さいもの
に使い，つかまえる，捕えるは大きくてよく動くものに使う。英語
では，動くものなら catch，動かないものなら take，つかまえた状
態なら hold を用いる。またつかみ方として，日本語なら副詞や擬
態語で区別するところを一つの動詞で表し，急に強くつかめば
seize，握るようにぐっとつかめば grasp，もっと強くつかめば
grip，荒っぽくぐいとひっつかむ感じは grab，手でぎゅっとつか

んで放さなければ clutch，策略などを用いて捕獲するなら capture などとなる。

「引く」は，日本語ではこの一語だが，英語では，強い力で手前に引っ張れば pull，軽くなめらかに引けば draw，急にぐいと引けば jerk，重いものを力を入れて引けば haul，重いものを引きずれば drag などとなる。「押す」は，押して動かせば push（逆は pull），圧すれば press，急に突き刺すように押せば thrust，滑らせるように乱暴に押せば shove になる（公園の掲示に「自転車は降りて押して下さい」の英訳として Get off and press your bicycle. とあった。またカメラのシャッターは push では強すぎるので press。普通のボタンはどちらも可。相撲は push で，press だと負ける）。日本語ではやはり擬態語などで区別し，ぐいと，ぐいっと，ぐっと，ぐうっと，ぐいぐいと，ぽんと，などとなる（「ぽん」は押す音だが，あとは押す，引く，両方に使う）。「見る」も動作であるから，見方によって区別し，see は「見える」，look は「目を向ける」，gaze, stare は，一方は感心して，他方は驚いて「じっと見る」，glance は「ちらと見る」，watch, observe は「（動きを）見守る」などとなる。After looking round to see that none observed them, they pushed their bags deep beneath the roots. (James Reeves, "Two Greedy Bears") は，「まわりを見て誰も見ていないことを見て取ると」となる。見て理解するという意味では see で，他の語は使えない。このように日本語なら文脈で想像させるところを，英語では言葉自体で明確に表現する。だから日本語なら必要な修飾語や擬態語はいらなくなる。

　料理の仕方には肉食文化と米食文化の違いが出てくる。西欧の調理の基本は「焼く」であり，英語ではその焼き方によって，bake（オーブンで焼く），roast（串に刺してあぶる），broil（直火で焼く），grill（焼き網で焼く），fry（油で揚げる），barbeque（直火で丸焼きにする），toast（パンなどをキツネ色に焼く）などと区別する。一方，日本料理は水を加えて火にかける煮炊きが基本で，「煮る」は野菜など

の汁物，「炊く」はご飯に用い，さらに「ゆでる」は野菜などを味を
つけずに煮ることを指す。どれも boil と訳すが，煮炊きは料理の
意味では cooking である。ただし cook は火を使って料理するこ
とで，boil, bake, roast, steam（蒸す）などを含む。当然，食器も
異なる。肉食文化の西欧は焼いた大きな肉を中心に置き，それを皆
が切り分けて食べるイメージで，まず食物を盛る大きくて深い
dish（盛り皿）があり，それを取り分ける個人用の小さくて浅い
plate（取り皿），スープ用の深い plate があって，ナイフ，フォーク，
スプーンを使い分けて食べる。米食文化の日本は一にも二にも炊い
たごはんがメインで，ごはん，みそ汁，お茶を入れる深底のわん
（茶碗）（bowl）があり，そこに，数々の副食（お数）を盛った浅く
て平らな皿，深みのある鉢やどんぶり（bowl）がつき，どれも箸を
使って食べる。食べ方は，西欧は plate を置いたまま，日本は茶碗
を手に持って食べる。

　一方，生活上の基本的な動作については，どちらも言い方はほぼ
決まっている。目覚める（wake），起きる（get up），食べる（eat），
飲む（drink），洗う（wash），歩く（walk），走る（run），動く
（move），働く（work），遊ぶ（play），休む（rest），寝る（sleep），
生きる（live），死ぬ（die）などである。ただし「働く」「遊ぶ」に
は文化的なズレがある。日本語で「遊ぶ」というときは，「働く」の
反意語として，仕事や勉強をしないで怠けるという意味合いがあ
る。遊び人とは player ではなく gambler（ばくち打ち）のこと，遊
女とは playgirl ではなく prostitute（売春婦）のことで，あまりいい
意味はない。日本人は働くことに大きな価値を置いており，刻苦精
進とか奮励努力，粉骨砕身といった，がんばることに価値を見る熟
語もある。和語の「はたらく」は本来は「動く，活動する」意で，
そこから「労働する」意が生まれ，人と動を組み合わせた「働」と
いう国字を作った。中国にはなかった漢字で，今では中国でも使わ
れている。つまり国字として作るほど，日本人は働くことを重んじ
た。一方 work は語源が「行う」で，「働く」と似るが，もっと広く

勉強や加工制作などの活動も含まれる（日本語では労働と勉強は別）。labor もよく使われるが，こちらは肉体労働などのつらい仕事になる（陣痛の意もある）（フランス語で「働く」は travailler で，原義は「苦労する」）。聖書では人は原罪を犯した罰として楽園を追放され，「顔に汗を流して糧を得」なければならなくなる。つまり労働とはつらい罰という連想がある。だから，ちょうど田園でのんびり過ごす牧歌的な生活が理想になるように，西欧では仕事よりも自分の人生を楽しむことのほうが大切になる。英語の play とは子供が遊ぶときのように活発に動くことであり（語源は exercise），楽器の演奏やゲームにも使い（play baseball, play the piano），日本語の持つ否定的な意味はない。All work and no play makes Jack a dull boy.（勉強ばかりで遊ばない子はばかになる）という諺があるように，遊びは大切なもので，大人の場合は enjoy などを使い，「楽しむ」ことになる。

　「話す」ことも，人間のコミュニケーションの中心的な行為として，いろいろな言い方があるが，その基本形は，英語は say, tell, speak, talk，日本語は「言う，話す，語る，しゃべる」でほぼ同じである。その使い分けもだいたい決まっている。英語の場合，speak と talk は話す行為に係わり，speak は，語源が「ぱちぱちと音を出す」であり，スピーチのように意見や考えを一方的に声を出して話すこと，talk は相手と打ち解けて言葉を交わすことである。それに対し，say と tell は，何を話すかという内容と係わり，say（語源は show）は，He says, "I am right." のように言った言葉をそのままに述べ，tell（語源は count で，計算する→報告する）は，He tells me that he is right., あるいは He tells me about his rightness. のように，言ったままではなく，間接的，あるいは概要を人に伝える場合に用いる。日本語の「言う」「しゃべる」は，「ぶつぶつと言う」「べらべらしゃべる」のように，話し手が一方的に言葉を口にするという感覚がある。人の言葉をそのまま引用する場合は，「彼は行くと言った」のように「言う」になる。「話す」（語源

は「放す」),「語る」(語源は形・型) は，まとまった事柄を声に出して相手に伝えることである。このうち「しゃべる」は話し言葉で，雑談的な軽い感じがあり，「語る」は書き言葉で，「人生を語る」のように，まじめで高尚な感じがある。互いに話す場合，英語では talk だが，日本語では，「(友) と」あるいは「(友) と～ (し) 合う」をつけられる語，つまり「話す」「語る」がそれに対応する。ただし，「話し合う」は相談などのまじめな雰囲気を伴い，「語り合う」は打ち明け話のような親密な雰囲気を伴う。「言う」は，「(友) と」はつけられず，「(友) と言い合う」は可だが，互いに主張する感じで，口論の意にもなる。「しゃべる」は，「(友) としゃべる」は可だが，「しゃべり合う」とは言わない。

　日本語では，漢語の名詞に対しては「～する」をつけて動詞化する。勉強する，運動する，交渉する，遠慮する，のようにである (「～をする」だと名詞のままになり，強意的)。用法が簡単なので応用範囲が広く，ジャンプする，アタックする，カンニングする，のようにカタカナ語にも使える。牛耳る，駄弁る，サボる，ダブる，ように名詞を他動詞化したものもある。英語でこの形に相当するのは，「動詞＋動きを表す名詞」の表現方法である。「する」を表す動詞は do, have, make, take などで，動詞により意味が微妙に異なる。do は仕事や義務を行う場合で，do business (an exercise, the shopping) となり，make は「作る」だから，努力して何かを新しく生み出す場合で，make a speech (an attempt, a decision, an answer) となる。have は「所有する」の意だから楽しいことをする場合で，have a talk (a bath, a walk) となり，take は「手に取る」だから，have と同様，楽しい行為をする場合で，take a rest (a vacation, a sip) となる。a がつくのは一回限りとなるためで，習慣であれば，Mother used to take me for walks のように複数形になる。give も，give a sigh (a cry, a smile) で行為を表すが，無意識的に起こる短い動作になる。だから give a jump は驚いたりして思わずする行為，take (make) a jump は意図的にする

56

行為，give a laugh は思わず笑い声を立てること，have a（good）laugh は大笑いする，楽しいひと時をすごす意になる。

「旅行する」というとき，動詞では travel を使うが，それ以外の語は名詞で用い，「動詞＋名詞」の形になる。この場合の動詞は，make a journey とすると，make は努力を要するので，仕事での旅になり，take a journey とすると，楽しむための旅になる。go on a journey は単に行くの意になる。日本語では和語は「旅」，漢語は「旅行」だが，「旅」には，「人生は旅」「旅の空」のように，つらいもの，苦労して行うものという感じがあり，一方「旅行」は「ヨーロッパ旅行」のように娯楽の感じが伴う。英語では travel が「旅」にあたり，travail（労苦・陣痛）と語源を同じくするように，骨折って行う遠方・外国への旅という感じがある（その場合は名詞を複数形にして重さを出す）。旅の種類としては，一般的なのは trip で，語源が「軽快に歩く」なので観光などの短い旅行を指し，journey は「一日の道のり」が語源で，目的地までの長い旅，tour は「回る」が語源で周遊旅行，voyage は「旅の食糧」が語源で，船（飛行機，宇宙船）による長旅が基本的なイメージになる。travel は動詞としては，Her blue eyes travelled slowly all the way down the length of Billy's body, to his feet, and then up again.（Roald Dahl, "The Landlady"）（彼女はその青い目でジムの体を頭から足までじろじろとゆっくり見，それからまた上へと視線を移した）（length は長さを強調）のように，長旅をするイメージで比喩的にも使われる。

英語には分析的な多様性があるが，日本語には日本語独自の多様性がある。特に和語において，一つの基本語が土台となり，それにさまざまな語が結び付いて，多くの単語が作り出される。「目」を例に取ると，「見る」の「み」は「め」から来ており，目入る，目射るの意になる。いわば目の動詞化である（英語では名詞の eye と動詞の see, look は無関係）。さらに，「長見る → 眺める」，「目止める → 認める」，「見守る → 守る」，「目霧 → 紛れる」，「目交 → 紛う」，「目叩く → 瞬く」，「目転 → 巡る」，「目とろむ → まどろむ」，

「目逃れる → 免れる」，「目酔う → 迷う」のようにさまざまな動詞を作る。動詞だけではなく，さらに，「見にくい → 醜い」，「見じ目 → 惨め」，「まじまじと見る目（あるいは正目）→ 真面目」，「見たくもない → みっともない」，「目映い → 眩い」，「目だうな（だうなは無駄の意）→ 面倒な」，「目方 → 前」，「目惣 → 幻」，「目舞い → めまい」，「寝目 → 夢」，「目門 → 窓」，「皆見 → 南」，「見並 → 皆」，「目不見 → みみず」といったように「目」に係わる名詞や形容詞も作り出す。漢語では二字の漢字を組み合わせて，目撃，目視，目前，目的，目標，着目，注目，反目，近眼，開眼，眼光，眼中，眼識，見解，見聞，会見，拝見，一見，露見，必見，見物，見学，偏見，発見，意見のような漢字熟語を作る。

　こうした語形成は古代の日本人がどのように物事を見ていたかを探る手がかりになる。目なら目という自分の感覚が土台となり，いろいろな物事が主観的に捉えられている。ほかの和語だと，「手」からは，取る，違う，助ける，たぐる，たどる，保つ，契る（←手握る）という動詞のほか，近い，楽しい，互い，ついで，頼り（便り），峠（←手向）といった語が生まれ，「足」からは，歩む，歩く，あがく，あさる，あぐら，跡（←足処）といった語が生まれる。また「息」は命を暗示する重要な語で，急ぐ（←息せく），怒る，生きる，憤る，競う（←息添う），命（←息内），嘆き（←長息），勢い，忙しい（急ぐの形容詞），いばる（←息張る），起こす（上代では息はオキとも），いびき（←息響）などが生まれ，「血」も生命力を暗示し，乳，父，力，誓う，因む，命，雷，大蛇といった語が生まれる。「心」（「裏」と同根。隠れているものの意）からは，うらぶれる，うらむ（←うら見る），うらめしい，うらやむ（←うら病む），うらやましい，うらぎる，うれえる，うるさい，うらさびしい，うれしい，などが派生する。

　日本語の動詞の語形成はこの名詞に基づくもののほかに，「動詞＋動詞」の形の複合動詞もある。たとえば「よじ登る」は「よじる＋登る」で，「よじる」だけでは意味をなさず，「登る」がついて初

めて意味をなす。投げつける，投げ捨てる，投げ出す，聞き入れる，聞き返す，飛び越える，飛び散る，過ぎ去る，放り投げる，舞い降りる，ねじ曲げる，入り乱れる，咲き誇る，咲き乱れる，追い抜く，切り合う，切り替える，取り扱うなどもそうで，それだけで一語を形成する。英語にすると，走り回るは run about，舞い上がるは soar up，切り倒すは cut down，吹き消すは blow out，取り去るは take away のように副詞をつけて表現したり，〜を乗り越えるは get over 〜，〜を探し求めるは look for 〜，〜に取り組むは grapple with 〜，問い合わせるは inquire about 〜，当てはまるは apply to 〜，付き添うは attend on 〜 のように前置詞をつけて表現する。日本語独特で，うまく英訳できないものもある。「行ってきます」は I'm going と訳せるが，ただ「行く」と違い，日本語は「行く」と「来る」の合成で，行って戻ってくるの意だから，文字どおりに訳すことはできない。「帰ってくる」(come back) も，ただ「帰る」(go back) と違い，今いる場所に戻ることになる。よそから来た人は「帰っていく」になる。食べてくる，食べていく，なども同様である。「一人で生きてきたが，これからは二人で生きていく」は時間についての表現になる。

　英語の場合，「動詞＋副詞（前置詞）」で句動詞を作るが，動詞はたいていアングロ・サクソン語の一音節の平易な日常語で，それに平易な副詞（前置詞）がついて違う意味を作り出す。多音節の難しい語を使うよりも口語的で理解が容易である。come about (＝happen)，come across (＝encounter)，come in (＝enter)，come up to (＝reach)，get on (＝board)，get through (＝survive)，stand for (＝tolerate)，stand up to (＝withstand)，give in (＝surrender)，give up (＝abandon)，put out (＝extinguish)，put off (＝delay)，take in (＝deceive)，take off (＝remove) などである。「接頭辞＋語幹」という形になると多音節になり，堅く格式ばった語感になる。主としてラテン語系の語で，まず語幹を中心に見ると，-spect は look という意を持つから，接頭辞 in- をつけれ

ば in-spect で look into（調べる）の意，pro- がついて pro-spect とすれば look forward to で「期待する」，ex-spect は look out for で「予期する」，re-spect は look back at で「尊敬する」になる。さらにこの語幹から，a-spect (looking at), specta-cle, specta-tor, per-spec-tive (looking through) という名詞も作られる。-ceive（＝take）という語幹では，con-ceive で take in の意，per-ceive は take entirely，re-ceive は take back，de-ceive は take from の意になる。同様に，-gress（＝walk）の語幹から，pro-gress (go forward), re-gress, con-gress が作られ，-clude（＝close）からは in-clude, ex-clude, con-clude，-sist（＝stand）からは as-sist, con-sist, in-sist, per-sist, re-sist などの語が作られる。接頭辞を中心に見ると，それは語幹となる語に方向や動きを与えて限定し，いろいろな意味を作り出す。pro-（前へ）だと pro-duce, pro-ceed, pro-claim, pro-nounce, pro-portion, pro-vide, pro-tect, pro-pose, pro-sper，ex-（外へ）だと，ex-pel, ex-amine, ex-cess, ex-alt, ex-clude, ex-terminate, ex-ception, ex-tract, ex-treme，de-（下へ）だと，de-pend, de-scend, de-cline, de-clare, de-finite, de-code, en-, in-（中へ）だと en-courage, en-close, en-hance, en-large, en-noble, in-crease, im-prove といった語が作られる。

　英語特有の発想の語としては un- を使った語がある。これは動詞に付いて逆の行為を表す。un-fold は，fold が「折りたたむ」だからその逆の「広げる」，do は「行う」で un-do は「元に戻す」，同様に un-cover, un-button, un-dress, un-fasten, un-lock, un-pack, un-roll, un-screw, un-wrap などとなる。『マクベス』では王殺しをたくらむ夫人が unsex me（私を女でなくしてくれ）と悪霊に呼びかけている。副詞 out が語頭に連結した語も特殊である。out は「外へ」だが，「～よりまさって」の意もあり，out-live は「～より長生きする」，out-grow は「～より大きくなる」，out-weigh は「～よりも重要である」となる。シェイクスピアは『ハムレット』

で，it out-herods Herod.（そのひどさは暴君ヘロデ王の上を行く）と
いった表現も作り出している。

この接頭辞を使った動詞は，日本語では，和語ではなく，二字の
漢語に相当する。動作を表す語の前に方向などを示す語をつけて一
つの動詞とする。pro- に相当する語では前進，先行，in- では内省，
中断，ex- では出発，外食，per- では通過，完成，re- では再発，
返答，de- では下降，後退，分離，あるいは否定，無視のようにな
る。漢語の場合は後に置いてもよく，浮上，除外，輸入，率先，案
内，拒否のような動詞を作る。

1.3.　形容詞

形容詞は性質や状態を表し，心と五感で捉える。五感のうち，圧
倒的に多いのは視覚に関する語で，ほかはきわめて乏しい。人間が
情報として捉える量は，視覚が八割強，聴覚が一割強で，残りが嗅
覚，触覚，味覚と言われている。動物にはコウモリ，イルカ，ガ，
ネコのように聴覚に優れたものもいれば，モグラ，ヘビ，ゾウ，イ
ヌのように嗅覚に優れたものもいるが，人間は圧倒的に視覚優位で
ある。視覚でも，魚類や鳥類，馬などの草食動物は，敵を早く知る
ため，目は顔の横にあり，視野が広い。しかし人間は，猿やトラな
どの肉食動物のように，顔の前面に両目を持ち，立体視ができる。
これは獲物に焦点を当て，確実に捉えるためだが，人類は二足歩行
の前は樹上生活をしていたため，立体視による空間認識能力が特に
優れている。この焦点化により，人間は山や木や川なども一個の存
在物として認識し，名を与えて言葉を作り出した。さらには高さ，
広さ，明るさといったものも言語化し，空間把握の精度を高めて
いった。いわば目に見える世界全体が捕らえるべき標的となる。し
かし視覚以外の言語化はあまり発達せず，その語彙はきわめて限ら
れている。

数の少ない形容詞から見ていくと，まず嗅覚に係わる語彙であ
る。人類はほかの哺乳類と違い，鼻が前ではなく下に開いているよ

うに，嗅覚があまり発達していない。日本語では「くさい」がある
くらいで，反対語は「かぐわしい」になる。「くさい」の語源は「腐
る」，「かぐわしい」の語源は「香」で，「こうばしい，かんばしい」
とも言う（動詞「かぐ」も香から派生）。しかし「かぐわしい」は文
語的で，口語では名詞を使って単に「いい匂い（香り）」になる。
「くさい」は名詞を頭につけて，かび臭い，酒臭い，けち臭い，の
ようにも言う。英語では「くさい」を表す一語の形容詞はなく，
smell, stink, odor を動詞あるいは名詞として使ったり，smelly,
stinking, foul-smelling と形容詞化して使う。「くさい」は「怪し
い」意にも使うが，英語では fishy（魚臭い）になる。「かぐわしい」
はラテン語由来の fragrant を使うか，smell, perfume, scent など
を動詞や名詞として使う。smell は a sweet smell とすれば芳香の
意だが，形容詞がなければ悪臭の意になる。その点，「におい」も
同じで，古語ではもっぱら目に映える美しさや香りの意で使われて
いたが，現在では悪臭の意でも使われる。古典好きの人にとっては
高貴な人の落ちぶれた姿を見るようであろう。ただし「香り」は香
料と結びつくので悪臭の意はない。人間は視覚優位のため嗅覚の語
彙は少ないが，もし嗅覚優位のイヌ，ネズミ，ミツバチなどが感じ
取る匂いを感じ取ることができたとすれば，妖しく官能的な性フェ
ロモンを含め，もう少し多様な語彙が生み出されていたかもしれな
い。

　味覚に係わる形容詞も乏しい。基礎味覚ではどちらの言語にも多
様性はなく，甘いは sweet，苦いは bitter，酸っぱいは sour，塩辛
いは salty となる。甘いと苦いは比喩としても使われるが，You
are sweet. は「優しい・親切・かわいい」の意で肯定的な意味を持
つものの，直訳して「あなたは甘い」とすると，日本語では厳しさ
が足りない，他人からなめられる，と否定的な意味になる（甘いと
なめられる）。この甘いからは甘えるという動詞が派生し，過度に
なると甘ったれるとなるが，英語にはぴったりと該当するものはな
い。また「苦み走ったいい男」とは引き締まった男らしい顔の男の

ことで褒め言葉だが，英語に該当する言葉はない。日本人と違い，みな愛想笑いなどせず，苦み走っているせいだろうか。

　触覚では，「かたい」は石のような硬さの hard を基本にして（逆は soft），筋肉のように弾力がある firm（逆は loose ゆるい），地盤のように中がしっかりと詰まった solid（逆は fluid），噛み切れない肉のような堅さ tough（逆は tender, fragile もろい），棒のように容易には曲がらない stiff（逆は flexible）などと細かく区別して使われる。日本語は和語だと「かたい」の一語だけだが，文章では漢字や漢語を使って違いを表現できる。「かたい」だと固・硬・堅と使い分けたり，漢字熟語（堅固・強靭・強硬・頑強）を使ったり，あるいは擬音語を使って「ごつごつとした，かちかちの，こりこりした」などとも言える。漢字は，部首に示されるように，堅は土の，硬は石の，固は囲いのかたさになる。「かたい」の逆の「柔らかい（柔い）」は soft で，布団のような快さを表すが，英語ではさらに，肉などの tender，穏やかな性質の gentle，光・色・音の mellow などと使い分ける。漢字の柔は，部首に示されるように，木のしなやかさを表す。和語の「かた」はカタカタという擬音語（「形・型」と同根），「やわ」はやわやわという擬態語（「弱」とも）が語源で，観念的というより感覚的な語になる。

　温度は，英語では客観的に hot − cold, warm − cool という形で対立を成す。しかし日本語では具体的，相対的に，体に感じる気温とそれ以外（物質・身体・感情）の温度に分け，気温は「暑い−寒い」，「暖かい−涼しい」となり，それ以外は，お湯の温度のように，「熱い−冷たい」，その中間の「ぬるい」(lukewarm) に分ける。ぬるいは物足りなさを暗示し，生ぬるい (tepid) はさらに不快感が強まるが，ぬくい，ぬくとい，と言うと，気温になり，こちらは快さ（ぬくもり）を暗示する。したがって，hot はあつい（暑い，熱い），cold は寒いと冷たい，warm はあたたかい（暖かい，温かい），cool は涼しいと冷たいに分けられることになる。「あたたか」の対は本来「ひややか」だったが（動詞化すると，「温める」と「冷や

す」），この語は人の態度のほうに転化して使われている（「おひや」とすると冷たい水）。これらの語から，ぬくぬく，ぬるぬる，ひやひやといった擬態語が派生している。

「痛い」は painful という形容詞はあるものの，「頭が痛い」は My head aches., I have a headache. のように，動詞や名詞を使う。日本語ではもっぱら状態として使うが，動作を言うときは「頭が痛む」と言う。この動詞形は比喩として使われ，「屋根がいたむ」「果物がいたむ」のように，悪くなる意でも使う。ただし「屋根がいたい」のようには使えない。「痛い」はもともとは「程度がはなはだしい」の意で，「いたく喜ぶ」のようにも使う。英語は pain も ache も痛みの意で，pain は一般語，ache は長く続く鈍痛になる。「こそばゆい・くすぐったい」も英語では tickle という動詞，「かゆい」も itch という動詞を使う（itchy という形容詞もある）。

聴覚は，人間の場合，言語の使用により発達してはいるものの，形容詞となると数が少ない。これは音が，状態というよりも，初めと終わりのあるまとまった動きとして知覚されるためで，風や波などの自然界の音声，動物などの鳴き声は，英語では bark, roar, chirp, buzz, murmur, whistle といった動詞や名詞になり，日本語ではさらさら，ひゅーひゅーといった擬音語や擬態語として使われる。形容詞としては「静か」と「うるさい」が代表的で，「静か」は，あまり音のしない quiet，音がまったくしない silent，動きが消えて音もなくなる still，穏やかで落ち着いた calm などと使い分ける。日本語の「静か」は「沈む」や「雫」と同根で，下に落ちるイメージになる。反対語は「さわがしい・やかましい」で，「さわがしい」は「さわさわ」という擬音語が動詞化されたもので，英語では不快な雑音の noisy，あるいは大きな音声の loud になる。「うるさい」のほうをよく使うが，これは本来は「わずらわしい」の意で，英語では annoying, troublesome になる。

次に視覚。明暗は，日本語では「明るい」と「暗い」のそれぞれ一語だが，英語では，「明るい」は，日の光で明るい light と何か

が輝いて明るい bright を区別し，また「暗い」は，光のない dark,
ほんやりした dim，気持ちの沈む gloomy，黄昏のような dusky
に分けられる（light は「光」でもあるが，「光る」場合は shine。日
本語の「光」は「光る」という動詞にはなっても形容詞にはならな
い）。日本語の「明るい」「暗い」は「赤い」「黒い」と語源が同じで
ある。「赤」は英語では red を基本に crimson（深紅色），scarlet（朱
色），reddish（赤み）があるが，日本語は豊富で，対象や情緒と結び
ついて，紅，桜色，ばら色，桃色，唐紅，鮮紅，真紅，緋，朱，
丹，臙脂，紅蓮，小豆色，茜色などと細かく分ける。ばら色は人
生，紅蓮は炎，茜色は夕日というように決まった組み合わせもあ
る。赤と red はほぼ同じだが，日常生活の語彙ではズレがある。
たとえば「赤ん坊」は直訳すれば a red child だが，英語にそんな
表現はない。日本語は古代では，茜，藍，紫といった染料となる植
物名を除けば，赤，青，白，黒の四色の語彙ですべての色をおおっ
ていた。赤は明るい有彩食，青は暗い有彩色，白は明るい無彩色，
黒は暗い無彩色を表した。だから赤ちゃんのピンク色は赤になった
（赤はさらに黄色や紫を含む）。また「赤」は和語では「明」と同じ
だから，「明らかな」の意で，「赤の他人，赤っ恥，真っ赤なうそ」
のようにも使われる。同様に，「青」（緑，藍を含む）は「青葉」「青
息」「青二才」「青ざめる」，「黒」は「腹黒い」「真っ黒に日焼け」，
「白」は「白い目」「白ける」「白ばくれる」「白々しい」のように使
われるが，その色は英語に直訳できない。「赤い」のように，「い」
をつけて形容詞にできるのは赤・青・白・黒の四語に限られ，ほか
は「緑の」のように名詞に「の」をつける（黄は「色」と「い」をつ
けて「黄色い」と形容詞化）。この特別な四語は，日常生活では，
味噌，豆，カビ，顔，土，馬，潮，鬼，木などにつけて複合語を作
る。たとえば赤味噌，白味噌，赤鬼，青鬼，青かび，黒かび，白か
びのように。しろうと（素人），くろうと（玄人）も色と係わる。顔
では，怒ると赤，日焼けして黒，血の気を失って青になる（白は肌
には使うが，顔には使わない）。英語の場合も日本語にはない独

特の発想があり，たとえば black は lie, humor, magic, mail, sheep, Friday と結び付き，blue は blood, collar, ribbon, movie, Monday と結び付く。日本で青い血というとタコの血だが，英語では貴族の血になる。貴族はタコ，なのではなく，労働者のように日焼けしないので，白い肌に静脈が青く透けて見えることから来ている。

　人に関しては，英語では fair と dark に分ける。fair（元は「美しい」意）は金髪，色白で，さらに青い目の連想があり，dark は黒髪，色黒，黒目になる。文学ではよく対比的に扱われ，シェイクスピアのソネットには the Fair Youth と the Dark Lady が出てくる（lady は上流階級の貴婦人のこと。今は woman の丁寧語）。日本人はみな黒目黒髪だからこのような区別はないが（目は正しくは brown），英文学だとシェイクスピアのオセロ，エミリー・ブロンテ『嵐が丘』のヒースクリッフ，トマス・ハーディ『帰郷』のユーステイシアなどは dark であり，物語では特別な意味合いを持つ。金髪は blond, golden も用いる（女性は blonde と -e をつけるが，これは元のフランス語の女性語尾）。日本では色白は美人の形容になるが，英語で white とすると，pale と同様，病気や恐怖で青ざめている意になる。black も，皮膚だと黒人を意味し（黒く日焼けした肌は brown, sunburnt, tanned），目では殴られてできた黒あざ（青あざ）の意にもなる。

　次に空間概念を見ると，「高い」は high と tall の2語で，high は上のほうにあることを意味し，鳥や雲，山やビルの頂点のように高い所にあるものに焦点がある（反対は low）。だから値段，地位，数値，程度などにも使える。tall は下に視点があり，そこから見て，人や木や建物のように縦に細長いものに使う（反対は short）。日本語の「高（たか）」は「岳（たけ）」（高山のこと）や「丈・長（たけ）」と同根で，high と tall を兼ねる。「長い」は long だが，「長い」は語源が「流れる・投げる」と重なるので，「高い」と違い，横に伸びる感覚がある。漢語で「身長」とは言っても，和語では「背の高さ」となる（英語で

も身長は tall）。図形で縦・横というとき，「縦」（語源は「立つ」）は上下，「横」は左右だが，英語では縦横に関係なく，長い方を length（長さ）といい，短い方は width（breadth）（幅）になる。日本語は地面に物を立てて捉える感覚だが，英語は図形をそれ自体として捉える。立体形のときの「高さ」は height（depth）になる。「深い」は deep で，上の「高い」に対する下の方向になる。「深い山，深い霧」のように横の方向にも使うが，井戸を見下ろすときのように暗さの感覚を伴う（「更ける」と同根）。「深い仲」は日本語では深みにはまっている感覚だが，英語では close や intimate になる。「広い」（「平，原，開く」と同根）という場合，日本語では幅が広い場合も面積が広い場合も言うが，英語では区別し，幅は wide と broad（逆は narrow），面積は large と big（逆は small と little）が対応する。この large と big は容積や量が「大きい」（「多い」と同根）場合も使われる。wide と large は客観的で測定可能，broad と big は主観が入り，（幅があって）広々とした，でっかい，といった強調された意になる。だから a large man は大柄の男，a big man は大男のほか，大物の意があり，mouth は large，wide だが，a big mouth とすると，大きな口のほか，おしゃべりの意にもなる。海や空は，日本語では「広いな大きいな」だが，英語では big は使わず，幅が広い意の wide や broad を使う。大きい目は big（large）eyes だが，大きく見開いた目は wide eyes である。また心が大きいは，heart の場合は big や large，mind の場合は broad を使う。big は寛大さ，broad は幅広さを表す。

　「はやい」は，日本語では，時に係わる「早い」と，動きに係わる「速い」を区別する。漢字による区別であるが，和語では同一の概念になる。時間だろうと動きであろうと，共通する概念は，ある基準となる点（時点・地点）で，既にそうなっているということで，反対語の「おそい」は，基準となる点で，まだそうなっていないということを表す。速度の場合は「のろい」も使う。漢字の区別はやや複雑で，「はやい電車」は，早朝の電車なら「早い」，スピードの

出る電車なら「速い」と使い分ける。「時の流れがはやい」は，流れ
のスピードの意では「速い」になるが，早くも十年が過ぎた，もっ
と遅くてもいいのにもう来たという感慨の表現としては「早い」に
なる。英語の場合は，「早い」は，時刻・時期が早い early（逆は
late），「速い」は，人や車などを主語にした fast，動きや変化を主
語にした rapid，動作が瞬間的な quick を分け，逆は slow になる。
「時の流れがはやい」は Time passes quickly. になる。

　「きれい・きたない」の場合，「きれい」は，英語では清潔な
clean と澄んだ clear，あるいは美しい beautiful とかわいいの
pretty 等があり，日本語でも，美しい，清い（清らか）等の類義語
がある。「きたない」については，英語では汚れた dirty，ひどい汚
れの filthy，悪臭を伴う foul を区別するが，日本語は「きたない」
の一語である。「きたない」はよく使われる。日本には穢れを忌み
嫌う思想があり，汚れにはきわめて敏感であるためであろう。「顔
に泥を塗る，泥を吐く，泥をかぶる」なども日本的で，「腹黒い，
腹汚い」は「悪い」よりさらに悪く，「意地汚い」は「欲張り」より
さらに卑しく，心根が腐り果てた様を表す。「きたない」にはさら
に「小汚い，薄汚い，汚らしい」という形容詞もある。なお，「き
たない」の反意語は，本来は「清い」で，「きれい（綺麗）」は，和
語ではなく漢語になる。英語は，Fair is foul, and foul is fair.
(Shakespeare, *Macbeth*)（きれいは汚い，汚いはきれい）と言うように，
fair と foul が古英語から続く本来の語だった。beautiful はフラン
ス語由来の beauty に -ful のついたもので，fair はそれに取って代
わられた（今は文語）。dirty は古ノルド語由来の dirt（排泄物）が形
容詞化されたものになる。

　次に感情面。喜びは，英語には happy と glad があるが，happy
が，a happy marriage のように持続的なのに対し，glad は，Glad
to meet you のように，何かよいことがあった場合の一時的で強い
感情になる。反対語は sad が一般的で，sorrowful は 3 音節の堅い
文章語になる。日本語では「うれしい，楽しい」があるが，「うれ

しい」が、「うれしい贈り物」のようにその場における一時的、直接的な感情になるのに対し（逆は「悲しい」）、「楽しい」は、「楽しい一週間でした」のように、持続的な感情になる（逆は「苦しい」）。「くやしい」は「悔いる」の形容詞形だが、後悔する意よりも、今は失敗や屈辱による腹立たしさを表し、もっと頑張っていればという後悔の気持ちを含む。英語では vexing（frustrating）と regrettable を混ぜたものになろう。怒りについては、angry に対応する形容詞が日本語にはない。「怒っている」が対応するものの、これは「怒る＋いる」の形になり、純粋な形容詞ではない。「怒る」は「（気が）起こる」意で、状態ではなく、動作になる。「腹立たしい」も「腹立つ」という動詞からの派生になる（angry も anger という名詞が形容詞化されたもの）。

　日本語特有の発想の語を拾っていくと、「おかしい」は「おもしろい」（funny）と「奇妙な」（strange）という異なった意味を持つ。共通する概念は、普通とは違うということである。古語では「をかし」で、この語には「趣がある、風情がある」から「こっけいだ」まで幅が広いが、やはり普通とは違うという感覚が共通しており、普通と違い、ひときわ心地よいと「趣がある」、ひときわズレの感覚が強いと「こっけいだ」となる。「をかし」と並ぶ平安時代の美意識が「あはれ」で、これも「しみじみとした感動・情趣」（touching）から「あわれだ、かわいそうだ」（pitiful）の意までである。本来は「ああ」という感動詞で、そこから感情移入的に、すばらしいことには心打たれ、つらいことには同情することになる。ただし今ではそうした二重の意味は消え、「かわいそうだ」という単一の意味になっている（「あはれ」のよい意味は「あっぱれ」になって独立している）。「悲しい」も二つの意味を持っていた。今も使われる「悲しい」のほかに、肉親や恋人への胸が締め付けられるような切なくいとおしい気持ちも表した。「うつくしい」も本来は肉親に対する「いとしい」気持ちで、それが小さいものへの「かわいい」気持ちになり、次いで今の「美しい」の意になった。似た語に「うるわ（麗）

しい」があるが，これは「潤う」の形容詞で，水に濡れてつやつや
と輝くような，整った端正な美しさを表す。「つらい」は，相手の
仕打ちや態度がむごいという意（cruel）と，自分が絶えがたい（un-
bearable）の両意があったが，今は後者だけである。「飽きる」の元
は「飽く」で，これには「満足する」意と「飽き飽きする」意があっ
たが，今は後者だけである。「やさしい」は，漢字では，「簡単，分
かりやすい」の「易しい」と，「思いやりがある，穏やかである」の
「優しい」に使い分ける（反対語は「難しい」と「激しい」）。「やさ
しい」の原義は「痩せる」，つまり「人目を気づかってやせ細る思い
をする」であり，そこから，その姿を外から見れば，控えめ，穏や
か，上品となって「優しさ」となり，またその静けさが，対処しや
すい，分かりやすいとなって，「易しさ」となる。これは日本語特
有の発想であり，英語では二つの概念は明確に区別されて，「易し
い」は easy，逆は difficult，「優しい」は gentle，逆は rough にな
る。古代の形容詞は，語彙の少なさもあり，同一の語を文脈で多様
に使い分けていた。しかし時代と共にあいまいさを避けて意味を一
つに限定しようとする心理が働き，その結果，明確にはなったが，
平板で膨らみがなくなった側面もある。

　「かわいい」（pretty）と「かわいそう」（pitiful）もまったく別の
意味だが，その根は「かはゆし」で同一である。元は「顔映ゆし」
で，「はゆし」は照り映えるの意だから，顔が火照るようだの意に
なる。原義は「恥ずかしい，おもはゆい」（shameful）で，そこか
ら，見るに忍びないの意で「かわいそう」が生まれ，その憐憫の情
が，不幸な女性や子どもへの恋慕の情となって「かわいい」が生ま
れる。同様に「いとおしい」も「いとう（厭う）」と同根で，弱い者
を見るのがつらいという気持ちを表したが，そこから，いやだの意
で「いとわしい」となり，また一方で，かわいそうという感情から
かわいいという思いに発展し，「いとしい」となる。今は「いとし
い」意で使われる。英語の pretty もその意味は語源とかけ離れて
いる。元の意味は「ずるい，巧妙な」で，うまく装うことから「か

わいい」が生まれる。「かわいい」は「キュート」とも言うが，cute（acute の語頭消失形）も「かわいい」と「抜け目ない」という二つの意味がある。だからかわいさとは，日本語では弱い者への情から来るのに対し，英語では相手の賢さから来る。英語で意味が逆転した形容詞としては，sad が「満ち足りた」から「悲しい」，nice が「愚かな」から「すてきな」，silly が「幸せな」から「愚かな」といった例がある。

「寂しい」と lonely は，表面上の意味は同じだが，元となる感情が異なる。「寂しい」の語源は「荒ぶ」であり，本来は生気や活気に満ちていたはずのものが，それを失って荒涼としたものになることを言う。「寂」はまた「錆」でもあり，金属が光沢を失って腐食するように，輝きを失い，古びてぼろぼろになることである。この否定的な感情から日本独特のサビの美学も生まれる。つまり，荒涼したさまに人生の無常を感じ取り，その心で，一輪の花の美しさ，その貴さを知る。無を思う静寂の心が美を際立たせるのである。「わびしい」から生まれるワビも同じ感性を表す。一方，lonely の lone-は alone の頭音消失形で，alone は all one，つまりまったくの独りぼっちの状態を指す。ドイツ語でも einsam（英語では lonesome），フランス語でも seul, solitaire（英語では solitary）で同じ意味を表す。西欧は個人に価値を置く社会であり，lonely とは，人や社会と係わっていたのに，また元の個人の状態へ戻ってしまう感覚になる。そこから，人間はみずからの選択によって自己の存在を決めるものという実存主義も生まれてくる。つまり，「寂しい」と lonely はそうした美学や哲学の土台となるような民族独自の感情になる。

2. 抽象的な語彙

英語は，対象を細かく分類する一方で，抽象へと向かう発想も強い。思想的には，哲学ならプラトン，宗教ならキリスト教で，一方

は善のイデア，一方は創造主として，現象界を超越し，その現象界を支配する目には見えない永遠で絶対的なものを想定した。日本の文化は，神道では自然界の中に八百万の神を見るように，あるいは一切は移り変わるという無常観に惹かれるように，自分を包む身近で具体的なものに執着する。だから語彙でも，抽象的なものは外から入ってくる。

　抽象語とは具体的な形を持たないもの，いわば目に見える現象界の奥からえぐり出された形なき本質である。それは，「美しい花」を「花の美しさ」と言ったときのその「美しさ」で，「美しい」は形容詞だが，「美しさ」は名詞になり，ある形，ある実体を持つことになる。和語では形容詞に「み」や「さ」という接尾語をつけ，高み，深み，明るさ，静けさ，寂しさ，楽しさ，とすれば抽象語になる。漢語では静寂，神秘，優雅，幽玄，悲哀などになる。英語の場合も，やはり形容詞に語尾をつけて名詞化し，kindness, goodness, freedom, wisdom, truth, growth としたり，あるいはラテン語由来の justice, individual, peace, essence, imagination, eternity, transcendence などを用いる。

　日本語には英語から入ってきた語も多い。翻訳語の，自由，個人，権利，正義，真理といった言葉で，日常生活でよく使われているが，明治以前には日本にはなかった言葉，つまり存在するものとして認識されなかった概念である。もっとも，自由や正義などは古文にも出てくるが，それは，勝手気ままとか，正しい解釈とか，まったく違う意味を持つものであり，明治期に英語の訳語として流用されたものである。外来の概念を表した語であるから，日本人にはなじみにくい性質を持っている。なじみにくい根本的な理由は，それらは西欧の個人重視の伝統から生まれてきたものであり，和を重視する日本の価値観とは必ずしも合わないからである。和を重視するとは，個人よりも人との結束を重んじることであり，そこでは自由とか権利とか独立とかいったものはむしろ抑圧される。だから当初はただ言葉として輸入された舶来品であり，異国製のきらびや

かな飾りであって，口にはしても，まだ真には根づいていない精神であった。もっとも，そういう言葉があるのとないのとでは違う。そういう言葉があるために，それはやがて成熟し，伝統や慣習を打ち破る力にもなる。言葉とは種であり，風土に根づけば，芽を出し，生長し，花を咲かせることにもなる。

　同様に，自然とか社会といった言葉も明治以前にはなかった。その言葉は nature, society（共にラテン語由来）の訳語として生まれたものである（「自然」は，おのずからという意の「自然に」という表現の流用）。日本にあったものは，自然では，天地とか，山川とか，木，草，土とかいった具体的なもの，社会では，村とか町，組とか藩，あるいは世間といった具体的な人の集まりになる。それに対し，nature や society は，そうした具体的なものから離れた抽象的な概念である。すなわち，nature（語源は birth）とは，大地，動植物，天候，さらには太陽や星までを総体的に表す語で，人間や人間が作り出す世界（culture）の反対概念である。キリスト教では神によって造られた世界のすべてを指し，エデンを追放された人間が作り出す人工の世界（文化・文明）と区別される。日本人の自然観は神道的なものだから，自然の中に宇宙は含まず，また人間を自然の一部として見がちである。しかし nature は宇宙も含んだもので，人間の意識が向かう客観的な対象となるゆえに名前を持った。ルソーの「自然に返れ」もその対立が前提になっている。また society（語源は仲間）とは人間の集まった状態のことで，同一の法や習慣，文化の下で一緒に生活する人々の共同体のことを言う。日本の村などは土地との結び付きが何よりも重要であるが，society は土地との係わりは含まず，純粋に人間同士の集まりになる。そこでは個人というものが対立概念になり，社会と個人がどう係わるかということが問題になる。日本の場合，人は和のうちに溶け込んでいるから，個人と社会という意識は生まれない。日本語では「社会に出る」「社会人になる」と言うように，家庭や学校という守られた世界に対してその外の世間の意で使うことが多い。その場合は

society は使わず，go out into the world, make a start in life の
ような表現になる。

　よく使う語で日本語との違いが顕著なのは love と life である
（共にアングロ・サクソン語）。まず love。その言葉は，神の愛か
ら男女の性愛，家族愛から食べ物などへの愛着まで，広範囲に及
ぶ。I love you は恋人への真剣な告白にも使われるし，別れ際での
家族の軽いあいさつとしても使われる。make love とすると，セッ
クスする意にもなる。この love は，一般には「愛」と訳すが，そ
の言葉では英語の用法のすべてを覆えない。fall in love は，恋に
落ちるであり，愛に落ちるのではない。日本語の「愛してる」は主
に恋する男女間の言葉であり，親子の間では使いにくい。I love
his way of speaking は「彼の話し方が好き」であり，愛や恋は使
えない。日本語の「愛」「愛す」は，和語ではなく，漢語由来の言
葉で，古語としては，あるものに強く執着し，かわいがるといった
独自の意味を持っていた（「恋（する）」は和語）。特に強く大きな者
が弱く小さい者をかわいがり，もてあそぶという意を含んでいたか
ら，キリスト教が伝来した当初，神の love に「愛」の訳語を当て
られなかった（今でも「愛人」は「恋人」よりも悪い意味）。[2] 昔から
愛にまつわる語としては，「愛・思い・恋・好き」（動詞では「慕
う」）があり，古語では，「愛」は強い執着，「好き」は色にのめり込
むこと，「思い」は相手を思う心，「恋」は思いがかなわぬ苦しさと
いったように使い分けられていた。love はそれらの意味をすべて
含むが，love に「愛」の一語を割り当てたために，その一語だけで
は love の用法のすべてをおおえない。したがって，love は，愛す

---

[2] キリスト教の愛はギリシャ語では agape で，罪ある人間に対する神の愛，
およびキリスト教徒の兄弟愛を表し，性愛を意味する eros (sexual love) が反対
語になる。agape は英語では当初 love とも charity とも訳されたが，今は love。
ラテン語訳では caritas（＝charity）で，性的な amor（＝love）はあまり使われ
なかったが，今のフランス語では amour。日本語の「愛」も古代は色欲の意が
あったので，キリシタンは「愛」ではなく「御大切」という言葉を使った。

る，恋する，好き，思うなどの言い方で使い分ける必要がある。西洋の love は日本の「和」に相当する重要な概念であって（荒木博之），独立した個人と個人をつなぐ根源的な力となる。

　この和と love は，喩えれば水田の稲と牧場の羊のイメージである。和は輪であり，人は，稲のように，植え込まれた場所に深く根を張ろうとする。それは家族であり，古里であり，また仕事場であって，人はそこに溶け込み，なじもうとする（「なじむ」は馴れ染む意）。甘えという日本的な感情も人にすがりつき，溶け込もうとするもので，それが満たされないと，いじいじ，ぐずぐずと，すねたりひがんだりすることになる（土居健郎）。その感情は，すがりつく対象から引き離されると，感傷にも郷愁にもなる。「なつかしい，なつかしむ」は「なつく」（馴れ付く意）から派生した日本的な感情で，遠く離れても根のあったところに引き戻される感情になる。一方 love は，喩えれば，草のある地で羊のように共に心地よく過ごす感覚になろう。人は一人ひとりが独立しているから，生きるためには結び付くこと，誰かと connect することが大切になる。似た語として commit, contract, common, company, compassion, comrade, commune, communicate, converse, collect, collaborate といった，「共に」の意の com-, con-, col- のつく語がある。love とは男女間の恋愛に限定されず，それを含めたもっと広い感情で，恋愛，友愛，家族愛，愛国心，人類愛，神の愛といったものになる。ただし根底にあるのは独立した自分というもので，和が人を包み込むものなら，love はみずから対象に向かい，結び付くものになる。

　love と同様に，life という語も意味が広く，訳す際には，命，生活，人生，一生，生き物などと使い分けなければいけない。日本語では，命や生活や人生といったものはそれぞれ別のもので，入れ替えては使えない。たとえば lose one's life は命を失うということで，生活を失うとか，人生を失うとしたのでは，違う意味になってしまう。married life も結婚生活としか訳せず，結婚した命とか，

結婚の人生では意味をなさない。life は live の名詞形で，元の意味は「生きていること」である。一方，「命」の語源は「息の内」で，「生きる」（語源は「息をする」）から来ている。つまり命とは生きていることで，life と重なる。「いのち」は和語だが，生活や人生や一生は漢字熟語であり，「生きていること」を細かく具体化した表現になる。それらの言葉があるために，「命」も意味を限定されているので，life を訳す際にも細かい区別をしなければいけなくなっている。

　idea も訳しにくい。訳語としては，考え，思いつきという和語，アイデア，イデア，イメージというカタカナ語，観念，概念，理念といった漢語がある。idea 自体は「見る」というギリシャ語から派生した「姿・形」の意で，観念が一番近い。人間の心の中に現れる思いや像のことで，個人的，主観的なものになる（「観」は見るの意。もともとは「観念する」のように真理を観察思念して諦めること）。概念は本来は concept で，その原義「一緒に取り入れる」で示されるように，類似した多くの事物から抽象した共通の特徴のこと（「〜というもの」）で，辞書に載る語彙はその特徴に対して名前と定義を与えたものになる。だから一般的，客観的なものになる。日本語では観念も概念も区別が微妙で，響きも似ていて紛らわしいため，よく混同される。

　和語で抽象性の高い語は「もの」と「こと」である。「もの」は空間にある存在物で，目で見，手で触れることのできるもの，「こと」は時間の中で生起する現象で，言葉によって表現されるものである。物と者，事と言は同根になる。どちらも修飾語句をつけて具体的なものになる。「もの」だと，着物，果物（くだもの），けもの（獣＝毛物），生き物，食べ物，建物，被り物，履き物，敷き物，煮物，干物，酢の物，化け物，魔物，憑き物，刃物，水物，宝物，本物，偽物（にせもの），捧げ物，あるいは物言い，物忌み，物怖じ，物思い，物語，ものぐさ，物種，物の数，物の怪，物まね，物見，物別れ，物忘れなど，「こと」だと，出来事，まつりごと（政＝祭り事），秘め事，願い事，

きれいごと，大事，ままごと，仕事，ひと事，絵空事，見事，考え
事，悩み事，頼み事，火の事（火事），返り事（返事），あるいは事
柄，事始め，事触れ，ことわり（理＝事割り），あるいは言葉，こ
とわざ（諺），言霊，言づけ，言づてなど，かなり広範囲に使われ
ている。「ものにする」「ことによると」と漠然と言ったり，「だっ
て雨なんだもの」「ちゃんと行くこと」のように終助詞のように使
われたりもする。

　動詞にも抽象性の高いものがある。日本語では漢語，英語ではラ
テン語がそうした高度な語を提供するが，日常でよく使われる基本
語も，比喩的に多様に使われることでその本来の意味を超え，抽象
度の高いものになる。日本語では，取る，打つ，切る，立つ，付
く，指す，見る，出る，入れる，上げる，といった語がそうで，た
とえば「取る」は，「手」を動詞化したものだから本来は「手に持つ」
意だが，比喩的な使い方として，指揮を取る，敵を取る，新聞を取
る，ノートを取る，相撲を取る，機嫌を取る，脈を取る，不覚を取
る，床を取る，といった言い方をする。ノートを取るとは，ノート
を手に持つことではなくノートに書き取ること，床を取るとは，床
を剥がすことではなく寝所を設けることである。取り乱す，取り囲
む，取り決める，取り消す，取り締まる，取りやめる，の「取り」
も手と直接係わるものではなく，語調を整えるためのものになる。
「切る」だと，本来の意は「切断する」だが，その意味を超えて抽象
化され，言葉を切る，テレビを切る，カードを切る，水を切る，ハ
ンドルを切る，大みえを切る，口を切る，手を切る，風を切る，あ
るいは上り切る，信じ切る，言い切る，思い切る，のようになる。
「口を切る」だと，文字通り口を怪我する場合と，比喩として，話
し始める意がある。「思い切る」は，結婚を思い切るだと断念，思
い切って結婚するだと実行になる。特に動詞が身体と結び付くと，
実際の身体上の意味とともに，比喩的な意味が生まれやすくなる。
「手」だと，手が込む，手がつく，手が入る，手に乗る，手にかけ
る，手を上げる，手を下す，手を出す，手を引く，手を回す，手を

結ぶ，手を広げる，手を打つ，手を染める，手を焼く，手を組むなどで，比喩の場合は決まり文句になるから，「手を打つ」を「手を叩く」，「手を焼く」を「手を燃やす」，「手に乗る」を「手の上に乗る」などとは言えない。

　英語では break, carry, do, give, have, make, put, take, work などが抽象度が高くなる。take だと，take after him（彼に似る），take off（離陸する），take to the doctor（医者を好きになる）などは原義を見出しにくい。catch は，take が動かないものを取ることなら，動いているものを捕まえることで，catch the train（列車に間に合う），catch a cold（風邪を引く），catch fire（火がつく），catch her breath（ひと息つく），catch sight of a dog（犬を見つける），catch hold of a rope（ロープをつかむ），catch oneself（思いとどまる），be caught in the rain（雨にあう）といった表現は，ボールをキャッチするのとは違うものの，その感覚をとどめる比喩的な表現になる。だから catch sight of は see や look at と違い，一瞬ちらっと見ること，突然気がつくことになる。さらに，catch my thumb in the door（親指をドアにはさむ），catch up with them（彼らに追いつく）（catch の原義は「追う」），catch it（しかられる），catch on（流行する），A stone caught me on the head.（石が頭に当たる），The light caught the white curve of her neck.（光が首筋を照らす），catch his death of cold（ひどい風邪をひく）になると理解がかなり難しくなる。

　日本語との違いが著しいのは wear で，英語では服，ズボン，靴，帽子，めがねはもちろん，化粧，香水，口紅，ひげなども，体につけるものはすべて wear と言う（身につけた状態を指し，身につける行為は put on，脱ぐは take off など）。She wore her hair long and loose. では髪に（かつらではない），She wears a smile. はほほえみに（取ってつけた作り笑いではない），He wears a look of concentration. は表情に（見せかけではない），She wore holes in her socks. は穴に（シールではない）使われている。しかし日本語

では，服は「着る」，ズボンや靴は「はく」，帽子は「かぶる」のように，身につけるものに応じて動詞を使い分ける必要がある。さらに物が主語となって自動詞にもなり，This shirt has worn out.（シャツが擦り切れている），This shirt wears well.（このシャツはもちがいい）のように言い，また人が受身になって I'm completely worn out.（くたくたに疲れた）のように wear の対象にもなる。もっとも，「着る」も本来は笠でも袴でも刀でも身につけるものに広く使えた。しかし中世以降，「かぶる」「はく」などが使われるようになって意味が限定されていったという歴史がある。比喩としては，恩に着る，罪を着る，笠に着るのような成句として残っている。wear の万能性は，その語が古英語から続く基本語で，それに代わる語が現れなかったことによる。同様に break も古英語から続く基本語で，crash, smash, shatter, destroy といった代用語はあるものの，それらは外来語だったり発生が遅かったりして break に代わることはなかった。wear 同様，break も訳の使い分けが必要で，目的語が an egg なら割る，a chair なら壊す，a leg は折る，a rule なら犯す，my promise なら破る，my journey ならやめる，bread ならちぎる，the wind なら弱める，the news なら知らせる，a dollar bill ならくずす，a path なら切り開く，a house なら押し入る（destroy なら破壊する）になる。自動詞の場合も，主語が the clouds なら切れる，a storm なら起こる，day なら明けるとなる。The sun breaks. は，太陽それ自体が壊れるのではなく，それまでの隠れた状態が壊れて外に現れる意になる。

　抽象名詞は英語の文では頻繁に使われる。He made rapid progress (in his study). は He progressed rapidly. と同じだが，名詞を使えば SVO の形になり，組み立ての感覚が出て論理的になる。それは日本語で「進歩する」よりは「進歩を遂げる」としたほうが格調高くなるのと同じである（和語では「進む」で平易な言い方になる）。形容詞でも an able man（できる男）よりは a man of ability（敏腕家，有能な人），副詞でも I'll help you の後は as much as I can（できる限り）よりは to the best of my ability（能力の及ぶ限り）のほうが格調高く響く。日本語に直すときは具体的な動詞や名詞に戻してやったほうが分かりやすくなる。I tried to shake him into wakefulness. (Lafcadio Hearn, "Of a Promise Broken") は「彼を揺すって目覚めさせようとした」，I only had him in sight for about ten seconds. (John Wain "The Two Worlds of Ernst") は「十秒ほど彼を見られただけだった」，His mother had sudden strange seizures of uneasiness about him. (D. H. Lawrence, "The Rocking-Horse Winner") は「彼の母は彼のことで突然，不安な思いに捉えられた」，Publicity would mean for him, perhaps, the loss of his sit. (James Joyce, "The Boarding House")（公表されれば彼は地位を失うだろう），I see the necessity of departure. (Charlotte Brontë, *Jane Eyre*)（お別れしなければいけないのです），her mouth ... opened and shut over and over again to shout her rejection of him. (Susan Hill, "The Badness Within Him")（彼女は口を何度も開けたり閉じたりして彼はいやだと叫んだ）のようになる。

3.　イメージの違い

　言葉は同一のものを指していても，文化が違う以上，その捉え方，イメージが異なる。先に身体各位の名称のずれを見たが，その身体は，英語では body とか flesh と言う。body の原義は「たる（樽）」で，魂を入れる容器のイメージになる。flesh の原義は「肉」で，肉の塊としての身体を指す。日本語では「からだ（体）」とか「み（身）」と言うが，「からだ」の「から」の原義は「殻」あるいは「空」で，やはり魂の入れ物になる。「み」は「実」と同じで，実ったものの意である。比べると，英語には牧畜民族としての発想が，日本語には稲作民族としての発想が出ている。一方，魂は，日本語の場合は玉と同じで，宝石あるいは人だまのように丸いもののイメージがある。殻に入る種のイメージだろうか。英語の soul の語

源は sea と係わり，魂とは海から来，海へ帰るものというイメージ，またラテン語由来の spirit は息の意で，神により息を吹き込まれたというイメージになる（ギリシャ語の psyche も息の意）。どちらも玉と違い，流動体のイメージがある。

creature は「生き物」の意だが，「人」にも用いる。元は被造物の意で，神によって創られたものを指すから無生物も指した。しかし今は意味が狭まり，生き物に限定されている。創造（creation）はキリスト教特有であり，一神なる神は，女神との交わりによらず，単独で，言葉の力によって無から万物を創り出した。生き物には命が宿るが，魂はない。魂があるのは神が愛したアダムとその子孫（人類）だけで，その魂は神的なものとして，命が尽き，体が土に戻っても滅びることはなく，最後の審判の日によみがえってキリストの審判を受ける。このように人間は特権的なので creature とは区別されるが，Poor creature!, a lovely creature のように賞賛，愛情，軽蔑といった感情がこもる場合は人間にも使われる。神道では，日本八島も，山や川や植物も，イザナギ・イザナミが夫婦として交わり，その子供として生まれた。だから人を含め，あらゆるものに魂がある。creature という発想はないものの，「もの」という言い方はある。「もの」はただ物体だけではなく，獣（毛物），生き物，物の怪のようにも使う。人の場合は「者」という漢字を当てるが，よそ者，くせ者，悪者，お尋ね者のように「人」以下の物としての扱いになる。ただし creature 同様，いろいろな感情が入り，働き者，お調子者，田舎者，若者のようにも使う（若者は若人（わこうど←わかびと）とすると文章語になる）。

日常よく使う一般的な語では，friend と友が，その指す範囲がずれる。日本は人間の上下関係が基本であり，兄と弟のように，年上と年下を明確に区別する。友についても，友と呼べる範囲は自分と年齢が同じ人に対してであり，年上の人を友と呼ぶことはできない。たとえば 10 歳年上の人であれば，敬称を用い，敬語を使って話す必要があり，そういう人を友と呼んだ場合，相手をその上の位

置から引きずり降ろし，自分と同等の者と見なすような意味合いが入ってしまう。一方，英語は兄弟を，上下の関係を問題とせず，どちらも brother と言うように，人間関係は横の関係，つまり互いに対等であるという捉え方を前提としている。だから敬語というものはない。互いに対等であるから，10歳年上の人を friend と呼んでもまったく差し障りはない。同じ人間として，老人と若者も friend になれるのである。ちなみに，friend の語源は「愛する者」，友の語源は「伴」（従者）であり，言葉の生まれた時からその違いは出ている。

　あるいは summer と夏。日本の夏（語源はアツ（暑・熱））は温度と湿度が高いので過ごしにくく，熱帯夜など，蒸し暑くてなかなか寝付けない。しかし西欧では，温度は高くても湿度が低いので，そう汗をかくこともなく，活動しやすい。だから一年で一番心地よい季節になる（語源は「暖かな半年」で，「冬」の対として春も含めた）。シェイクスピアに A Midsummer Night's Dream という戯曲があるが，これは夏至の頃に妖精の森で繰り広げられる恋人たちの楽しい物語である。しかしこれを『真夏の夜の夢』と訳してしまうと，日本人には，寝苦しい熱帯夜に見る悪夢という連想を引き起こしてしまう。シェイクスピアは詩でも「あなたを夏の日に喩えようか。あなたのほうがずっと美しく穏やかだ」（Shall I compare thee to a summer's day? Thou art more lovely and temperate.）と歌っているが，それはイギリスの夏のように，さわやかで清々しいというイメージである。その快い季節の後に来る秋（autumn，語源は「豊作の季節」）は，収穫の季節である一方で，アメリカ（あるいは昔のイギリス）では葉が「落ちる」意から fall とも言うように，栄えたものが衰え，没落していくイメージがある。一方日本では，秋（語源は「飽き」（満ち足りること）あるいは「赤らむ」（熟すること））は，蒸し暑い季節の後に来る心地よい季節であり，米が豊かに取れると共に，華やかな紅葉や夕日，中秋の名月に示されるように，ものの「あはれ」（しみじみとした感動や情趣）と結び付く美

の季節でもある（ちなみに他の季節の語源は，春は「（万物の）ハル（張・発）（時）」，冬は「ヒユ（冷）」，英語では spring は「（植物が）芽吹く」，winter は wet season）。

　次に月と moon。秋の月は日本ではとりわけ美しい。月は日本では，花鳥風月とか雪月花という言葉のように，美の象徴であって，古来くり返し和歌などに歌われてきた。伝説でもかぐや姫が帰っていく月の都のあるところである。しかし西欧では，月の語源を持つ lunatic が「狂う」という意味を持つように，月は人を狂わせる魔力を持つ不吉なものだった。狼男が変身するのも，満月の夜に月光を浴びたときであった。一方，太陽は，日本では天照大神として信仰の対象だった。稲がすくすくと生育するのも母なる太陽の恵んでくれる光と熱のおかげである。また真っ赤な太陽は日本の国旗でもあり，日本の文化では最も重要なものになる。しかし西欧では神はHeaven（天）で表し，太陽には神の意味はない。神は創造主として現象界を超越しており，空間的に喩えれば常に上方にあって地上を見下ろす存在になる（なお真っ赤な太陽に相当する英語は the golden sun）。

　母と mother もイメージが異なる。日本人にとって母とは「お袋」であり，いつまでも子を包み，守る，慈愛に満ちた存在である（由来は貴重品入れの袋を管理したからとも）。文学では，物語や和歌でよく扱われるし（たとえば光源氏は生涯母の面影を追い求める），童謡や演歌などでも母を恋い慕う歌がよく歌われる（「かあさんの歌」はあっても「とうさんの歌」はない）。母の愛は日本では母子心中するほど激しく，また子は母のいる故郷を懐かしみ続ける。文化的には太陽神・天照大神は女神であり，稲を生み育てるものとして，瑞穂の国・日本の守り神である。仏教でも観音様はしばしば女性と見なされ，崇拝される。隠れキリシタンにとってはマリア観音になる。しかし西欧の母親像はこれほど強い感情は伴わない。母にとって子は，自分とは別の人格を持つ存在であり，包み守るのではなく，自立できるように育てる。子は独立すると自分の人生を歩ん

で，後ろを振り返ることはない。西欧ではむしろ，強く自立したものとしての父親の存在が大きい。宗教的にもキリスト教では天なる父，子なるキリストが絶対神として人々を支配しており，信者は指導者であるそのキリストに対して祈る（カトリックにはマリア崇拝があるが，プロテスタントにはない）。家を重んじ，子を大切にする日本の価値観と，自立した個人を重んじる西欧の価値観の違いになる。

　東と east は，どちらも客観的事実は同じだが，文化的意味が異なる。東は「日出ずる処」日本の位置であり，また最高神・天照大神の出現する方向で，人は東の朝日に向かって拝む。東は古語では左の意でもあり（ひだり・ひがしの「ひ」は日の意），左は日と係わる方位として，日本語では右よりも優位にある。西は西欧人にとっては自分たちの位置するところであり，太陽の沈む西の方向に明日があり，楽園（ヘスペリデス）がある。西は右と係わり，右は利き腕の方向として，西欧では左に対して優位にある。語源は right が「まっすぐな」，left が「弱い」で，right から正義の意も生じた。また古代ギリシャを源とする西欧文明は西に向かって発展を遂げ，アメリカでも人々はひたすら西を目指して開拓を進めた。日本は逆に，北九州に始まる弥生文化は東に向かって発展を遂げた。東と西は，並べて読むときも，日本語は東西と，東が先になり，東西南北は重要な方向の順になる。南面したとき，太陽は東（左）から西（右）へ進み，また南は前，北は後ろになるためであろう。英語では east and west で，東西南北は north, south, east and west の順になる。その順はカトリックで十字を切るときの順（上，下，左，右）と重なり，上下は天と地，左から右は，死・罪・闇から生・正・光に向かう方向になる。

　鐘は bell であるが，お寺の鐘と教会の鐘は，鳴らし方も違えば，音のイメージも異なる。お寺の鐘はゆっくりと鳴らし，その響きは厳かで，煩悩を取り去り，心を静めてくれる。一方，教会の鐘は，よく merry と形容されるように，連続して鳴らし，明るく華やか

で，神への感謝と賛美をかき立ててくれる。bell は鈴とも訳し，「ベル」とカタカナ語にもなっているが，どちらもお寺の鐘のイメージとは合わない。鐘（語源は「金」）とは大きくて厳かなものというイメージがある。宗教と結びついて，無（nothing）の意味も違う。西欧では古代から「無からは何も生じない」という考えが強く，有（存在）がすべてで，有の中にある永遠で絶対的な真理（イデア，神）を求める。無は有の否定であり，存在するものが壊れ，消え去った後の空虚な状態を意味する。一方，東洋では「有は無から生ず」（老子）という思想が支配的であり，無とは万物の根源にある実体で，無を知ることが悟りとなる。『平家物語』や『方丈記』に脈打つ無常観，あるいは散る桜，欠ける月に見る移ろいの美は，生の流れの中に無を見，それを静かに受け入れようとする日本的な感性になる。

　動物に目を向けると，キツネは，西欧では，イソップ寓話などでずる賢い動物として描かれており，an old fox というと老獪な人という悪い意味になる。しかし日本では稲荷大明神の使いとして尊ばれた。ただ，人を化かしたり，狐火を吐いたり，人に取りついて狂わせることもあったが，それもキツネが霊力を持つ神的な存在であることを示す。ウサギは日本ではかわいらしい動物で，伝説では月でもちをつく。かちかち山では賢い正義の味方だし，因幡の白兎も頭のいいウサギとして描かれている。しかし西欧では繁殖力が強いことで，肉欲や豊穣のイメージを持つ。バニーガールとはナイトクラブのホステスのことで，女の子をバニーと呼ぶときは性的関心の対象となっている。またヘビは，聖書では，アダムとイブを誘惑し，堕落させた悪魔（the Serpent）と結びつき，またギリシャ神話では，髪がヘビ（snakes）で，見た者を石に変えるメドゥーサと結びつく。a snake in the grass とは，（親しげなふりをする）油断ならない人の意になる。look like the innocent flower, / But be the serpent under't.（無垢な花に見せかけ，その下の蛇に）とはマクベス夫人の言葉である。しかし日本では，ヘビは神聖な生き物で，竜と結

びつき，水の神，あるいはその使いとなる。また米を食べるネズミ
を退治してくれるものでもあり，家の守り神とも見なされる。その
ネズミは，西欧では疫病や破壊や悪魔を連想させる悪いイメージを
持つが，日本では，悪い意味を持つ一方で，大黒様の使いであった
り，ネズミ浄土を作ったりする神聖な生き物にもなる。ほかにも
蛙，猿，カラス，牛など，日本では神様のお使いと見なされるが，
西欧では，豊穣な牛を除き，概して悪いイメージを持つ。

　最後に外来語について。英語および西欧語は，日本語に該当する
語がなかったものは，漢字熟語にしたりカタカナ表記にしたりして
受容してきた。たとえば伝統的な筆に対して，西欧から入ってきた
ものはペンとか万年筆（洋筆）になる。言葉のイメージとして，和
語は粘土のように柔らかく，漢語は木のように堅く，カタカナ語は
金属のように無機的に響く。万年筆も当初は「万年ふで」で，それ
が「万年筆」と音読みになって高級感が出，また「万年ペン」とも
なってハイカラ感が出た。「ふで」は本来は「ふみて（文手）」，つま
り文を書く手段の意だが，今は毛筆（brush）の意味になっている
（語源は，筆は竹製の筆，pen は羽，pencil は小さなペニス（尾））。
鉛筆がペンシルという語で広まらなかったのは木製のせいだろう
か。金属やプラスチックだとシャープペンシルになる（和製英語。
英語なら mechanical pencil，和語なら繰り出し鉛筆）。いずれにし
てもその音の効果から，該当する語があっても，カタカナ語にする
ことで，日本語とも違い，英語とも違う，独特なイメージを作り出
す。たとえばビルは，日本では鉄筋コンクリートで作られた中高層
の立派な建築物を指すが，英語の building は屋根と壁を持つ建物
のことで，一般の家屋や納屋なども指す。またユニークな人とは，
女の子なら不思議ちゃんで，「おかしな，変わった」の意だが，英
語では「優れた，比類のない」の意になる。ティッシュペーパーは
鼻紙のことだが，カタカナ語は鼻水を拭く紙よりもきれいで上品な
響きがある（tissue paper は本来は包装紙などの薄葉紙のことで，
tissue が鼻紙の意）。コンプレックスは複合体の意だが，日本語で

は引け目や劣等感（inferiority complex）の意で使われ，母離れできない人をマザコンと呼ぶ。お母さん子という言い方と比べると，カタカナ語を使うだけで病的な感覚が付与される。セックスも，原義は「（性別に）分けること」で「性別」の意だが，カタカナ語ではもっぱら男女の性交の意で用いられる（sexual intercourse の省略形）。交わるとか，情を交わす，ちぎる，という和語よりは乾いた響きがある。デートも日付の意では使われず，もっぱら恋する男女が会う意になる。ほかにもテキスト，ムード，サービス，ジュース，タレント，ベテラン，スマート，ナイーブ，ストーブ，レジャー，カンニングなどにズレがある（英語に限らず，外来語にはよくズレが生じ，現代中国語でも，愛人は妻あるいは夫の意，娘は母親，老婆は妻のくだけた言い方，放心は安心，人間は世間，手紙はトイレットペーパー，走は歩く意になる）。カタカナ語は伝統的な和語や漢語とは違う異国風のきらびやかな雰囲気を出すため，流行を追う分野，たとえばファッション，ゲーム，車，パソコンなどで多用される。パソコン用語だけでも，ファイル，フォルダ，メモリ，インストール，アップグレード，ダウンロード，ソフトウェア，プログラム，データ，ドライブ，アプリ，ログイン，バックアップ，リカバリーなど，カタカナ語が氾濫し，それは人に，高度なテクノロジーの結晶した，すばらしい最先端の世界にいるという幻想を与えてくれる。ダウンロードを「写し落とす」，インストールを「取り付ける」などとすると，コンピュータがからくり装置に変わってしまうかのような幻滅感がある。和語は人を日常に戻す。しかしカタカナ語だと別次元に行ける。いわば言葉が夢を作り出してくれるのである。

第3章　文の接続と構築

1. 文のイメージ

　英語は物を見て話し，日本語は人を見て話す。英語は言いたいことを明確に伝えようとするため，表現の客観性，論理性，雄弁性が際立ち，日本語は相手の感情をおもんばかるため，表現の主観性，情緒性，暗示性が際立つ。日本語では顔色を読む，空気を読むというのがコミュニケーションに必要であり，相手にはっきり言わず，暗示性が強くなって，沈黙でさえ一つの意思表示になる。しかし英語では，相手が誤解しないよう，こちらの意図を言葉ではっきりと伝える必要がある。日常のあいさつでも，「どうぞ」は Please have a cup of tea.，「ありがとう」は Thank you for your kindness.，「それでは」は Well, I must be going now. のように，日本語は暗示や省略が多いが，英語は動詞や目的語をはっきりと述べる。だから日本語では省略によっておかしな文も生まれる。「このパンはよく食べる」「校長は癌だ」「ぼくはおばさんだった」「自転車はお尻が痛いと言って泣いた」「肉を焼く煙がすごい」といった言い方で，たとえば「肉を焼く煙」は正しくは「肉を焼くときに出る煙」であり，煙が肉を焼いているわけではない。同様に，「このパンはよく食べる」は This bread eats much. ではなく I often eat this bread.，「校長は癌だ」は The principal has cancer. (ただし比喩では The principal is a cancer in the school. と言える）、「ぼくはおばさんだった」は I was taken care of by a woman clerk. などとする必要がある。こうした違いの背後には文の構築方法の違いがある。中心だけを浮き立たせ，あとはぼかして，さらっと描く日本画と，隅々まで細かく描く西洋画の違いである。

　まず土台となる単文のレベルから見ていく。I ate supper. という文では，バリエーションとして，supper の代わりに dinner, ate の代わりに had か took を使うことぐらいしかないが，日本語では，「ぼくは夕ご飯を食べた」，「おれは夕飯食った」，「わたくし，お夕食はいただきました」，あるいは主語や目的語を省いて，「めしは食った」「食べたよ」「食べましたわ」など，数多くある。日本語は，話す際，聞き手に対する話し手の主観を反映し，相手が誰かに応じて，敬語を使ったり，分かりきったことは省略したり，終助詞を使い分けたりして，言葉を色づけしたり，変形したりする。それに対し英語は，人間関係に煩わされず，言いたいことそれ自体を客観的に示そうとするから，言葉は色づけされたり変形されたりすることは少ない。喩えれば英語の語彙とは固いレンガであり，文は，論理に従い，レンガとレンガを組み合わせて作られ，堅固な構築物となる。一方，日本語は柔らかな粘土であり，状況に合わせて自由にその形を変える。

　文の組み立ては建物の組み立てに似ている。と言うより，どちらも同じ民族精神から生まれるものなので，その構造はよく似ることになる。西欧の建築は，伝統的には石とレンガを積み重ねて作る。家は四方を壁で囲まれて環境から独立し，一つ一つの部屋も壁で仕切られて独立している。語彙とは，その一つ一つが固いレンガであり，あるいは独立した部屋であって，その語彙から成り立つ文も，一つ一つが独立し，しっかりしたものになる。つまり暗示，含蓄，省略というものはあまりなく，言葉で表されたものがすべてになる。それが独立した個の精神を作る。日本の建物は，伝統的には木と紙を組み合わせて作る。骨組みはしっかりしているが，一つ一つ

の部屋を仕切るものは障子であり，ふすまであって，簡単に取り外せ，一つの広い部屋になる。外に対しては，戸を開ければ風が吹き抜けるように，大きく開かれており，環境と調和している。文もまたそうであり，語彙は柔らかく，状況に応じて変化し，また文脈に依存して省略が多くなるから，聞き手は想像力を働かせてそれを補うことになる。それが相互依存的な和の精神を作る。

　このあり方がよく表れているのが文学である。和歌，俳句といった日本独特の文学形式は，語数が限られており，その中に心情や風景や出来事を封じ込める。言葉は少なく，事の一部しか語られないが，その分，暗示や含蓄が深い。言葉に表現できない余情が聞き手の心に広がることになる。

　(1)　古池や蛙飛び込む水の音　　　　　　　　　（松尾芭蕉）

　この芭蕉の俳句は，言葉としてはわずか十七文字，字面だけでは，ただ単純な事実を述べているだけで，どこに良さがあるのかは分からない。しかも全体の情景は示されず，霧がかった水墨画のように前景が輪郭線で示されるだけである。この英訳としては，old pond／a frog leaps in ―／a moment after, silence (Trans. Ross Figgins)，あるいは Breaking the silence／Of an ancient pond,／A frog jumped into water―／A deep resonance (Trans. Nobuyuki Yuasa) が分かりやすい。原文にはない silence という言葉が使われているが，それこそ水の音が生み出すこの句の本質であり，それは見えない言葉，聞こえない音として，読む者の心に波紋を広げていく。言葉は日本人にとっては「事の端」，つまり述べたいと思う全体の一部にすぎず，残りは読者が心で補わなくてはならない。

　一方，英語で俳句・和歌に相当するものは詩になる。詩は文字数は少ないものの，ソネットなどの定型詩を除き，字数制限のようなものはない。詩では，読者の想像力や感情移入が求められる俳句などと違い，重要な語句は明示され，作品はそれ自体として独立し，完結している。言葉とは事の端ではなく，事のすべてであり，読者

にはその理解が求められる。たとえば，Music, when soft voices die,／Vibrates in the memory— (P. B. Shelley)（音楽は，柔らかな声が途絶えても，記憶の中で響き続ける）にあいまいさはない。しかし蛙の飛び込む音のあとに来るものが沈黙なのか残響なのかは読者にゆだねられている。似たテーマを持つ和歌と英詩を比べてみよう。

(2)　白鳥は哀しからずや空の青
　　　海のあをにも染まずただよふ　　　　　　　　　（若山牧水）

　字面では，広大な青の世界に点として漂う白鳥の孤独を写生的に詠んでいる。その孤独は強さと映ってもいいはずであるが，それを「哀しからずや」と見ることで，そこに歌人自身の孤独が反映されていることになる。

(3)　Art thou pale for weariness／Of climbing heaven and gazing on the earth,／Wandering companionless／Among the stars that have a different birth,／And ever changing, like a joyless eye／That finds no object worth its constancy?

(Percy Bysshe Shelley)

（おまえが　蒼ざめてみえるのは／天にのぼり　地をながめているのに疲れてか／生れのちがう星どものあいだを／友もなく　さまよい——／変わりなく照らす価値あるものはみつからず／歓びのない眼のように　たえず変わりながら）（上田和夫訳）

　ここでも天の月には詩人自身の孤独が反映されているが，「蒼ざめて」「疲れて」「友もなく」「歓びのない」といった表現でその心情は明確に表現されている。白鳥の歌では白鳥そのものに焦点があるが，月の詩では月と詩人は切り離せず，むしろ月に託した詩人の心情のほうに焦点がある。

(4)　大海の　磯もとどろに　寄する波
　　　　われてくだけて　さけて散るかも　　　　　　　　　（源実朝）

　これは一見，波の客観的な描写のように見える。しかし，歌人の置かれた不幸な境遇やほかの歌（「浮き沈みはては泡とぞなりぬべき瀬々の岩波身をくだきつつ」）に読まれた無常の哀感と重ね合わせるとき，この歌には，形あるものはすべて滅ぶという無常観が漂い，波の砕けた後に広がる静寂まで感じ取れる。

(5)　Break, break, break, / At the foot of thy crags, O
　　　sea! / But the tender grace of a day that is dead / Will
　　　never come back to me.　　　　　　　（Alfred Tennyson）
　　　（砕け，砕けよ，砕け散れ，／おまえの岩山の足もとに，おお海
　　　よ！／だが，過ぎ去った日の，あの優しい恩寵は／二度とけっし
　　　てこの身に戻ることはないだろう。）（西前美巳訳）

　実朝と同じような波の砕け散る光景を描くが，そこに託された詩人の感情は，過去はもう戻らないという言葉にはっきりと記されている。人生の背後に脈打つのは，Break, break, break という，すべてを打ち砕く無常のリズムであり，詩人は失われた思い出を胸に，心砕かれ，ただ独り無力に押し流されるだけである（三回連続する break という破裂音は，「われてくだけてさけて」と三回連続する「て」の破裂音とよく似る）。先の例と同様，ここでも日本語は暗示性が強く，英語は明示性が強い。

　文を建物に喩えたが，その比喩をもっと広げると，西欧の建物は石造りで頑丈だから，部屋を上にも積み重ねることができる。典型的な建物は，一階と二階があり，さらに地下室と屋根裏部屋のある縦に伸びた構造である。これは思想面でも，現世に対して，天上に天国，地下に地獄を置く発想になる（シェイクスピアの時代のグローブ座という劇場はこの構図）。文においては，主文を中心に，関係代名詞や接続詞や分詞構文などを使って，複数の文を論理的，

重層的に組み合わせた構造になる。

　一方，日本の建物は木造だから，縦に積み重ねるのではなく，横に広げる。母屋があり，離れがあり，蔵があって，それが平面に広がっている。思想面では，現世に対して，山の奥や海の向こうに別世界を見る発想になる（能や歌舞伎の舞台は廊下で横に延びる構図）。文においては，長く複雑な文よりも，短めの文を，「そして」「しかし」といった単純接続でつなげていく文体になる。

　例として，アンジェラ・カーターの『魔法の玩具店』からの文とその訳を見る。

> (6) This crazy world whirled about her, men and women dwarfed by toys and puppets, where even the birds were mechanical and the few human figures went masked and played musical instruments in the small and terrible hours of the night. ... She was in the night again, and the doll was herself. 　　(Angela Carter, *The Magic Toyshop*)
> （狂気の世界が周囲を渦巻いていた。玩具や操り人形に取りかこまれ，矮小化した男や女。ここでは小鳥までも，機械的な生を営んでいる。人間らしい生はほとんど見当たらない。人間たちは，恐ろしい夜の時間に，ほんの束の間，ひっそりと仮面をつけて音楽を演奏するのが関の山なのだ。メラニーはまた，恐怖の夜の時間に投げ出されてしまった。夜の闇にくるみこまれ，操られているのはメラニー自身ではないか。）（植松みどり訳，アンジェラ・カーター『魔法の玩具店』）

　英文は主節が最初の This crazy world whirled about her. で，それを，dwarfed に導かれた分詞構文の句と，where による関係詞の節が修飾している。まず中心となる文があり，それに次々と肉づけされて意味がふくらむ形，いわば土台となる階（the ground floor）に階段をつけて建物の階が積み重ねられていく形である。日本語訳ではそれぞれの句や節を独立させて五つの文に分け，提示された順

番どおりに並べてある。いわば平屋が並ぶ形である。文法どおりに直訳すると，後ろから逆流する形で前へ訳していき，だらだらと続く感じになってしまうので，分割したほうが分かりやすくなる。

2.　文の構築方法

　日本語の文は，木造の建物のように柔らかくしなやかだが，英語の文は，石造りの建物のように堅くしっかりしている。英語の文は中心に主文があり（主文の核は動詞），そこにいくつかの文がいろいろな形で従属する。日本語は文が並列的に連続する傾向がある。このセクションでは英語の文の接続方法を日本語と比較していく。英文法では二つの文を接続すると，一つ一つの文は節 clause あるいは句 phrase となり，全体が一つの文 sentence となる。節とは主語と述語を備えたまとまり，句とはその形を取らない複数の語のまとまりになる。

2.1.　関係詞

　まず関係代名詞。これは共通する名詞のところで二つの文をつなげる。

(1)　A man is now talking on television.
(2)　I know the man.

この二つの文は，man が共通する語だから，関係代名詞を使ってそれをつなげ，一つの文にする。言いたいことが（2）であれば，（2）を主節にしてそこに（1）を追加する。

(3)　I know the man who is now talking on television.
　　　（私は今テレビでしゃべっている人を知っている）

　この文は最初の I know the man が主張になり，その後で the man がどういう人間なのか詳しく述べている。つまり「主張＋説

明」という形を取るから，理解は容易である。日本語の場合はこの関係代名詞というものがなく，従属節（連体修飾部）をそのまま名詞（体言）の前にくっつけるだけである。つまり「説明＋主張」の順になるから，日本語に直すと，英語に比べ少し長ったらしい印象を与えるし，最後まで読まないと，「私は今テレビでしゃべっている」とも取れてしまい，分かりにくい。先の文は，(1) の文を強調したいならば，今度は (2) の文を補足的に追加して，The man (whom) I know is now talking on television. となる。この場合も，文頭に主語 The man が来て，続く語句は関係代名詞による補足説明の節と分かるので，文の構造を捉えやすい。

　この関係代名詞は細かい使い分けが必要で，先行詞が何であるかに応じて，人なら who，物なら which，人と物なら that というように区別する。たとえば「私の好きな人」なら the man whom I like，「私の好きな物」なら the thing which I like となるが，日本語では「私の好きな」という語句をただ対象につなげるだけである。だから，日本語は単純にペタッとくっつけるだけだが，英語は，関係代名詞という，その先行詞に固有の接続器具を用いて，先行詞とそれに続く節をカチッと組み合わせる感覚になる。さらに人の場合は，文中におけるその語の格（文で果たす役割）に応じて，主格なら who，所有格なら whose，目的格なら whom という語で接続する。やはり先行詞とそれに続く節を固有の器具でしっかりと組み合わせる感じになる。ただし関係代名詞は形式ばって堅い語感があるので，論文や新聞や小説などの書き言葉ではよく使われるが，話し言葉では，She is the girl I love. のように，目的格となる関係代名詞はよく省略される。省略されると，言わばつなぎ目が消えて，なめらかになる印象がある。それは日本語のようにぴたっと張り付く形である。省略されても，名詞と人称代名詞が並ぶので，そこに切れ目（省略）があると分かる。なお，whom は古い格変化の名残であり，文語的で形式ばっているため，口語では who が好まれる。やはり単純化されてなめらかになる印象がある。

　that は，who, which の代わりによく使われる。これは，that が
古英語から続く，最も古く，最もよく使われてきたもので，who,
which は疑問詞の転用として，中英語に使われ始めたものだから
である（最初に which，次いで who で，当初は人か物かの区別は
なく，聖書では Our father which art in heaven（天にまします我ら
が父よ）のように which を用いていた）。つまり that は万能だが，
who, which は人か物かを強調したい場合に用いる。ただし，人の
場合は who，物の場合は that で受けることが多い。人を that で受
けないのは，物扱いにすることを嫌い，人であることを強調するた
めである。また先行詞が最上級の形容詞や the only, the very な
どによって限定されていたり，all, anything, nothing などになる
場合は that が用いられるが，これは先行詞が強調されるため，続
く関係代名詞を弱くすることで強・弱のリズムをつけるためであろ
う（ただしこの傾向にもかかわらず，先行詞が人のときは who も
よく用いられる。やはり人であることを強調するため）。前にコン
マがついて非制限的に用いられる場合や関係代名詞に前置詞がつく
場合（at which ~）は that は使えない。代名詞としての that と紛
らわしくなるためである（非制限接続ではしばしば可）。日本人か
らすれば，関係代名詞は that 一つあれば十分のように思えるが，
しかし，先行詞の種類に応じて接続器具を個別化し，しっかりと組
み合わせることが英語らしい発想になる。
　特殊な形として，先行詞を持たず，その語自体のうちに先行詞を
含むものがある。what は, the thing which と言い換えられるので，
What is important cannot be seen. は「大切なものは目に見えない」
となる。かつては all, anything, nothing などを先行詞として取っ
ていたが今では廃れている。少し複雑な文だと，What does it
matter what he says?（彼の言うことがどれだけ重要だろうか（どうでも
いいことだ））で，最初の what は副詞であり，It matters little. の
little の位置にくる副詞を問う疑問詞，what he says が the thing
which he says の意で，それを it で受けている。また who, which,

what に -ever がついた語も先行詞をそれ自身のうちに含み，whoever だと anyone who の意になる。Whoever it was who had supported him was likely to be betrayed. (彼を支持した人が誰であれ，裏切られそうな気配だった) では，who は it にかかる関係代名詞で，Whoever ～ him までが主語の部分を構成し，Anyone who had supported him と言い換えることができる。

　関係代名詞には制限用法と非制限用法がある。

(4)　The people who went east found happiness.
　　　(東へ行った人たちは幸せになった)
(5)　The people, who went east, found happiness.
　　　(その人たちは，東へ行って，幸せになった)

　(4) は people の後にコンマがつかず，who went east の文が先行詞にがっちりとついて限定されている。そのため定冠詞の the がつく。この場合，東へ行かなかった人たちもいることになり，その人たちとの対比で言われている。それに対し (5) は，who 以下が the people の補足説明で，the people が話題にあがるすべての人になる。この場合の定冠詞は，すでに前の文脈で述べられた「その人たち」の意である。英語はコンマ一つの問題であるが，日本語は訳し方を変えなければならない。なおコンマは，話す際にはそこで息を切り，一拍，間を取る。そのことで，間で区切られた部分が挿入であることが分かる。挿入であるから，この部分は独立させて単文として示してもよい (The people went east. They found happiness)。

　副詞句の中の名詞を元に二つの文をつなげる場合は when, where, why, how といった関係副詞を使う。Father sold the house. という文と I was born in the house. という文をつなげると，Father sold the house where I was born. となる。この where は in which とも書けるが，関係代名詞を使うと堅い文語調の表現になる。だから which を省き，継ぎ目をなくして，the house I was born in ともできる。これは口語調になる。when と where には制限・非制限の二つの用法がある。これもコンマ一つの問題だが，日本語では表現を変えなければならない。

(6)　I walked to the park where my child played alone.
　　　　(私は子供が独りで遊んでいる公園に行った)

(7)　I walked to the park, where my child played alone.
　　　　(公園に行ったら子供が独りで遊んでいた)

　(6) は限定で，子供が公園で遊んでいるのを知っている場合，(7) は非限定で，子供が公園にいることを必ずしも知っているわけではなかったが，行ってみたらそこで子供が遊んでいたという場合で，コンマで間を取るから，where は and there の意味合いになる。しかし and は単純接続なのに対して where は従属節となるから，構築性が高くなる。そして文章では，一息で言える単文を好む口語とは異なり，こうした構築性が好まれる。

　関係代名詞が，名詞ではなく，前文を受ける場合がある。The bell sounded long and loud, which was a bad sign for them. (鐘は長く大きく鳴り響いたが，それは彼らにとっては悪いしるしだった)，He made no answer, which provoked me to tear the paper. (彼は返事をしなかったので，私は怒ってその書類を破った) といった場合で，この which は (and) it で置き換えて独立した文を作れるが，which にすることで前の文との連続性が出せる。最初の文の場合は which was を省略すると，残る名詞句は前文と同格となり，簡潔な文になる。書き言葉では関係代名詞をすぐには使わず，同格構文にしてその語を強調する表現方法もある。His fate is pitiful and terrible—a fate that should fall on malicious, unjust men. (彼の運命は哀れで恐ろしいもの，悪意ある不正の人間に訪れる運命だ) とか，then he was in the real sea—a warm sea where irregular cold currents from the deep water shocked his limbs. (Doris Lessing, "Through the Tunnel") (それから本当の海に入った—海は暖かだったが，深海から

不規則にやって来る冷たい流れのために彼の手足は激しく震えた）といった表現で，fate, sea という言葉をまず単独で出し，その後で関係詞を使ってその語を説明することでその語を引き立てている。

　日本語で二つの文を共通する名詞のところでつなげる場合，関係詞に相当するものはないが，その代わり，接続に合わせ，助詞を適切に変える必要がある。たとえば「わたしは友を訪ねた」＋「友は結婚していた」は，「わたしの訪ねた友は結婚していた」となり，「わたし」につく助詞は，元の「は」は使えず，「が」あるいは「の」に変える必要がある。「が」にすると主語として「訪ねた」にかかり，「の」にすると所有格として「友」にかかる。「は」が使えないのは，「は」は，「〜は〜だ」という形で叙述を要求するからである。また先の二文は，順番を換え，「わたしは結婚している（いた）友を訪ねた」とも言えるが，この文だと友が結婚していることはあらかじめ知っていたことになり，結婚していて驚いたという感じはこの語順からは出てこない。強調したいことは，英語と違い，文の最後に置く必要があり，従属節（修飾部）は補足的な説明になる。また「わたしは森へ行った」＋「森は静かだった」は，「わたしの（が）行った森は静かだった」という文と，「わたしは静かな森へ行った」という二つの文を作れる。後者の場合，「静かだった森へ行った」とすると，あらかじめ森が静かと分かっていたことになり，意味がずれる。焦点は述部にあるから，修飾部は「静かな」と変える必要がある。この場合，形容詞なら「あの子はかわいい」を「かわいいあの子」と言えるように，「かわいい」の形は変わらないが，「静か」は形容動詞のため，「静かだ森」とはならず，「静かな森」となる。動詞，形容詞，助動詞は連体形と終止形が同一だからそのままの形で使えるが，形容動詞は形が異なるため，名詞につけるためには連体形に変える必要がある。英語との違いが出てくる組み合わせは，「父は本でわたしを叩いた」＋「父はその本を捨てた」→「父はわたしを叩いた本を捨てた」といった文で，一つにまとめた文は，文字通りには本がわたしを叩いた加害者のように読めてしまう。英語で

は Father threw away the book which he hit me with. だが，日本語では簡潔さのために he, with は省き，その部分は聞き手の想像力に任せてしまう。

2.2.　接続詞

英語では関係詞が共通する名詞のところで二つの文を結び付けるのに対し，接続詞は独立した文と文をそのままの形で結び付ける。大きく二つのタイプがあり，一つは，and, but, or, so, for などを用いて，二つの文を同等なものとしてつなげる。もう一つは，if, when, before, since, because といった語を用いて，中心となる文に対して別の文を従属的に結び付ける。等位接続は，いわば文を横に緩やかに並べる形であり，従位接続は，文を縦に積み重ねる，あるいは従節を主節に寄りかからせる形になる。歴史的には等位接続が最も古い形で，従位接続は前置詞や副詞から派生したものになる。

英語の接続詞と日本語の接続詞は一致しない。日本語の場合，「雨がひどい。だから，行けないよ」の「だから」のように，その語だけで独立していれば接続詞，「雨がひどいから行けないよ」のように，用言や助動詞に付いて自立していなければ助詞（接続助詞）と区別する。これを英語にすると，独立した「だから」は so やtherefore などの副詞を用い（It is raining heavily. So, we can't go.），「ひどいから」の「から」は as や because などの接続詞を用いることになる。日本語の学校文法はまず自立語と付属語を区別するため，そういう位置づけになるが，意味はどちらも接続の役目を果たしている。英語の副詞の場合も，then, also, however, otherwise, still, yet など，役割としては等位接続詞と同じだが，あくまで独立した一語の副詞なので，接続詞が文頭にしか置けないのに対し，文頭，文中，文末，どの位置にも自由に置くことができる。

等位接続は単純に見えるが，訳を工夫しなければならない場合も

ある。特に and, but, or は「そして」「しかし」「あるいは」とい
う接続詞で訳しがちだが，それは文頭にある場合で，文中であれば
「と」「が」「か」という助詞を用いることもある。and は時間や順
番に従ってただ文をつなげていくだけなので，He tried hard and
failed.（彼はがんばったが，だめだった）のような文では，and は but
の意で訳す必要がある。Take this, and you'll recover soon.（これ
を飲め，そうすればすぐに回復する）も then の意になる。but は対比
を表すので，I came here, not because I want to quarrel with you,
but because I propose marriage to you. は「ここに来たのは，君と
けんかしたいからではなく，プロポーズするためだ」，Not only
did he fail the exam, but he was turned down by her. は「彼は試
験に落ちただけではなく，彼女にも振られた」のように「しかし」
や「が」は使わない。but は本来は「～を除いて，外側に」の意の
副詞・前置詞で，それは He has nothing but love for his wife.（彼
は妻に愛しか抱いていない）のような言い方に残る。or は選択を表す
語だが，He won't eat or drink.（食べも飲みもしない），I'll go, rain
or shine.（降っても照っても行く）では，A か B かではなく，A も
B もと訳さなければいけない。Run, or you'll miss the train.（急げ，
さもないと電車に遅れる）では A か B かの選択で，走らない場合は
の意になる。

　英語の従位接続には大きく二つのタイプがあり，一つは that,
if, whether 等を用いて主節に名詞節をつなげ，もう一つは
where, because 等を用いて主節に副詞節をつなげる。名詞節の場
合，たとえば He is an alien., I know that. という二つの文があれ
ば，それを that で結び付けて，I know that he is an alien. とする。
この時，that は指示機能をなくし，接続詞に変化している。だから
that 自体に意味はないが，日本語ではこの that を助詞「と」や「（こ
と）を」に置き換え，「彼が宇宙人だと知っている」となる（ただし
この「と」は用言につく接続助詞（「気づくと朝」の「と」）ではな
く，文を引用する格助詞）。そしてこの形で文を次々とつなげてい

くことができる。

    (1)　I know (that) he confessed to her that he was an alien.

  この文には三つの文が結ばれている。英語では前の文の目的語の箇所に次の文（名詞節）をはめ込んでいけばよいが，日本語の場合，上の文を訳すと，

    (2)　わたしは（彼が彼女に〈自分は宇宙人だと〉告白したことを）知っている。

となり，主語と述語の間に文をはさんでいく形になる。いわば一つの袋にどんどん別の袋を詰め込んでいくようなものだから，あまり多く入れると，一番外側の主語と述語が大きく離れてしまい，理解しにくくなる。「（〈自分は宇宙人だと〉彼が彼女に告白したことを）わたしは知っている」のように横につなげて言うこともできるが，英語とは逆に中身から開いていくので，その位置づけがしにくくなる。この接続詞の that は，主節の動詞が hope, know, say, suppose, think, wish のような日常よく使う（主としてアングロ・サクソン系の）語のときは，動詞自体の意味が軽いため，強調するのでなければよく省略され，admit, announce, inform, realize, suggest のような意味の重い（ラテン語系の多音節の）語のときはあまり省略されない。その場合は that があることで形が整い，しっかりした文になる。

  動詞の後に疑問文を続けるときは全体が平叙文になるので，疑問文内の語順もその支配を受けて，I asked him where he would go. のようになる。「I wonder＋Did he go?」のときは I wonder whether he went. とするが，whether（原義は which of the two）は堅い語なので，口語では if を流用して使う。if は軽いので，動詞も ask, doubt, know, see, tell, wonder のような軽い語とくっつきやすい。ただし whether は or を要求するから，I don't know whether to go or not. のように or のついた文では if は使えない。

Did he 〜? が元の文なら，日本人とすれば I wonder did he go としてほしいところである。しかし，日本語がそのままペタッとくっつける接続なら，英語はカチッと組み合わせる接続であった。ここでも if がそのコネクターの役割を果たしている。接続詞に限らず，文の構築は，日本語がぺたっ，ぺたっと付ける粘土細工なら，英語はプラモデルを組み立てるイメージで，接続詞，関係詞，前置詞といった接続器具を用い，独立したパーツとパーツをカチッ，カチッと組み合わせていく感覚になる。

　次に副詞節をつなげる場合。まず中心となる主節があり，その後に接続詞を使って追加的に節を従える。

(3)　I know this man who is now talking on television, because I saw him a few days ago when I went to the seaside, although at the time I didn't know who he was at all.

この文は，次のような五つの単文から構成されている。

(4)　I know this man.　He is now talking on television.　I saw him a few days ago.　On that day I went to the seaside.　But I didn't know who he was at all then.

　一つ一つはばらばらな感じだが，and や then などで並置すれば，ビーズのように連なる感じになる。しかし because や when などの接続詞を使うと，単純接続よりも強くしっかりと結び付いて，一つの立体的な文になる。文は長くなるものの，主節は最初にあって輪郭が分かるし，従属節は，接続詞が最初に置かれることでその後の語句を方向付けているから，文の理解は容易である。

　日本語の場合，語順の決まりとして，述語は文の最後に来る。また従属節（接続部）は主節の前に来，かつ接続助詞はその節の最後に来る。だから上の英文を文法どおり訳そうとすると，主節の前に従属節がだらだらと続く感じになり，冗長で，最後まで聞かなけれ

ば言いたいことは分からない。したがって，日本語としては文をいくつかに分けて独立させ，「なぜなら」とか「もっとも」といった接続詞をつけてつなげるほうが簡潔になり，理解しやすい。そしてそのほうが英語の接続の感覚に近い。たとえば次のようになる。

（5）　わたしは今テレビでしゃべっている人を知っている。というのも，数日前，海辺に行ったとき，彼を見たからだ。もっとも，その時は彼が誰かはまったく知らなかったが。

　ただし，接続詞を使うと，文は分かりやすくなるが，論理的で堅苦しくなる。日本語は含蓄や情緒，柔らかさや滑らかさを重んじるから，明確な論理性は必ずしも好まれない。だから接続詞は省いたほうが日本語らしくなる。

　実際，日本語の接続助詞の特徴として，意味があいまいで，英語ほどしっかりと固定していないことがある。たとえば「海へ行ったが，なかなかよかった」とか，「近くまで来たんだけど，会える？」という言い方は，「が」や「けど」（けれど）があるからといって，but や though では訳せない。英語はどちらも論理的に対比・対立する文を要求するからである。助詞はむしろ話をとぎらせないためのつなぎの言葉で，文字どおりの意味があるわけではない。さらに「が」には複数の意味があり，「顔もいいが頭もいい」「食べてみたが，本当においしかった」「明日なんだが，行けるか」「雨が降ろうが降るまいが，ぼくは行くよ」のようにも使う（英語では「が」はそれぞれ while, when, as for, whether になる）。「しかし」とすればはっきりと対比の意味があるが，「しかし，暑いな」のように話題を新たに持ち出す時にも使い，一定していない。また，「本を取ってくるから，待ってて」とか，「頼むから来てくれ」「もういいから気にするな」「どちらでもいいから持っていけ」なども，「から」があるからといって because を使っては訳せない。英語で because が使えるのは，ある結果をもたらした原因を説明する場合である。「本を取ってくるから，待ってて」は，原因ではなく，単に頼みご

とをする根拠を述べている。「本を取ってくる。待ってて」でもいいところだが，言い切りだと少しぶっきらぼうな印象を与えるため，口調を柔らかくするために「から」という接続助詞をはさみ込んでいる。だから，文字どおりの意味があるわけではない。英語にも but などにつなぎとしての用法があるが (I'm sorry, but ～)，例外的である。接続助詞に限らず，接続詞でも，「それで，だから，じゃあ，ところで，それなら」などをよく使う。相づちと同じで，文をなめらかにつなぎ，相手との親和感を維持するための間投詞的な言葉になる。日本語はあくまでも柔軟，つまり粘土であり，英語は論理，つまりレンガである。

　一方，英語の接続詞の特徴としては，その表現の多様性がある。日本語では，「が」のように，一つの助詞が多様な意味を持つが，英語では一つの意味を表すのに多様な表現方法がある。それは，同じ対象に対し，日本語では一語なのに，英語ではいくつもの語彙があったのと同じであり，英語はそれだけ分析的で，多様性を好むことになる。たとえば「もし～なら（～たら，～ば，～と）」という条件文を作る場合は，if ～ だけではなく，suppose (that) ～, supposing (that) ～, provided (that) ～, providing (that) ～, in case ～, granted (that) ～, granting (that) ～, given ～, on condition that ～，あるいは unless ～ などが使える。理由を表す「～（だ）から，～（な）ので，～のため（に）」は，as ～, because ～, since ～, for ～, inasmuch as ～, seeing that ～, considering that ～, now that ～ などがある。「～するとすぐに」という場合は，as soon as ～ を基本に，the moment that ～, immediately ～, the instant that ～, instantly ～, the minute that ～, directly ～, on ～ などがある (the moment that ～ は at the moment that ～ の省略形，immediately ～ は immediately after ～ の省略形)。日本語も副詞は「たちまち，即座に，ただちに，同時に，～するや否や，～するかしないうちに」などと豊かだが，英語には日本語に直訳できないものもある。まず元の文として The witch waved a baton., Then the prince became a frog. の二文があるとすると，次のようになる。

(6) No sooner had the witch waved a baton than the prince became a frog.

時制の違いで棒を振るほうが先になることは分かるものの，文字通りには「魔女が棒を振ったのは，王子が蛙に変わるよりも早いことは決してなかった」となり，わけが分からない。一種の誇張表現だから，日本語としては，「棒を振ると王子はすぐに蛙に変わった」とするしかない。あるいは，

(7) The witch had hardly waved a baton when the prince became a frog.

これも直訳すれば，「王子が蛙になったとき，魔女はほとんど棒を振っていなかった」となるが，これも日本語では意味不明の文になるから，「〜するとすぐに」という平凡な訳にならざるを得ない。英語は言葉で遊ぶ印象がある。

平易な接続詞でも，ニュアンスが日本語と異なる場合がある。before は「〜する前に」という平凡な接続詞だが，次のような文を直訳すると不自然になる。

(8) It was nine o'clock before the meeting was closed.
（直訳　会議が終わる前は九時だった）

この文は The meeting was closed after nine o'clock. と内容は同じだが，その文がただ事実を述べただけなのに対し，before を使った文は，主節が It was nine o'clock だから，もう9時になってしまったという時間の長さが強調される。だから訳とすれば，「9時になってやっと会議が終わった」となる。It was some time before she came into a room. も，「しばらくしてからやっと彼女は部屋に入ってきた」となる。次の文も直訳しにくい。

(9)　　You should write it down before you forget.
　　　　（直訳　忘れる前に書きとめておきなさい）

　この訳だと忘れることが前提になるが，これは，忘れてしまったらたいへんだから，その前に書いておくという気持ちを表す。日本語としては「忘れないうちに」となる。同様に，Jelka had it [dinner] ready for him before he could ask. (John Steinbeck, "The Murder") は，「彼に言われないうちに食事を用意しておいた」，The poison had gone to his brain and killed him, before he ever regained consciousness. (D. H. Lawrence, "The Lovely Lady") は，「毒が脳にまわり，彼は意識を取り戻すことなく死んでしまった」，I would die before I say good-bye to him. は，「別れるくらいなら死んでしまいたい」となる。日本語の「転ばぬ先の杖」も少々変で，理屈としては「転ぶ先（前）の杖」とすべきだが，転ばないようにという格言なのでこういう表現になる。after についても，英語はただ順番を述べているだけだが，直訳すると機械的に響いてしまう。だから，He ran away from her after he promised marriage to her. は，「約束した後で」よりも「約束したにもかかわらず」，We can't trust him after he lied to us. は，「うそをついた後で」よりも「うそをついたのだから」としたほうが日本語らしくなる。それは and が，ただ時間的な順を示すだけなので，場合に応じて but の意味で訳す必要があるのと同じである。

2.3.　不定詞と分詞構文

　日本語は流れるような感覚を好むから，「〜して，〜して」のように複数の文がなめらかに続くことが多いが，英語はそうした形をあまり好まず，中心となる文を一つに定め，ほかはそれに従属させて，主と従という構造を持つ整った文を作ろうとする。中心となる文は「主語＋述語（動詞）」で，核となる動詞は一つ，その主節につく従となる文は，関係代名詞や接続詞を用いた節のほかに，準動

詞，すなわち不定詞，分詞，動名詞を使った句がある。句であるから主語を欠き，主節への従属度が高くなる。

　まず不定詞。不定詞が取る to は「〜へ向けて」という前置詞から発展したもので，方向性を持ち，機能としては名詞用法，形容詞用法，副詞用法の三つがある。名詞用法だと，I will love you forever. と It is my hearty desire. を足して To love you forever is my hearty desire. （あるいは My hearty desire is to love you forever.），He should study hard. と She told him so. を足して，She told him to study hard. となり，不定詞句が動詞の主語・補語・目的語を構成する。that 節でもよいが，to を使うことで節の持つ独立性が抑えられ，文の中にしっかりと組み込まれた感じになる。形容詞用法だと，I have a friend. と He will help me. を足して，I have a friend to help me. となる。関係代名詞を使えば I have a friend who is to help me. となるが，who is が省かれて簡略化されている。I know what to do. だと to do が what を形容しているが，これは what I am to do の I am を省いた形になる。副詞用法だと，Tom went out into the woods. と He gathered walnuts. を足して，Tom went out into the woods to gather walnuts. （くるみを集めに森へ入っていった），あるいは Nancy woke up. と She found Father beside her bed. を足して，Nancy woke up to find Father beside her bed. （目を覚ますと父がベッドの横にいた）となり，一例目は目的，二例目は結果を表している。目的とはっきりさせたいときは in order to とする（「〜に向けた順番として」の意）。古くは方向の意を強めた for to 〜 という言い方もあり，今も方言に残る（for も to も方向を表す）。慣用表現では，You are so young., You can't travel alone. を足して，You are too young to travel alone. となる（「〜するには〜すぎる」が文字どおりの意）。接続詞 that を使った You are so young that you can't travel alone. という言い方よりも簡潔になる。あるいは If I am to tell the truth の前半を省略して To tell the truth （本当のことを言えば）

とすればかなり軽くなる。

　この to 不定詞は動名詞に変えることもできる。上の例だと，Tom went out into the woods for gathering walnuts. のように，前置詞を使って接続する。名詞扱いだから主語・補語・目的語として働くだけではなく，形容詞なども付けられて操作の自由度が増す。I discussed the problem passionately with Fred., I was fatigued with it. の二文は，I was fatigued with discussing the problem passionately with Fred. (その問題についてフレッドと激しく議論したので疲れた) とまとめられる。discussing はその後に目的語を取り，また副詞 (passionately) で修飾されているので動詞的性質が強いが，それを the passionate discussing of the problem とすると，形容詞 (passionate) および形容詞句 (of the problem) での修飾となり，さらに the がついて名詞的性質が強まる。古英語ではこの名詞用法しかなく，中英語になって動詞的特徴を発展させた。discussion とすると完全な名詞になる。動名詞は名詞だから his singing のように属格 (所有格) をつけられる。to 不定詞なら for him to sing となるべきところである。I am proud of my son('s) passing the exam. (息子が試験に受かって誇らしい) の場合，of の後は属格の my son's が本来の形だが，今は my son として of の目的格 (語) にもできる。ただし内容的には passing the exam までを含んでいる (代名詞は属格のみ)。

　準動詞を本動詞の目的語とする場合，動詞によって to 不定詞しか取れないもの，動名詞しか取れないもの，どちらも取れるものに分かれる。to は方向性を持つので，I decide to swim. はよいが，I decide swimming. とはできない。to なら「～しようと決心する」で泳ぐ行為はこれから先のことだが，to がないとその方向性が消え，Children enjoy swimming. のように今目の前にあること，あるいは He admitted swimming in the river. (彼はその川で泳いだことを認めた) のようにすでに完了したことになる。

　次いで分詞構文。分詞に導かれた語句が副詞句として文を修飾す

る構文のことで，単文を好む口語ではなく，複文を好む文章表現でよく使われる。She walks into the woods, singing cheerful songs. とか，He came home, utterly exhausted from work. のように，現在分詞と過去分詞を使うだけの簡単な用法で，コンマで区切られて主文とは独立的に置かれ，主文を修飾する。その名のとおり，分詞の用法だが，Unable to walk, he crawled to his room. のように形容詞も用いられる。もっとも形容詞は形容詞であり，分詞構文とはならないが，前に being を補えば分詞構文に準じたものとして理解できる。ただし古英語にはまだ分詞構文はなく，She sat sewing. とか He stood surprised. のように動詞の補語として使われていた。その場合は付帯状況を表し，「〜という状態で〜する」の意になる。その後，分詞は目的語を伴って独立し，原因や時間，条件や譲歩を表す形に発展した。したがって，Unable は being を補って理解するよりも，補語の独立したものとして理解したほうがよい。

　実際，O what can ail thee, knight-at-arms, / Alone and palely loitering? (John Keats, "La Belle Dame Sans Merci") （おお，鎧の騎士よ，何に悩むのだ，ただ独り，青い顔でさまよいながら），Close to the sun in lonely lands, / Ringed with the azure world, he stands. (Tennyson, "The Eagle") （孤独な土地で太陽の近く，青の世界に囲まれて，彼（鷲）は立つ）のように，分詞と形容詞は同列に置かれている。名詞が文頭に置かれる場合もある。A clever man, Mr. White didn't go to the unfriendly meeting. （ホワイト氏は賢い男だったのでその友好的ではない会議には行かなかった），A sadder and a wiser man, / He rose the morrow morn. (S. T. Coleridge, *The Rime of the Ancient Mariner*) （前より悲しく賢い者となって，彼は翌朝起き上がった）のような文で，being を補って理解するが，本来は主語の直後に同格として置かれるものが，強調のために文頭に出たものと理解できる。The flowering tree looked particularly dramatic, its petals richly pink, its scent oppressively sweet. (Edna O'Brien, "The Mouth of the Cave") （花咲く木は特にドラマティックで，花びらは豊かなピンク，香り

は圧倒するほど甘美だった）も its petals（being）richly pink と理解する。I stood and watched Sarah, the reins in her hands, Papa next to her in the wagon.（Patricia MacLachlan, *Sarah, Plain and Tall*）（私は立って，手に手綱を持ち，父と並んで荷馬車に座るサラを見ていた）も，後半の副詞句は付帯状況だから，with あるいは being を補って理解する。

　ここで二つの文を接続する方法をまとめておくと，文法的な機能の点で大きく四つに分けられる。語句の配置や変形に係わることなので，その違いを日本語に直そうとしても正確には区別できない。例として次の二文を接続するものとする。

(10) a.　People were having lunch on board a ship.
　　 b.　They saw a dragon in the sea then.

形容詞節による接続（節とは主語と述語を備えたもの）
　これは共通する名詞のところで関係代名詞を使って文を接続する。

(11)　The people who were having lunch on board a ship saw a dragon in the sea.

形容詞句による接続（句とは「主語＋述語」の形を取らない語のまとまり）
　これは分詞あるいは不定詞を用いた形容詞句として名詞の後につける（一語の分詞なら a laughing boy のように名詞の前）。

(12)　The people having lunch on board a ship saw a dragon in the sea.

副詞節による接続
　これは接続詞を使う。

(13)　When they were having lunch on board a ship, people saw a dragon in the sea.

副詞句による接続

(a)　分詞構文あるいは不定詞を使う。

(14)　People, having lunch on board a ship, saw a dragon in the sea.

(b)　動名詞（名詞）を使う。

(15)　In having lunch (During lunch) on board a ship, people saw a dragon in the sea.

　この分類で，(12) と (14) は having lunch on board a ship という まったく同じ語句を使い，語順もほぼ同じである。このことから，分詞句が，コンマを伴わず，名詞に直接ついた場合は，その名詞を修飾する形容詞句として働き，文の前や中間や後に，コンマで切る形でついた場合は，その文を修飾する副詞句として働くと理解できる。もっと簡単な例では，A surprised girl stumbled. と，A girl stumbled, surprised. の違いになる。A girl stumbled surprised. のように補語にもなる。「驚いた状態で」か「驚いたことが原因で」かの違いになろう。コンマがあるかないかの違いになるが，分詞構文でもコンマのつかないことがよくある。つけなくても分かる場合，あるいは前文との連続性が強い場合で，I had gone to bed thinking how wretched he looked. (MacLachlan)（彼がどんなに惨めそうだったか考えながら私は寝た），Taking my hand he pulled me in. (Sherwood Anderson, "Discovery of a Father")（父は私の手を取って引き入れた），It happen'd one Day about Noon going towards my Boat, I was exceedingly surpriz'd with the Print of a Man's naked Foot on the Shore. (Daniel Defoe, *Robinson Crusoe*)（ある日，正午ごろ，ボートに向かっていたときに，私は海岸に人間の裸足

の足跡を見つけてひどく驚いた）（この場合，going の前にコンマがあって
もいい）など，コンマがあればそこで一拍置くので区切りの感覚が
出るが，その感覚がないことで，副詞あるいは補語のように軽く主
文にくっついた形になり，連続性が強くなる。日本語なら「わたし
の手を取って中へ引き入れた」と「わたしの手を取ると，中へ引き
入れた」の違いになろう。

　(14) と (15) の違いは前置詞 in がつくかどうかであり，意味上
そう大きな違いはない。だから in の意味をはっきり出す必要がな
ければ前置詞は省かれやすい。省かれると動名詞は現在分詞（分詞
構文）に変わる。このことは I am busy (in) preparing a meal. (食
事を作るのに忙しい)，I had great difficulty (in) reading the book.
(その本を読むのにたいへん苦労した) のような場合にも見られる。文
法的には in がつくのが正しいが，前置詞 in は単音節で強勢がな
いため，文中では弱音化されて省略されがちになり，省略されてし
まうと，形式上，動名詞は名詞としての性質を失い，現在分詞とし
て主節にかかることになる。I'll go shopping. のような文では前置
詞は完全に消えている（本来は on が入る）。進行形の由来も，一
つには「be＋on＋動名詞」の on が消失した形と考えられている
(on は従事の意)。このあいまいさは日本語の「今は暇。だが，行
かない」と「今は暇だが，行かない」の違いに似る。句点の後の「だ
が」は接続詞，「暇だが」の「だが」は断定の助動詞「だ」に助詞
「が」がついたものになる。なお，While staying in Tokyo, I met
her. のように接続詞がつくときは，形容詞の場合の When young
のように，I was が省略されたものとなる（分詞構文に接続詞を添
付したものとしても解釈できる）。

　日本語の場合，先の竜の文は，「ランチを取っていたとき，人々
は～」「ランチを取っていた人々は」とすると，「海に竜を見た」と
なるが，「人々がランチを取っていると」とした場合は，「海に竜を
見た」よりも「海から竜が現れた」とするほうが自然に響く。これ
は「～すると」が，次にまったく新しい事柄が現れることを期待さ

せるためである。だから「〜すると」を when で訳そうとすると，
When they were having lunch, a dragon emerged from the sea. と
なる。ただし竜が現れても人々がそれを目撃したとは限らないの
で，英語では they saw a dragon emerge from the sea とするほう
が正確になる。日本語ではそういう細かいことは聞き手の想像に任
せてしまう。

　英語の分詞構文は，語句の初めに分詞を置くだけの形なので，
「接続詞＋主語」を文頭に持つ副詞節と違い，きわめて簡潔である。
しかし訳す場合，日本語には分詞構文に相当するものがないから，
接続詞や接続助詞などを使って訳す必要がある。その場合，どうい
う語句を補って訳すかが一定していない。というのも，英語の分詞
は，喩えれば変形しようのない堅い接続器具で，前の文にカチッと
はめ込むだけなら，日本語は柔らかな粘土で，次の文に合うように
形を整えなくてはいけないからである。多くは「〜（し）ながら」
とか「〜という状態で」といった付帯状況を表す。しかし万能では
なく，文脈によって「〜するとき」(when, while)，「〜（だ）から」
(because, as)，「そしてそれから」(and then) などの接続詞を補っ
た形で訳出する。英語の表現方法は分詞を置くだけの一種類である
のに対して，その訳し方は複数あり，前後関係を見てその意味を決
めなければならないため，やっかいな構文ではある。小説からいく
つか例を見る。

　(16)　[O]n that fatal night, my father, irritated by my pro-
　　　　longed absence, and probably more anxious than he
　　　　cared to show, had been fierce and imperious, even be-
　　　　yond his wont, to Gregory.

　　　　　　　　　　　　　　　(Mrs. Gaskell, "The Half-Brothers")
　　　　（その運命の夜，父は私がなかなか帰ってこないためにイライラ
　　　　し，またおそらくは見かけ以上に不安になって，グレゴリーに対
　　　　していつも以上につらく横柄に当たったのだった）

　ここでは付帯状況で，過去分詞の irritated と形容詞 more anxious が対等なものとして並べられている。つまり分詞も形容詞も，そのままで文を副詞的に修飾している限りでは同じである。

(17)　All the kids from the whole neighborhood came, laughing and shouting in the schoolyard, sitting together in the schoolroom, going home together at the end of the day.　　　　　　　(Isaac Asimov, "The Fun They Had")
　（近隣一帯の子供たちはみんな（学校へ）やって来ると，校庭では笑って叫んで，教室では一緒に座って，そして一日の終わりには一緒になって家に帰るのだった）

　ここでは主節の後に現在分詞が四つも並んでいる。中心となる動詞が一つあり，それにほかの動詞が分詞として連なる形である。この分詞は，「〜という状態で，来ていた」となるので，日本語としては訳しにくい。だから and でつなげて，「彼らは学校へ来ると，〜した」とすると分かりやすくなる。有名な詩では，April is the cruellest month, breeding / Lilacs out of the dead land, mixing / Memory and desire, stirring / Dull roots with spring rain (T. S. Eliot, *The Waste Land*)（四月は一番残酷な月。死んだ土地からライラックを育て，記憶と欲望を混ぜ合わせ，鈍い根を春の雨で揺り動かすのだから）がある。分詞構文が三つ並ぶが，「四月は一番残酷な月」という意表を突く主節の理由を示すものになる。

(18)　Not wanting to disturb her, Thomas remained motionless where he was, his hand in hers, waiting for her to wake, restored, and to smile at him again with her pretty eyes.
　　　　　　　　　　　　　　　　　(Angela Huth, "Last Love")
　（彼女を起こしたくなかったので，トマスは彼女の手を握ったまま，その場に動かずにいて，彼女が回復して目覚め，その愛らしい目で再びほほえんでくれるのを待った）

　中心となる文が一つあり，その前と後ろを分詞構文が修飾する形である。not wanting は，文字どおりには「～したくないという状態で」だから「～したくなかったので」という理由になり，waiting は「待っている状態で」，つまり「待ちながら」となる。his hand in hers は，補えば，with his hand being in hers となる。

(19)　A few frightened blackbirds rose screeching from the cherry trees, red with fruit but unnetted, as Christina ran into the garden, I following slowly with the white baskets, hanging backward a little, wondering who we were going to see.　　　　　(H. E. Bates, "A Love Story")
（白いカゴを持ち，これから誰と会うのだろうと思いながらクリスティーナの少し後ろをのろのろとついていくと，彼女はさっと庭に駆け込んだ。すると驚いたクロウタドリが数羽，サクランボの木から，実で赤く染まったまま，網には掛からずに，ギャーギャーと声を上げて飛び立った）

　この文は主節と as に導かれた副詞節の組み合わせで，その節のそれぞれに分詞構文が加わり，かなり複雑な文になっている。主節につく分詞構文は screeching, red, unnetted，従属節は，主語 I に導かれて，following, hanging, wondering と三つの分詞構文が並ぶ。

3.　文体

　英語は，レンガで家をこしらえるように，あるいはパーツを組み合わせてプラモデルを作るように，論理的に文を組み立てられた。だからいくらでも長い文を作れた。しかし日本語の場合は，語彙も文法も柔らかく，容易に形を変えるので，堅く論理的に文を組み立てるのは不向きであり，むしろ流れるような柔らかさが好まれる。
　まず日本語の長文の例として，谷崎潤一郎の『細雪』から引く。

(1) 長らく中風症で臥たきりの夫を扶養しつつ美容院を経営
して，かたわら一人の弟を医学博士にまでさせ，今年の
春には娘を目白に入学させたと云うだけあって，井谷は
普通の婦人よりは何層倍か頭脳の廻転が速く，万事に要
領がよい代りに，商売柄どうかと思われるくらい女らし
さに欠けていて，言葉を飾るような廻りくどいことをせ
ず，何でも心にあることを剥き出しに云ってのけるので
あるが，その云い方がアクドクなく，必要に迫られて真
実を語るに過ぎないので，わりに相手に悪感を与えるこ
とがないのであった。

（英語訳）Itani supported her husband, bedridden with
palsy, and, after putting her brother through medical
school, had this spring sent her daughter to Tokyo to en-
ter Japan Women's University. Sound and practical, she
was quicker by far than most women, but her way of
saying exactly what was on her mind without frills and
circumlocutions was so completely unladylike that one
sometimes wondered how she kept her customers. And
yet there was nothing artificial about this directness
—one felt only that the truth had to be told—and Itani
stirred up little resentment.

(Trans. Edward G. Seidensticker, *The Makioka Sisters*)

　この文は井谷という女性の性格を描写しているが，いくつもの文
が，「〜して」「〜あって」「〜ていて」「のであるが」「ので」といっ
た接続助詞で結ばれ，文は波のように重なり合いながら，とうとう
と緩やかに流れていく。一見，読みにくい印象を受けるが，すべて
単純接続なので，言葉の意味を追っていくだけでよい。英訳では全
体を三つの文に分けると共に，冗長と思えるかなりの部分をカット
したり，分かりやすく言い換えたりして，整った客観的な文になっ

ている。原題の「細雪」と英訳版のタイトル The Makioka Sisters の違いが，日本的情緒と西欧的明確さの違いを端的に表していよう。続けて古典『源氏物語』から。

(2)　朝夕の宮仕へにつけても，人の心をのみ動かし，恨みを負ふ積もりにやありけむ，いと篤しくなりゆき，もの心細げに里がちなるを，いよいよあかずあはれなるものに思ほして，人のそしりをもえ憚らせ給はず，世のためしにもなりぬべき御もてなしなり。　　　　（第一帖「桐壺」）

（現代語訳）（その更衣（後宮の女官）の）朝晩のお側仕え（帝の寝所に侍ること）につけても，ほかの更衣の心をひたすら動揺させ，恨みを身に受けることが積もり積もったからでしょうか，（その更衣は）衰弱がひどくなっていき，なんとなく心細そうに実家に下がっていきがちになるのを，（帝は）ますます限りなく不憫な方とおぼし召されて，周りの人が悪く言うのも気兼ねなさることがおできにならず，世間の語り草にもなるにちがいないほどのお振る舞いです。

（英語訳）As a result, the mere presence of this woman at morning rites or evening ceremonies seemed to provoke hostile reactions among her rivals, and the anxiety she suffered as a consequence of these ever-increasing displays of jealousy was such a heavy burden that gradually her health began to fail.

His Majesty could see how forlorn she was, how often she returned to her family home. He felt sorry for her and wanted to help, and though he could scarcely afford to ignore the admonitions of his advisers, his behavior eventually became the subject of palace gossip.

(Trans. Dennis Washburn, *The Tale of Genji*)

　原文は 5 行，現代語訳は 9 行，英語訳は 11 行に及ぶ。原文は主
語がまったく示されておらず，更衣と帝のそれぞれの様子が語られ
るため，現代の日本人にもかなり分かりにくい。ただし帝には敬語
が使われているため，それを手がかりに区別することはできる。英
語では敬語はないが，必ず主語が置かれ，あいまいな部分がはっき
りと説明されているので分かりやすい。原文は和文の筆書きである
から，句読点もなく，ひらがな書きが多いため，現代人にはさらに
読みにくいものになっている。しかしその連続感，流動感，あるい
は朦朧感が，日本語らしさでもある。

　長文であっても，近世文学（江戸文学）になると，かなり読みや
すくなる。

(3) 　　予もいづれの年よりか，片雲の風にさそはれて，漂泊
の思ひやまず，海浜にさすらへ，去年の秋，江上の破屋
に蜘蛛の古巣をはらひて，やや年も暮れ，春立てる霞の
空に，白川の関越えんと，そぞろ神の物につきて心をく
るはせ，道祖神のまねきにあひて取るもの手につかず，
股引の破れをつづり，笠の緒付けかへて，三里に灸すゆ
るより，松島の月まづ心にかかりて，住める方は人に譲
り，杉風が別墅に移るに，

　　草の戸も住み替はる代ぞ雛の家
表八句を庵の柱に懸け置く。　　　　（松尾芭蕉『おくのほそ道』）

　この文も長いものの，「〜て，〜て，〜て」という単純接続で川
の流れのように続いていくから，すらすらと読める。しかも接続詞
がないため，論理的な堅苦しさがなく，柔らかい印象がある。

　この長文に対し，短文の伝統もある。短いので分かりやすく，め
りはりの効いたリズム感が出てくる。『竹取物語』は『源氏物語』よ
りも百年も前の作品であるが，文が短いので分かりやすい。三つの
作品を続けて示す。それぞれ 10 世紀，13 世紀，20 世紀の作品に
なる。

(4) a. 今は昔，竹取の翁といふ者ありけり。野山にまじりて
竹を取りつつ，よろづのことに使ひけり。名をば，さ
ぬきの造となむ言ひける。その竹の中に，もと光る竹
なむ一筋ありける。あやしがりて寄りて見るに，筒の
中光りたり。それを見れば，三寸ばかりなる人，いと
うつくしうてゐたり。翁言ふやう，「我，朝ごと夕ごと
に見る竹の中におはするにて，知りぬ。子となり給ふ
べき人なめり」とて，手にうち入れて家へ持ちて来ぬ。
妻の嫗に預けて養はす。うつくしきことかぎりなし。
いと幼ければ籠に入れて養ふ。　　　　　（『竹取物語』）

b. ころは二月十八日の酉の刻ばかりのことなるに，をり
ふし北風激しくて，磯打つ波も高かりけり。舟は，揺
り上げ揺りすゑ漂へば，扇もくしに定まらずひらめい
たり。沖には平家，舟を一面に並べて見物す。陸には
源氏，くつばみを並べてこれを見る。いづれもいづれ
も晴れならずといふことぞなき。　　　　（『平家物語』）

c. 吾輩は猫である。名前はまだ無い。
　どこで生れたかとんと見当がつかぬ。何でも薄暗い
じめじめした所でニャーニャー泣いていた事だけは記
憶している。吾輩はここで始めて人間というものを見
た。しかもあとで聞くとそれは書生という人間中で一
番獰悪な種族であったそうだ。

（夏目漱石『吾輩は猫である』）

　以上の三例は，作者がみな漢文に精通していたため，漢文訓読調
の簡潔さと力強さがある。さらさらと水の流れのように続く和文に
対し，漢文は短く簡潔で整っており，それをまねた文は力強く，歯
切れがよくて，日本語を引き締めることになる。明治以降は英語の
影響を受けることになるが，英文は漢文ほど短くはないにしても，
漢文と同様，強い論理性，抽象性があり，やはり日本語を引き締め

る効果がある。このように，一方は柔らかな流動性と情緒性を基調とした女性らしい文体，一方は整った簡潔性と論理性を主調とした男性的な文体であり，それが日本語の大きな二つの流れになる。

　次いで，英文を見る。まずは16世紀末の物語詩『妖精の女王』から引用する。

> (5)　What man is he, that boasts of fleshly might,／And vaine assurance of mortality,／Which all so soone, as it doth come to fight,／Against spirituall foes, yeelds by and by,／Or from the field most cowardly doth fly?
>
> 　　　　　　　　　　　　(Edmund Spenser, *The Faerie Queene* 1.10)
>
> （肉の力を誇り，終わりある身を甲斐なくも／信じ切っている人間は，何という愚か者であろうか。／ひとたび心の敵と戦う段になると，／たちまち屈服するか，／戦場から卑怯にも逃げ去るのに。）（和田勇一・福田昇八訳）

英語の基本構文は，まず主節があり，そこに従属節が追加されていく形である。ここでも主節は最初の What man is he で，それに関係代名詞 that がつき，その中にさらに関係代名詞の which や接続詞 as が入って，しっかりと組み合わされた構築性の高いものになっている。続いて『ハムレット』。

> (6)　... who would fardels bear,／To grunt and sweat under a weary life,／But that the dread of something after death,／The undiscover'd country from whose bourn／No traveller returns, puzzles the will／And makes us rather bear those ills we have／Than fly to others that we know not of?
>
> 　　　　　　　　　　　　(Shakespeare, *Hamlet* 3.1)
>
> （それでも，この辛い人生の坂道を，不平たらたら，汗水たらしてのぼって行くのも，なんのことはない，ただ死後に一抹の不安が残ればこそ。旅だちしものの，一人としてもどってきたためし

　のない未知の世界，心の鈍るのも当然，見たこともない他国で知
　らぬ苦労をするよりは，慣れたこの世の煩いに，こづかれていた
　ほうがまだましという気にもなろう。）（福田恆存訳）

　やはり文頭に主節（who would fardels bear）が置かれ，その後
に But that（＝unless）という接続詞が入り，その従属節の中に
whose, and, than, that といった接続詞で複数の文がつながってい
る。日本語のように，川の流れのごとく，とうとうと続くのでは
なく，いわば冒頭に示される一文を一階として，その上に段をつ
け，階をどんどん重ねていく形になる。続けて現代英語の例。

(7)　　No words can express the secret agony of my soul as
　　　I sunk into this companionship; compared these hence-
　　　forth everyday associates with those of my happier
　　　childhood--not to say with Steerforth, Traddles, and the
　　　rest of those boys; and felt my hopes of growing up to
　　　be a learned and distinguished man, crushed in my bo-
　　　som.　　　　　　　　　(Charles Dickens, *David Copperfield*)
　　　（こうした仲間に入り込んでしまって，私が味わった隠れた苦悶
　　　は，どんな言葉でも言い表すことはできない。これから毎日つき
　　　あう連中を，スティアフォースやトラドルズは言うまでもなく，
　　　楽しかった幼年時代の友だちと較べると，私は暗澹たる気持にな
　　　らざるをえなかった。大きくなったら，学問のある立派な人にな
　　　ろうという自分の希望は，胸の中で打ちひしがれてしまったよう
　　　だ。）（市川又彦訳）

　やはり主節は最初に置かれ，その後に長い従属節が続く。原文は
セミコロンがあるものの，文法的には全体で一文である。日本語訳
では三つに分けて訳しているが，文法に忠実に訳すよりは，そのほ
うが分かりやすくなる。
　次は『高慢と偏見』で，ヒロインがプロポーズしてきた相手に自

分の嫌悪感を述べる文である。

(8)　　"From the very beginning, from the first moment I
may almost say, of my acquaintance with you, your
manners impressing me with the fullest belief of your
arrogance, your conceit, and your selfish disdain of the
feelings of others, were such as to form that ground-
work of disapprobation, on which succeeding events
have built so immoveable a dislike; and I had not known
you a month before I felt that you were the last man in
the world whom I could ever be prevailed on to marry."

(Jane Austen, *Pride and Prejudice*)

（「あなたとお近づきになった，そのはじめの時，その最初の瞬間
から，といってもいいのですが，あなたの態度は，あなたの傲慢
さ，自負心，他人の感情の身勝手な軽視などを，わたしの心にき
ざみつけて確認させたのですが，そういう基盤の上に立って，わ
たしはあなたを否定的に見ることになって，そしてつぎに起った
いくつかの出来事が，あなたを嫌う気持ちを植えつけて，それは
もう動かせぬものになりました。そしてお知り合いになって一カ
月もたたないうちに，どのように迫られてもあなたとだけは結婚
することなど考えられないことになりました」）（阿部知二訳『高
慢と偏見』）

　最初の文の主構造は I may almost say ... your manners ... were
such as to form ... である。しかしそれは文の最初に来るのではな
く，いわば分解されて，その前，中，後に修飾語句が多く入り込む
複雑な構文になっている。この一文の長さや複雑さ，ラテン語など
に由来する多音節語の使用は，強力な言葉が弾丸のようにがんがん
と放たれるようで，相手を言葉で完膚無きまでに遣り込めようとす
る話し手の強い意志が伝わってくる。二番目の文も before, whom
によって三つの文が組み合わされた構築性の高いものである。訳

は，原文に忠実に，途中で切らずに一気に続けている。原文のセリフも長文で，読みにくいといえば読みにくいが，何にもましてこういう難解なセリフが会話の中にとうとうと出てくるところに驚かされる。日本人はこういうしゃべり方はしない。論理的に語り，相手の理性に雄弁に訴えるよりも，感情のこもった表現で，短くても相手の心に訴えるほうが日本人らしい。

　こうした高度に複雑な文体の一方で，語りを主体としたもっと単純で平易な文体もある。『ハックルベリー・フィンの冒険』から。

(9)　The Widow Douglas she took me for her son, and allowed she would sivilize me; but it was rough living in the house all the time, considering how dismal regular and decent the widow was in all her ways; and so when I couldn't stand it no longer I lit out. I got into my old rags and my sugar-hogshead again, and was free and satisfied. But Tom Sawyer he hunted me up and said he was going to start a band of robbers, and I might join if I would go back to the widow and be respectable. So I went back. (Mark Twain, *The Adventures of Huckleberry Finn*)
（ダグラス後家さんはおれを養子とし，おれを文明人にしようと考えた。だが，後家さんのすることなすことがひどくきちんとして上品なのを考えると，こういう家にしょっちゅう暮らすのがつらくてたまらなかったので，おれはもうがまんができなくなって，飛び出してしまった。おれはまた昔のぼろ服と砂糖の空樽にもどり，自由になって満足した。だが，トム・ソーヤーのやつがおれを捜しだし，これから強盗隊をつくろうとしているんだが，もしお前が後家さんのところへもどって体裁よくしていたら，入れてやってもいいぜと言った。それでおれは帰った。）（刈田元司訳）

　ここでは文は，分詞構文や when, if があるものの，基本的には，and, but, so といった等位接続詞によって単文がつながれている。

語りであるから会話調で，堅い文章語はない。二重否定などの文法的間違いは方言としては普通であり，それが，標準語とは違う，くつろいだ雰囲気を作り出している。

　しかしもっと簡潔な文体がある。誰もが小さい頃から親しむ聖書で，欽定訳聖書ではほとんどが平易なアングロ・サクソン語で書かれ，形容詞や副詞といった修飾語はほとんどなく，短い文が and によって並列的に続く。それは力強く厳かで詩的な響きを作り出す。

(10) a.　　And God said, Let there be light: and there was light. And God saw the light, that it was good: and God divided the light from the darkness. And God called the light Day, and the darkness he called Night. And the evening and the morning were the first day.

(Genesis 1. 3-5)

（神は「光あれ」と言われた。すると光があった。神はその光を見て，良しとされた。神はその光とやみとを分けられた。神は光を昼と名づけ，やみを夜と名づけられた。夕となり，また朝となった。第一日である。）（創世記）（日本聖書協会）

　　b.　 I will arise and go to my father, and will say unto him, Father, I have sinned against heaven, and before thee, and am no more worthy to be called thy son: make me as one of thy hired servants. And he arose, and came to his father. But when he was yet a great way off, his father saw him, and had compassion, and ran, and fell on his neck, and kissed him.

(Luke 15. 18-20)

（立って，父のところへ帰って，こう言おう，父よ，わたしは天に対しても，あなたにむかっても，罪を犯しました。もう，あなたのむすこと呼ばれる資格はありません。どうぞ，雇人

のひとり同様にしてください』。そこで立って，父のところへ出かけた。まだ遠く離れていたのに，父は彼をみとめ，哀れに思って走り寄り，その首をだいて接吻した。）（ルカによる福音書）（日本聖書協会）

第4章　発音とリズム

　日本語と英語は発音が非常に異なる。日本語は母音中心の言語のため，その話し方は，多く息を吐く必要のない穏やかでゆっくりしたものになる。英語は子音中心の言語のため，たくさん息を吐いて破裂音や摩擦音を出す必要があり，その話し方は強く鋭く早いものになる。この話し方の違いは人間のあり方とも係わる。日本語の穏やかな話し方は，自己主張を避け，人との和を重んじる「引き」のあり方に適したものになるし，英語の強い話し方は，自己を重んじ，自分の考えをはっきりと外に出す「押し」のあり方に適したものになる。したがって，話し方に条件づけられて，日本人は控えめで物静かになり，英米人は行動的で積極的になると言ってもいいくらいである。ただし順番としてはむしろ逆で，日本人は内輪での生活をしているうちに話し方が穏やかになり，英米人は他者との係わりの中で強い話し方になったのであろう。日本語では唇音が退化し，発音の労力が減って口をあまり開かなくなったこと，英語では強勢アクセントにより長母音の発音が二重母音などの運動性の強い音に変化したことがその象徴的な表れになる。

1.　発音

　言葉は，発音上の，これ以上は分解できない最小の単位に分けることができ，それを音節（syllable）といって，母音を一つ含む。日本語の場合，その音節の特色は，「空」の「そ」/so/「ら」/ra/，「花」の「は」/ha/「な」/na/のように，一つの子音に一つの母音がついて，必ず母音で終わることである。例外は撥音（はねる音）「ん」と促音（つまる音）「っ」の二つで，どちらも和語ではなく，漢語から入ってきた音である。また「そ」/so/は，英語のように，子音/s/と母音/o/に分けることはできず，完全に融合しているので，「そ」で一つの独立した音になる。さらに英語のような強弱のアクセントはなく，代わりに高低のアクセントがある。たとえば「そら（空）」は「そ」が高くて「ら」が低く，「はな（花）」は「は」が低くて「な」は高くなる。日本語はその高低アクセントの違いで単語を識別する。だから，橋と箸，神と紙，海と膿，切ると着る，病むと止む，着くと突く，厚いと暑いのように，アクセントが違うとまったく別の語になる。[1] ただしアクセントの高低は関東と関西ではしばしば逆転するし，アクセントのない地域もあり，絶対的なものではない。イントネーション，つまり文全体に行き渡る声の上がり下がりの調子は，日本語の場合，疑問文は文末を上げ，平叙文や命令文は下げる傾向があるものの，そう強く感情を反映しないので，概して平板である。またリズム感は，一語一語を同じ強さ，同じ長さで発音するから，タタタタタタタといった平板で単調なものになり，いわばお経を聞く感じ，あるいは米粒を連続して落とす感

---

　[1] 漢語の場合は，中世・忠誠，電気・伝記，拝啓・背景のようにアクセントが異なることもあるが，多くは，海草・階層・快走・回想・改装・会葬，あるいは正価・生花・生家・成果・青果・盛夏・聖火・製菓・精華のように同じになる。和語が話し言葉で，聞くことで区別し，漢語は書き言葉で，見ることで区別するためである。

じになる。

　一方，英語 は，sun, mouth, big, short, sleep, laugh など，子音で終わる語が圧倒的に多い。日常で使う基礎的な語彙では八割以上が子音止まりである。name, time など母音表記で終わる語も，昔はその末尾の母音をちゃんと発音していたが，今では消失し，子音で終わる形になっている。ゲルマン系の語は第一音節にアクセントがあるため，二音節語の場合，語尾の第二音節の母音は弱音化し，消滅してしまったためである（ただしドイツ語では残る）。さらに text の /kst/，strange の /str/，twelfth の /lfθ/ のように，日本語にはない子音の連続音がある。日本人には発音しにくいため，たとえば roads は rose，cards は cars のようになってしまう。発音上の最小単位である音節は，summer が sum- と -mer に分かれるように，一音節には必ず母音を一つ含むが，[2] 日本語が「子音＋母音」であるのとは異なり，多く「子音＋母音＋子音」の形を取り，「子音＋母音」，「母音＋子音」などの形も取る。[3] たとえば spring は母音は /i/ の一つしかないので，これ以上分解できず，このまとまりで一音節となる。「スプリング」とカタカナ語にすると，子音に母音が付加されて五音節になる。

　アクセントは日本語にはない強弱アクセントで，summer なら第一音節の sum- を強く発音し，第二音節の -mer は弱く発音する。強い発音は息が勢いよく出るから，必然的にその音は強く高く長く

---

　[2] little は lit-tle と二音節になる。-tle は母音は含まないが，母音相当語として見る。古英語では lȳtel で，lȳt-el と分解し，-el の母音を発音した。battle, kettle, gentle, shuttle なども同じように理解して二音節。

　[3] 学術上，日本語の「子音＋短母音」を拍（モーラ），英語の「子音＋母音＋子音」（母音は二重母音・長母音を含み，子音は複数連続を含む）を音節と呼んで区別するが，本書では便宜上，音節という語で統一する。たとえば「快感」は，音節（英語読み）ではカイ・カンでその数は 2，拍ではカ・イ・カ・ンで 4，「キャッチャー」は，音節ではキャッ・チャーで 2，拍ではキャ・ッ・チャ・ーで 4 になる。漢字由来の撥音，促音，長音で数がずれる。

響き，弱い場合は息の出が少ないから，その音は弱く低く短く響く。だから概して弱母音はかすみ，はっきりとは聞こえない。そして日本語ではアクセントの高低によってその語を認識するように，英語ではアクセントの強弱によってその語を認識する。だからアクセントが違ってしまったり，アクセントをつけなかったりすると，発音は正しくても認識されないこともある。たとえば /əpíər/ を /ǽpiə/ と読めば，すぐには appear と認識できない。音節の数は，日本語が 112 であるのに対し，英語は三千を超えると言われる（数え方によっては万単位）。文のレベルでのイントネーションは，日本語と同様，平叙文や命令文では文尾が下がり，疑問文は Yes-No を問うものは上がり，who など疑問詞を使うものは，何を問うているかは明らかだから下がる。さらに強弱アクセントで波打つような感じになり，また意味のまとまりごとに終わりが高く上がるから，全体としてリズミカルで，歌う感じ，あるいは踊る感じになる。

　ここで母音と子音の違いを明らかにしておく必要がある。母音とは，発音時において，肺からの空気の流れが喉にある声帯を振動させ，声となった後，唇や歯や舌などに邪魔されないで，そのまま口の外へ流れ出るときの音である（vowel（母音）は「声」の意）。だから，明るく，スムーズで，穏やかな語感を与える。母音の数は，日本語では，「あ・い・う・え・お」の五つ，英語では，分類の仕方により異なるものの，短母音は 16，重母音（二重母音や三重母音）は 10 で，計 26 に及ぶ。30 を超える数え方もある。日本語の母音は発声時の唇の形が重要だが，英語の場合は唇の形とともに舌の位置が重要になる。二重母音は，英語の /ai/ のように一つの母音だが，日本語の「あい」は母音二つになる。日本語は「あ・い」の一語一語をはっきり発音するが，英語では強・弱の連続した発音となり，一音となる。日本語の母音連続も「そうじゃねぇ」のように早く発音すれば二重母音になる（多くは「ねー」と長音化）。きゃ，きゅ，きょといった拗音は一種の二重母音で（ヤ行は半母音）一音

節（拍）扱いになる。日本語は，母音の数こそ少ないものの，ほとんどの音が母音で終わるため，全体的に明るくきれいな響きを与える。母音は唇や舌などに邪魔されずに外にスムーズに出ていく音であるから，口の形や舌の位置などの加減により，理論的には無数の音が考えられる。しかし日本語は「あ・い・う・え・お」の五つの形にまとめ，単純化したのに対し，英語は 16 〜 26 に細分化したことになる。[4] 日本人は五つの母音を正しく発音するよう訓練されるから，それ以外の母音は雑音になり，数多くある英語の母音はうまく聞き分けられない。たとえば日本語の「あ」に相当する音は /æ/, /ʌ/, /ɑ/, /ɑː/（単語では hat, hut, hot, heart）の四種類に，girl の /əː/, and の /ə/ も加わる。

　一方，子音とは，発音時において，肺からの空気の流れが，唇や歯や舌や喉で邪魔されて，摩擦や破裂や閉塞を引き起こすことで生じる音である（consonant（子音）は「（母音と）一緒に発音する」の意）。声帯を震わせれば声（有声音）になり，震わせなければ息の音（無声音）になる。子音の数は日本語では 15，英語では 24 に及ぶ。子音も，母音と同様，理論的には無数の音が考えられるが，母音と同様，日本語は単純化され，英語は細分化されていることになる。日本語は，「ん」を除き，子音で終わることはなく，母音と結合して母音の音で終わるから，摩擦や破裂の度合いは小さい。しかし英語の場合は spring の最初の /s/, /p/ や終わりの /ŋ/ のように母音と結び付かない独立音が多いから，その語感は強く鋭かったり，こもって鈍かったりする。

　たとえば mouth の /θ/ の音。発音の仕方は，上の歯と下の歯の

---

[4] 奈良時代には母音は八つあったと言われる（五音説，六音説もあり）。「い・え・お」の段の音が万葉仮名で二通りに使い分けられており，二種類の母音があったとするものだが，どういう音だったかは不明。世界的には母音は五音が最多。アラビア語は a, i, u の三種類だけだが，子音が 29 もあるので，音節は日本語よりも多くなる。

間に舌先をはさみ，その狭いすきまから勢いよく息を吐き出すとき
の摩擦音になる（/θ/ を /s/ と発音してしまうと，mouth（口）は
mouse（ねずみ）に化け，earth（地球）は arse（尻）になる）。/θ/ は
無声音だが，声帯を震わせて声にすると /ð/ になる。stop の /p/
は両唇を閉じて息をせき止め，一気に破裂させるときの無声音で，
日本語の「ぷ」よりも破裂の度合いが強い。声にすれば /b/ になる。
tea の /t/ は舌先を歯茎の裏につけ，空気をせき止めてから破裂さ
せ（有声音は /d/），key の /k/ は喉と奥舌で空気をせき止めてか
ら破裂させる（有声音は /g/）。knife の /f/ は，下唇に軽く上の歯
を当て，そのすきまから勢いよく息を吐き出すときの摩擦音である
（有声音は /v/）。pearl の /l/ 音（有声音）は，舌先を口蓋に当てて
壁を作り，息を吐き出したときの音で，空気は舌の壁により妨げら
れ，舌の両側を通って外に流れる。/l/ はその時のこもる音になる。
rose の /r/（有声音）は，舌先をどこにもつけず，口の奥にそらし
ぎみにして，その口蓋との狭いすきまから息を出すときの軽い摩擦
音になる。name の /m/ は，上下の唇を閉じてしまい，空気を鼻
に抜けさせるときに生じる音，/n/ は舌先を上歯の歯茎に当てて空
気をせき止め，鼻に抜けさせるときの音で，鼻音というこもった有
声音になる。このように英語の子音は空気の流れを妨害することで
破裂や摩擦や閉塞といった音を生み出す。ちょうど日本語で単語の
最後の母音を聞いてその単語を認識するように，英語も，強アクセ
ントと共に最後の子音を聞いてその単語を認識するから，無声音で
あっても，相手に聞こえるように響かせる必要がある。

　ここで呼吸法が問題になる。日本語は，発声しやすく聞き取りやす
すい母音が多く，かつ抑揚のない単調な話し方だから，息の出方の
弱い胸式呼吸で話すことが多い。特に女性の場合はそうだと言う。
しかし英語は，空気を勢いよく破裂させたり摩擦させたりする子音
が多く，かつアクセントやイントネーションがあるから，強く豊か
に息の出る腹式呼吸でないと，はっきりときれいに発音できない。
とりわけ末尾の子音が knife のような無声音だと，胸式呼吸では遠

く離れたところにいる相手には伝わらなくなってしまう。日本人の話し方はよく小声でぼそぼそと話すようと言われるが，それはそうした呼吸法と係わっている。[5] したがって，英語の習熟のためにはまず腹式の発声法を学び，楽器のように体の中に空洞を作ってそこで音を響かせる感覚を身につける必要がある。

　以上が発音の相違だが，これが単語や文のレベルになると，同じ内容を言い表すのに，日本語は英語よりも音節が多くなるという特徴が出てくる。単語だと，「空(そら)」は二音節，「笑う」は三音節，「大きい」は四音節だが，英語では，sky, laugh, big で，すべて一音節になる。文だと，「早く走れ」は六音節，「気をつけて」は五音節だが，英語では，run fast, look out で二音節，「すみませんでした」は八音節，「おはようございます」は九音節，「わたしがそれをします」は十音節だが，英語では，I'm sorry, Good morning, I'll do it でそれぞれ三音節，「もうすぐ雨になるかもしれませんね」の十七音節は It may rain soon. の四音節になる。つまり英語ではテンポよく簡潔に言えるのに，日本語だと時間がかかってしまう。だから英文を日本語に直そうとすると分量が二倍にもなる。さらに英語は強弱アクセントで話し方に勢いがつき，日本語は対照的に平坦で落ち着いた話し方になるので，日本語の文表現はだらだらと長引くことを避けようとして省略や暗示が多くなる。I hate you は，「わたしはあなたが嫌いだ」は冗長だから，主語も目的語も省いて，「嫌い」となる。「春はあけぼの」は，「春はあけぼのが一番よい（をかし）」であり，英訳すれば，In spring it is the dawn that is most beautiful. (Trans. Ivan Morris) となるが，体言止めにすることで簡

---

　[5] 日本語と中国語の比較もおもしろい。中国語は 36 の母音，21 の子音から成り，その組み合わせで 405 個の発音がある（日本語は 51 音）。さらに，日本語と同じ音の高低で単語を区別するものの，同じ音でも四つの抑揚によって四つの異なった意味になるから（四声），その上がり下がりの度合いは日本語よりもはるかに大きく，英語と同様，腹式呼吸により，日本語の倍近い声量で話す必要がある。

潔にまとまり，余韻が出ている。このように，発音の仕方が言語表現を条件付けている。

2.　発音の変化

　英語も日本語も子音の発音は比較的安定しているのに対し，母音の発音は歴史的に大きく変化している。まず日本語（和語）では，奈良時代，語頭に関して三つの法則があった。一つは，「が」「だ」といった濁音は語頭に来ないというもので，澄んだきれいな音が求められた。語中にあっても濁音は一つだけで，それ以上はなかった。法則の二つ目は，ラ行音も語頭には来ないというもので，それはラ行音が濁音のダ行音に近いため，あるいは弾音の鋭い響きのためであろう。この時代，撥音や促音，長音や拗音といった漢語由来の音もまだ広まっていなかったから，強く鋭く響く音は避けられ，穏やかに響くきれいな音が好まれたことになる。三つ目は，母音の単独音は語頭にしか来ないというもので，複合語で母音が語中に入り込む場合は，あらいそ（荒磯）→ ありそ，かどいで（門出）→かどで，のように母音が脱落したり，咲きあり → 咲けり，のように音が融合したり，はるあめ（春雨）→ はるさめ，のように子音が入り込んだりした。またア行音のほかに，ヤ行（ja, ju, je, jo），ワ行（wa, wi, we, wo）（わ，ゐ，ゑ，を）の半母音の行があったから，「しおる（萎る）」は「しをる」，「ほほえむ」は「ほほゑむ」，「青い」は「あをし」として母音の連続を回避できた（「わ」は「う＋あ」，「や」は「い＋あ」の合成による半母音）。やはり，語中・語尾では裸のままの母音ではなく，ちゃんと服を着た，つまり子音と結び付いた，はっきりと響くきれいな音が好まれたのであろう。この感覚は現代人にはよく分からないものの，ただ今日でも，ぐあい（具合）を「ぐわい」，たくあん（沢庵）を「たくわん」，しあわ（幸）せを「しやわせ」，外来語のファイア（fire）をファイヤー，マリア（Maria）をマリヤと言ったり，「〜している」を「〜してる」，

134

体育を「たいく」と「い」を省いたり，あるいは「古い良い時代」よりも「古き良き時代」のほうが歯切れよく響くと感じる。母音連続（つまり子音＋母音＋母音）は音の粒がぼける感じがあり，古代人はそれをことごとく避けたのであろう。[6]

　しかし，平安時代になり，中国から入ってきた漢字音が広まるにつれて，この傾向は崩れていく。というのも，漢字音は達磨，学問，下女，あるいは留守，乱舞のように語頭に濁音やラ行音が来るし，才芸，東西，栄光のように母音連続も多いからである。その結果，「騒ぎて → 騒いで」のようなイ音便や「おとひと（弟）→ おとうと」のようなウ音便が生まれて母音連続を許し，また和語にはなかった撥音便（呼びて → 呼んで）や促音便（取りて → 取って）なども生まれて，音韻が大きく変わる。ア・ヤ・ワの三行の発音も混同が起こり始め，鎌倉時代には三行は統合されて，「jeda（枝）→えだ」「ゑ（笑）む→えむ」「をみな（女）→おんな」のように，ヤ行，ワ行の表記だったものがア行の表記になった（発音は，/wi/は/i/，/e/と/we/は/je/，/o/は/wo/に統合されたが，江戸時代には/e/，/o/になる）。

　このように和語本来のさまざまな法則は漢字の流入によって大きく崩れたが，この発音のゆるみで顕著なものは，唇音の退化である。たとえばワ行の「ゐ」/wi/の/w/音は唇を丸めて突き出す必要があるが，それをだんだんしなくなったため，/w/が消失して「い」になってしまう。同様に「こゑ（声）」は「こえ」，「かをる（薫

────────

[6] 『万葉集』など初期の和歌の字余り句は句中に単独母音を含むと言われるが（本居宣長），それは「子音＋母音＋母音」が一音節と見なされていたことを示す。たとえば「花の色は移りにけりないたづらに我が身世にふるながめせしまに」（小野小町）の初句「はなのいろは」は「のい」で一音節となり，初句五音の形を守っている。上代の八母音も，「子音＋母音」の通常型にさらに母音が付いて「子音＋母音＋母音」となり，その二つの母音が融合して一つの音になったとされる（大野晋）。だから神は「kamu＋i＝kamï となり，上（kami）とは区別される。アイヌ語の「カムイ」（神）は古代の発音から。

る）」は「かおる」，「ゐる（居る）」は「いる」に変わった。またハ行
も元は唇音で /p/ 音だったが（ただし表記は「は」），唇を合わせる
力が弱まって /f/ 音になり，ついには唇をまったく使わない /h/
になった。ただし，いっぴき（一匹），はっぱ（葉っぱ），しんぱい
（心配）など，撥音・促音の後にパ音が復活する。さんびき（三匹）
のようにバ音になることもある（/b/ は /p/ の有声音）。その /h/
音も，語頭では変わらないものの（語の認識に係わるから），語中・
語尾ではしばしばワ行音に変わり，そのワ行音もワだけ残してほか
はア行音に変わってしまう。こうして，語頭では「はね（羽・羽
根）」のように「は」のままだが，語尾では「いちわ（一羽）」のよう
になる。同様に，「かほ（顔）」は「かお」，「にほひ（匂ひ）」は「に
おい」，「いへ（家）」は「いえ」となった。「いへ」の変化を示すと，
/ihe/ → /iwe/ → /ije/ → /ie/ のようになる。この唇音の退化は現
代の東京語にもおよび，草，月，〜です，などのウ音が消え，
/ksa/，/tski/，/des/ のようになる。低アクセントで唇を丸めない
ためだが，関西では高アクセントで唇を丸めてはっきりと発音する
ので無声化はない（たとえば京都方言の「〜どす」は「す」が高ア
クセントでウ音をはっきりと出す）。

　さらに長音も生まれてくる。母音の引き伸ばしのことで，表記上
は「おかあさん（お母さん）」とするものの，実際の発音は「おかー
さん」で，母音連続とは異なり，むしろそれを避けるものになる
（もともとは「おかかさま」で母音連続はなく，近世の「かかさん」
「おっかさん」を経て「おかあさん」となった）。この長音の始まり
は中世のオ段からで，「申す」の元の発音は「まをす」だが，それが
「まうす」になり，そして「もーす」となり，「思ふ」も「思う」から
「おもー」となって，母音の単独音が消える。ウ段も長音化し，「食
ふ」は「食う」から「くー」，「言ふ」も「言う」から「ゆー」に変わ
る。さらに江戸時代になるとエ段にも広がり，「ない」は「ねー」，
「丁寧」は「てーねー」となる。今の東京方言では，仲間内での打ち
解けた言い方として，「悪い」は「わりー」，「寒いなあ」は「さみー

なー」、「うるさい」は「うるせー」、「痛い」は「いてー」、「お前」は「おめー」、あるいは拗音を用いて、「これは（わ）」は「こりゃー」、「では（わ）」は「じゃー」のように音を融合させたり、あるいは、「さむ（寒）」「いた（痛）」「じゃ」のように母音を省いたりもする。

　明治になると、今度は英語が入り込み、英語特有の唇歯音（下唇と上歯で作る音）の /f/ や /v/、歯茎音（舌先と歯茎で作る音）の /t/ や /d/、後部歯茎音の /ch/ や /sh/ といった音を表すために、ヴァイオリン、フィルム、ティーム、ボディー、チェンジ、シェパードのような拗音を用いた新しい表記が生まれてくる。その際、日本語との違いも明らかとなる。「おかあさん」の「かあ」「かー」は日本語では二音節だが、英語では /kɑː/ で一音節になる。だから「おじさん」と「おじいさん」は日本語では別の言葉だが、英語では同じもので、「じ」に強アクセントがあるかどうかの違いにすぎず、ないと「じ」という短音、あると「じー」という長音になる（古語の「おじじさま」は母音連続がないので英語でも区別は可）。「通る」と「取る」、「狼」と「お上」、「工事」と「故事」、「一生」と「一緒」など、日本語は長音か単音かで意味が違うが、英語では区別が難しい（英語でも I'm full.（満腹です）と I'm (a) fool.（ばかです）は間違いやすいが、まれ）。また画家と学科、柿と活気、来てと切手、人とヒット、菊とキックは別の言葉だが、英語では hit は /hít/、kick は /kík/ で、日本語のような区別はない。日本語では「これを持て」と「これを持って」も違ってくる。また英語の二重母音 /ei/ /ou/ は日本語では長母音になり、no /nóu/ はノー、coat /kóut/ はコート、table /téibl/ はテーブルとなる（soul /sóul/ はソウルだが、これは表記のローマ字読み）。また candy は /kǽndi/ なので「キャンデー」「キャンディー」あるいは「キャンディ」と表記するが、英語では /n/ は子音で、母音と結びつかなければ一音節とはならないが、日本語の「ん」は母音がなくても一音節として独立する。また /di/ を表す日本語がないので（日本語のダ行は da, ʒi, zu, de, do）、「デー」あるいは「デイ」、その「デイ」から

「ディー」となり，こうして二音節の candy は四音節になる。ただし古代では，「ず (zu)」と「づ (du)」，「じ (ʒi)」と「ぢ (di)」は区別されたが，近世には，「ず・じ」に一本化され，「はなぢ（鼻血）」のように連語で「ち」が独立していない限りは，「あじ（味）」（昔は「あぢ」），「みず（水）」（昔は「みづ」）のような表記になる。清音の「ち (tʃi)・つ (tsu)」も古代は /ti/, /tu/ であったから，父は /titi/，祖父（爺）は /didi/（ぢぢ）だったことになる（タ行は ta, tʃi, tsu, te, to）。その「つ」は，日本語では月，妻，作るのように語の最初に来るが，英語では /ts/ で始まる語はほとんどなく，tree /tríː/ のように /t/ の音になる（語頭の「つ」は英語ではよく /s/ の音になる）。また「が」は，学校／中学校の「が」のように，語頭だと閉鎖音 /ga/，語中・語尾だと鼻濁音 /ŋa/ の区別があるが，区別する表記がないため，あまり意識されない（専門的には「カ」の右上に。を打ってその表記とする）。同様に「ん」の発音の違いも意識されることはないが，ローマ字にすると違いが見えてくる。三倍は sam-bai，三台は san-dai と表記が m と n に分かれる。m は両唇がぴたっと閉じる場合で，次の子音が m, b, p のとき，n は舌先と上歯茎が閉じる（唇は開く）場合で，次の子音が n, t, d のときになる。英語でも im-possible, in-direct のように接頭辞の表記が変わる（さらに三回 san-kai のように次の子音が k, g のときは舌の奥と口蓋が閉じて /ŋ/ の発音になる）。

　また明治の大きな変革として，文体が話し言葉に基づく言文一致体となり，従来の歴史的仮名遣いに代わり，現代語の音韻に従って書き記そうとする現代仮名遣いが使われるようになる。「我は大きなる家を建てむ」といった古い表記は，「私は大きい家を建てよう」となり，母音が連続する形になる。ただし読む際には長音で，「私わおーきー家お建てよー」のようになる。助詞に関しては，「私は家を」のように，「わ」を「は」，「お」を「を」で表記する。この表記は平安時代の読み方を写したもので，格助詞は文を成立させる基本要素だから，古い形を維持したことになる（ただし，「は」は終

助詞になると「そうだわ」のように「わ」に変わる。「こんにちは」
は「は」のままだが，読みは「わ」）。歴史的仮名遣いは，母音連続
を避けるために日本語らしい歯切れのよさがある。だから現代で
も，和歌や詩などでは古い仮名遣いが残る。これは英詩などでも同
様で，日常語で表現された現実の世界ではなく，古（いにしへ）より続く，美化（びくわ）
されし別世界の雰囲気を表さむためであらむ。古代と現代の和歌の
例を挙げておかむ。

(1) a. あらざらむ　この世のほかの　思ひ出に
　　　　いまひとたびの　逢ふこともかな　　　　　（和泉式部）
　　 b. 小百合咲く小草（さゆり）がなかに君待てば
　　　　野末にほひて虹あらはれぬ（のずゑ）　　　　　　　（与謝野晶子）
　　 c. 振り向けばなくなりさうな追憶の
　　　　ゆふやみに咲くいちめんの菜の花　　　　　（河野裕子）

　一方，英語の母音は，古英語では〈a, e, i, o, u〉のほかに〈æ,
y〉および〈oe〉で表記された /ɸ/ の八種類の単音があった。ヨー
ロッパ語の言語表記であるアルファベットは，本来は発音したとお
りの言葉を写すものだから，一字一音のローマ字読みで，どれも短
音と長音の二つの読み方があった（〈a〉なら /ɑ/ と /ɑː/）。これは
ラテン語（母音は a, e, i, o, u, y の六つ）や今のドイツ語など
でも同じである。中英語になると円唇音の /y/, /ɸ/ は消失して
/i/, /e/ に変わり，/æ/ も消失して /a/ となり，短母音の表記は
今の五種類になった。（日本語も上代には母音が八つあったと言わ
れている）。ただし発音では，/æː/ から /eː/ と /ɛː/ が生まれ，ま
た従来の /oː/ とは別に，/ɑː/ から /ɔː/ が生まれた。[7] また強勢の
ない母音文字〈a, o, u, e〉は /ə/ と弱音化し，文字表記も tima

---

[7] 日本語にも「おー」の発音の区別が中世～近世にあり，「買ふ → 買う」の au
は「こー」の /ɔː/（開音），「思ふ → 思う」の ou は「おもー」の /oː/（合音）と
なり，「開合を正す」として明確に区別されたが，/oː/ に統一された。

→ time のように〈e〉表記となって，多くはその音を消失していった。

　しかし音韻史上，何よりも大きな変化は，15 世紀から 17 世紀の長きにわたり，英語だけに起こった大母音推移（Great Vowel Shift）と呼ばれる変化である。これは，強勢のある長母音の発音がすべて体系的に変わる現象である。すなわち，五母音のうち〈a, e, i, o〉は，短音は無変化だが，強勢を持つ長音 /aː/, /eː/, /iː/, /ɔː/ はそれぞれ /ei/, /iː/, /ai/, /ou/ に変わった。だから take は /taːk/ から /teik/（fame, place, table も同じ），five は /fiːv/ から /faiv/（child, find, cry も同じ），deep は /deːp/ から /diːp/（see, feet, sleep, chief, believe, grief も同じ），stone は /stɔːn/ から /stoun/（home, old, note も同じ）に変わった。〈o〉のうち（開いた /ɔː/ ではなく）閉じた /oː/ の発音だったものは /uː/ となり，food は /foːd/ から /fuːd/（moon, move, do も同じ）に変わった。また〈e〉のうち（閉じた /eː/ ではなく）開いた /ɛː/ は /iː/ になり，sea は /sɛː/ から /siː/ に変わるが，これは音変化ではなく，別の方言からの影響である（speak, meat, dream も同じ）。〈u〉については，短音は /u/ のほかに /ʌ/ が現れ，長音はフランス語式の〈ou〉の表記になって /uː/ から /au/ となり，hous（古英語では hūs，今は house）は /huːs/ から /haus/ となった（about, now, down も同じ）。ただし唇音（w, p, y など）の後では you, wound のように /uː/ のままで，単独ではフランス語の影響で /juː/ となり，フランス語由来の music や human もその発音になる。この〈u〉を二つ重ねて w（double-u）とし，/u/ に似た半母音 /w/ も生まれている。

　なぜこのような母音の変化が起こったのかははっきりしない。ただ，古英語の後半から中英語にかけ，屈折語尾の衰退と連動して起こった語末の子音の後の /e/ の衰退という変化が重要になる。インド・ヨーロッパ語族は，もともとはラテン語のように高低アクセントだったと言われるが，ゲルマン語派はそこから強弱アクセント

へ移行し，語頭の音節に強勢が置かれた（ロマンス諸語の強勢は後方になり，フランス語の強勢は最後の音節，イタリア語は最後から二番目の音節）。アングロ・サクソン語は一音節と二音節の語が多いから，強アクセントの第一音節に続く弱アクセントの第二音節の母音は弱音化して，すべて -e という語尾で表されるようになり，その -e も，表記としては残るものの，発音はまったくされなくなったり，あるいは表記自体も消えた。[8] たとえば name の古形はnama で，/náːma/ と発音したが，それが name /náːmə/ となり，そして /náːm/ となって子音で終わるようになる。同様に，hopa /hópa/ は hope /hóːpə/，sunu（＝son）/súnu/ は sune /súnə/，grēne（＝green）/grénə/ は /greːn/ となる。語末の e が発音されなくなるのはノルマン征服後のことであるから，フランス語支配の下で英語は従うべき規範を失い，そのことで何の制限もなく自由に変化・発展したことになる。いずれにしても，発音が変わったことで，同じ発音を持つ別の単語と混同が起こり，なんらかの形で区別する必要が生じたと思われる。たとえば shape を /ʃáːpə/ から/ʃaːp/ に変えると，sharp との混同が起こる。同様に，make は mark，grace は grass，face は farce と発音が重なり，あるいは，like と leak，wide と weed，life と leaf，hate と heart なども発音が似て紛らわしくなる。表記を見れば違いは分かるものの，実際の会話では耳から入る音だけであるから，発音上では誤解が起こりやすい。そうした混同に対し，あいまいな語を区別しようとする力が働き，二重母音化を促して，それが連鎖的に，強勢を持つ母音の発音体系全体を変えることになったとも考えられる。

　歴史的に二重母音も大きな変化を見せている。二重母音は古英語

---

　[8] 参考までに中世のイギリス民謡を挙げておくと，When he came to grene wode,／In a mery mornynge,／There he herde the notes small／Of byrdes mery syngynge.（When he came to green wood, in a merry morning, there he heard the notes small of birds merry singing.）

からあり，表記は〈eo〉のように母音を重ねるが，この形はきわめて不安定で，時代と共に消長を繰り返した。古英語の二重母音は /æɑ, eo, io, iy/（表記では〈ea, eo, io, ie〉）で，単母音と同様，短音と長音があって，〈eo〉なら /eo/, /eːo/ のようになった（二重母音の長音はこの時代だけ）。しかしこれらの語は中英語になるとすべて短母音化して消失し，heorte（＝heart）は herte, feallan（＝fall）は fallen のようになる。代わりに，「母音＋/j/」から /ei, ai/（たとえば day /dai/），「母音＋/w/」で /iu, eu, au, ou/（たとえば fewe（＝few）/fíuə/，フランス語からの借用語として /ɔi/（joy, annoy, noise）といった二重母音が生まれた。しかし近代英語になると外来の /ɔi/ を除いてすべて消失し，代わりに，大母音推移の結果として /ai, ei, au, ou/ が誕生し，今日に至っている。たとえば /ei/, /ou/ 自体は中英語と同じだが，中英語では wey（＝way），snow のように〈ey〉,〈ow〉という表記だったものが，〈a〉,〈o〉単独で二重母音となった。したがって，name は，本来なら neim となるべきものが，表記はそのままだったため，〈a〉の発音が二重母音化したことになる。

　子音の発音は母音と比べるとはるかに安定している。大きな変化としては，古英語では無声音だった /s/, /θ/, /f/ が無強勢語の中で有声化して /z/, /ð/, /v/ になったことである。has, was /the, with /of がその例になる。その一方で消失した音もある。特に二重子音で，古英語では一字一音だったから二重子音は表記どおり二音で発音されたが，時代の進展と共に一方の音が脱落して一音になった。bringan（＝bring）の〈ng〉は /ŋg/ から /ŋ/ になり，hwæt（＝what）の /hw/ は /w/ に，wrītan（＝write）の /wr/ は /r/，knife の /kn/ は /n/，あるいは lippa（＝lip）の /pp/, cyssan（＝kiss）の /ss/ も，/p/, /s/ の一音になった（日本語ではリップ，キッスと促音化）。近代では lamb, climb の /b/, half, calm の /l/, fasten, often の /t/, bright, high の /gh/, work, star の /r/（代わりに母音の長音化）などが消失している。英語の構造に大

きな影響を及ぼしたのは中英語における -n の語尾の消失で，動詞は，たとえば古英語の活用 singan（＝sing）－sang－sungen は，sing－sang－sung になった。代名詞は 1・2 人称・単数・所有格mīn, þīn が子音の前で（ついで母音の前でも）mī, þī（＝my, thy）となり，不定冠詞も ān は子音の前では a となった。副詞もnōn は no, būtan は but, beforan は before となり，名詞も，弱変化の複数形は nama（＝name）が naman，その単数・複数の直接目的格も naman だったが，-n は消失し，-s に代わった。これは動詞，名詞などの一連の屈折語尾の消失と重なる。ドイツ語ではこうした -n は今も残っており，動詞は singen－sang－gesungen,「わたしの，あなたの」は mein, dein, 不定冠詞は ein, 男性弱変化名詞 Blume（＝bloom）の複数形は Blumen のようになる。

3. リズム

　次にリズムを見る。話す早さ，声の大きさ，話し方などは話す人の性格や話す際の状況で変わるものの，リズムの基本は変わらない。すなわち，英語の話し方は強弱アクセントであり，冠詞や前置詞，接続詞，代名詞，助動詞といった機能語のところは弱く低く短く発音され，名詞，動詞，形容詞，副詞といった内容語のところは強く高く長く発音される。その強いアクセントは，文を通し，一定の間隔を置いて繰り返され，それが英語特有の規則正しいリズム感となる。たとえば He says he wants to go to the sea for a change. という文は，強く発音される音節を太字で示すと次のようになる。

　(1)　He **says** he **wants** to **go** to the **sea** for a **change**.

　これはリズムとすれば，タ・タン・タ・タン・タ・タン・タ・タ・タン・タ・タ・タンというようになる。リズムというのは決まった時間の繰り返しであるから，強アクセントと強アクセントの間の時間は一定になる。だからその間に弱い音節が二つ連続してあ

る場合は，早く短く発音したりして強アクセント間のリズムを保つ。その際に，なめらかな音にするために音に変化が起こり，連結 (far away /fɑːrəwéi/)，同化 (meet you /míːtʃu/)，脱落 (good friend /gufrénd/) といった現象が生じる。この音の脱落は単語レベルでも起こり，kindness は /káinəs/，always は /ɔ́ːweiz, -wiz/，difficult は /dífiklt/，library は /láibri/，exactly は /igzǽkli/ のようになる。発音しにくい clothes /klóuðz/ は /klóuz/ (ただし「布」の意の cloth の複数形は /klɔ́ːθs/)，months /mʌ́nθs/ は /mʌ́ns, -ts/，fifth /fífθs/ は /fífs/ にもなる。

　文のレベルではイントネーションがある。これは文全体の流れの中での上がり下がりの調子で，一種のメロディであるから，個々の単語は自立性を失い，その大きな流れに従属する。基本的に句・節・文といった意味のまとまりが単位になり，各々の最後の語の強勢が他の語よりも高く強く発音される。日本語で，「あのね，きのうね，家でね ……」と言えば「ね」の箇所が上がるが，それに相当しよう。ただし強調したい語がある場合はそこに強勢が移る。次の例では「/」で区切った箇所が意味上の一つのまとまりを成し，最後の語に強勢がある (上線部で上がる)。そのことで意味のまとまりが分かりやすくなる。文の締めくくりは，平叙文・命令文および疑問詞文なら下がり，Yes-No を問う疑問文なら上がる。

　(2)　He <u>says</u> / he wants to go to the <u>sea</u> / for a <u>change.</u>

　一方，日本語は仮名一語が一音節になり，一語一語を同じ長さ，同じ強さで話すから，タ・タ・タ・タ・タ・タ・タという単調で平板なリズムになる。一語一語がはっきりと発音され，とかく長くなりがちだから，「知っている」を「知ってる」，「心を惹かれる」を「心惹かれる」，「さようなら」を「さよなら」，「行かなくてはいけない」を「行かなくては (ちゃ)」のように，母音や助詞を省いたり長い語句を縮めたりといった省略がよく起こる。アクセントは高低アクセントで，波打つような緩やかな変化になる。日本語 (共通語)

の高低アクセントの原則は，意味を持った単語（名詞・動詞・形容詞など）は，必ず第一音節と第二音節の高さが異なるということである。「はは（母）」だと，第一音節の「は」が高く，第二音節の「は」が低くなる。「ゆめ（夢）」だと逆になり，「ゆ」が低く，「め」が高くなる。動詞では，「当たる」は「あ」が低く，「たる」は高い，「生きる」は「い」が低く，「き」で上がり，「る」で下がる。いわば英語の強弱アクセントに相当するものだが，この規則によって，高低の動きにより，単語の始まりが明確にわかる（ただしこれは東京アクセントの場合で，京都アクセントには当てはまらない。たとえば，歌う，買う，形，風など，京都ではまっすぐ平板に話す）。もう一つの原則として，一度下がった音は，その単語の中では再び上がることはないというものがある。したがって，どの単語にも，英語の強アクセントに相当するような，高く上がる箇所があることになる。助詞・助動詞は前の語の高さを引き継ぐか，あるいは下がる。ただし一語からなる語には例外があり，手，絵，木では続く助詞・助動詞は下がるが，戸，葉，血では逆に上がる。「彼は気晴らしに海へ行きたいと言う」という文の高低アクセント（イントネーション）は次のようになる（下線部は低アクセント，上線部は高アクセント。「かれ」の「か」，「うみ」の「う」は一段高いので三段階表記のほうが正確だが，ここでは二段階表記）。

　（3）　かれは　きばらしに　うみへ　いきたいと　いう。

　この高低アクセントは英語のような規則的なリズムではないが，それでも語句のまとまりごとに，緩やかな波のようにうねっており，棒読みしたときと違って，ある心地よさを感じさせる。それが日本語のリズム感になる。英語と比べると，英語は一音節だけ強く長く高くなり，日本語のような高い音の連続はない。なお英語でイントネーションの上がる語は重要な語になるが，日本語ではそういうことはない。

　さらに日本語は二音節で音がまとまるという特徴がある。名詞は

一音節の語（火，目，木，手）や三音節の語（光，命，左，力）も
あるが，圧倒的に多いのは二音節の語である（春，風，星，空，雲，
土，朝，霧，川，岸）。二音節の語の組み合わせで，四音節の語も
多く作り出せる（春風，星空，朝霧，川岸）。一方，漢字熟語は二
字から成るものが多い（観察，真実，天体，睡眠）。音節数は四に
なるが，三になるものも多い（作法，試験，禁止，刺激）。中国語
は一字一音節だから，二字熟語は本来は二音節，無我夢中，弱肉強
食といった四字熟語は四音節である。しかしそれを日本語読みする
際に一音が二音に変わる。気，地，医，死，無，句，可，あるいは
拗音の入った茶，朱などは日本語の音読みも一音になるが，二重母
音や「子音＋母音＋子音」の場合は日本語では二音節になりやすい。
その場合，二音節目は「い，う，ん，き，く，ち，つ」で終わる。
たとえば「来」（lai）は二重母音で本来は一音節だが，日本語には
二重母音はなかったので「らい」という二音節になった。愛，兵，
老，王，小，状なども同様である。母音連続はこうして漢語受容の
中から誕生した。「学」（gak）も元は一音節だが，/k/ に母音が追
加されて「がく」という二音節になる。悪，式，欠，曲，脈なども
同様である。「新」（sin）の場合は，「ん」が，母音がないにもかか
わらず，一音節として独立する。乱，万，半，単なども同様であ
る。このように日本語は二音節がもっとも安定した音のまとまりに
なる。名前も，中国人は李・華のように姓も名も一音節が多いが，
日本人は井上・一郎のように，姓も名も二字四音節が多い。

　文においては一音節と二音節の組み合わせで安定したリズムが作
り出される。助詞の多くは一音節である（は，が，の，だ）。だか
ら「山へ」は，三音節ではなく，二音節＋一音節（やま・へ）と数
える。「光が」は，「ひか・りが」となり，二音節＋二音節となる。
一方，動詞は三音節が多くなる（歩く，話す，食べる，遊ぶ，学
ぶ）。しかし活用したり，助詞・助動詞がつくことで，「光・る」，
「光・れば」，「光・ら・ない」と分解する。語幹の部分（「光（ひ
か）」）は基本的に二音節である。この分け方に従うと，先の文は次

のようになる。

  (4) かれ・は・きば・らし・に・うみ・へ・いき・たい・と・
    いう。

 助詞（は，に，へ，と）は一語で独立しやすいが，そこは意味の
切れ目になり，その後に一休止を入れやすくなる。
 このリズム感が音楽性を持つと，俳句や和歌などの七五調の文芸
表現へと結晶する。たとえば「夏草や兵どもが夢の跡」（芭蕉）だと，
次のようになる（□は休止を表す）。

  (5) なつ・くさ・や・□／つは・もの・ども・が／ゆめ・の・
    あと・□

 五音の後には休止（余韻）が入る。だから四拍子に支配されてい
ることになる。歌舞伎，狂言などの名ぜりふもこの七五調のリズム
に従う。『枕草子』の「春はあけぼの …… 夏は夜 …… 秋は夕暮
れ …… 冬はつとめて」も同じリズムであるし，盲目の琵琶法師の
語る，「祇園精舎の鐘の声，諸行無常の響きあり」（『平家物語』）も
背後にあるのは四拍子のリズムである。現代だと，童謡や唱歌（「海
は広いな大きいな」「夕焼け小焼けで日が暮れて」「柱の傷はおとと
しの」），あるいは演歌（「あなた変わりはないですか」「松風騒ぐ丘
の上」「水の流れに花びらを」）などもこのリズムに従う。五と七の
語数，あるいは四拍子は，日本語がもっとも心地よく響くリズムで
ある。だから，意味は分からなくても，まとまったものとして聴覚
的に心地よい感覚を与える。三三七拍子も，休止が一拍になるので
四拍子になる。
 英語の場合は強弱アクセントだから，強弱の組み合わせが一単位
となり，それが規則正しく続くと心地よい美的効果が生まれる。強
アクセントのある音節を太字で示す。

(6)　My **heart**／is **like**／a **sing-**／ing **bird**.
　　 Whose **nest**／is **in**／a **wa-**／tered **shoot**.

(Christine Rossetti)

（私の心は歌う鳥／巣は水辺の若葉の中に）

　この文は「弱音節＋強音節」を一単位とし，それが四回繰り返され，その形が次の行にも及ぶ。その整って安定したリズム感が英語の詩になる。弱強の場合，たとえば My **heart** はどちらも一音節だが，heart に強勢がある分，長めに読まれることになる。英詩にはさらに三拍子のリズムがある。

(7)　As we **rush**,／as we **rush**,／in the **Train**,
　　 The **trees**／and the **hous-**／es go **wheel-**／ing **back**.

(James Thomson)

（列車に乗ってどんどんどんどん行けば／木や家はゴトゴトと後ろに遠ざかる）

　二拍子が交ざるものの，全体としてはタ・タ・タンという三拍子のリズムになるから，スピード感のある軽快な印象をかもし出す。英詩はこのように，弱強や弱弱強などのリズムがあり，それが一行だけでなく，複数の行にわたって規則正しく繰り返されることで快さが生まれる。詩だけでなく，童謡 (Humpty Dumpty sat on a wall; Lucy Locket lost her pocket)，ポピュラーソング (Moon river, wider than a mile; Oh Danny Boy, the pipes, the pipes are calling) なども英語独特のリズムが支えている。

　英語の三拍子のリズムは，歴史的には，西欧にはあって，日本にはなかったリズムになる。音楽でも，西欧にはワルツやメヌエットなどの三拍子のリズムはあるが，日本にはなかった。この違いは西欧独自の文化と係わる。自然界に脈打つリズムは基本的に二拍子，あるいはその倍数の四拍子である。歩く時の右足と左足のリズム，吸う・吐くの呼吸，昼と夜（陰と陽），満ち潮と引き潮，生と死，

男と女，寒と暖（春夏秋冬）など，自然界は二拍子で構成されている。例外的な三拍子のリズムは馬が走る時のリズム，それもキャンター（普通駆け足）という走り方の時に生まれる。キャンターとは人馬一体となった，人体への振動が小さい一番快適な走り方である。西欧は牧畜文化であり，馬に乗っての移動が遠い昔から生活に浸透していた。インド・ヨーロッパ語族の諸民族の領土拡大も馬に引かせる乗り物（戦車や馬車）に依るところが大きかったと言われている。だから三拍子は，はるか太古の昔から西欧人にとっては生活に根づいた馴染みあるリズムであった。この三拍子は，二拍子が安定のリズムなら，外へ踏み出す前進のリズムになる。それは西欧の生活や思想にも影響しており，ホップ・ステップ・ジャンプという三段跳び，位置について・用意・ドン（Ready, Steady, Go!）という掛け声，過去・現在・未来という時間の三区分（日本は今と昔），現世・天国・地獄という空間の三区分（日本はこの世とあの世），あるいは大前提・小前提・結論という三段論法や正・反・合という弁証法といった思考方法にも反映している。

4. 作品例

　言葉が持つ音とリズムは，詩歌に結実する。英詩も和歌も言葉の音楽であり，それぞれの言語の特徴を生かして作られているから，その特徴を端的に見ることができる。いくつか例を見る。

　まず英詩の場合，その音楽的要素を構成するのはリズム rhythm と韻（ライム）rhyme である。リズムは弱アクセントと強アクセントの組み合わせで作られ，韻は脚韻を中心に，文中にも置かれて，エコーの感覚を作り出す。強アクセントを太字で表すと，リズムは次のようになる。

(1)　**Twin**kle, **twin**kle, **lit**tle **star**,
　　　How I **won**der **what** you **are**.
　　　Up a**bove** the **world** so **high**,
　　　Like a **dia**mond **in** the **sky**.　　　　　　(Nursery rhyme)

　この詩は,「強音節＋弱音節」の組み合わせを一単位に,それが各行とも4回繰り返されている（最後の弱音は省略され,間を作る）。だから4拍子のリズムになる。音楽で言うなら,4分の4拍子で,8分音符2個の組み合わせが4回続き（最後は8分休符),それで1小節（1行）となる。アクセントの位置をⅴで示す。

　　　　　　Twinkle, **twin**kle, **lit**tle **star**

　これは,足なら,右,左,右,左,右,左という形でリズムを取る感覚,あるいはそのリズムで前へ進み出る感覚になる。脚韻は star と are の /ɑː(r)/, high と sky の/ai/であり,さらに文中では一行目の twinkle と little の /i/ と /l/, 二行目の wonder と what の /wʌ/, その /ʌ/ 音を引き継いで三行目の Up と above の /ʌ/, 3, 4行目の high, Like, diamond, sky の /ai/ が韻になっている。韻とは一種のエコーであり,心地よい聴覚的効果を生み出している。

(3)　The **Sun** does a**rise**,
　　　And make **hap**py the **skies**;
　　　The **mer**ry bells **ring**
　　　To **wel**come the **Spring**;
　　　The **sky**lark and **thrush**,
　　　The **birds** of the **bush**,
　　　Sing **loud**er a**round**,
　　　To the **bells'** cheerful **sound**.

(William Blake, "The Echoing Green")

（さっと日がのぼり／空はよろこびに満つ／あちこちで　鐘たのしく鳴り／春をむかえる／ひばり　つぐみ／茂みの小鳥たち／一面に声をきそって歌う／こころよい鐘の音にあわせて）（寿岳文章訳）

　英詩の特徴は，その形式の多様性である。和歌には5・7・5・7・7の形しかないが，英詩は一つの形にとらわれず，内容に合った自由な形式を取れる。この詩では，各行は二つの部分から成り立ち，前半は弱・強，あるいは弱・弱・強のリズムだが，後半はすべて弱・弱・強に統一されている。音楽で言うなら，基本が弱弱強でそれが2回繰り返されるから，8分音符が6個あって1小節となる形，つまり8分の6拍子になる。

(4)　The **sun** does a**rise**,／And make **hap**py the **skies**.

　韻は各行の終わりで2行ずつ踏まれ（arise／skies，ring／Spring，thrush／bush，around／sound），まとまりを与えられている（thrushとbushは末尾の表記が一致する視覚韻）。文中には6行目のbirdとbushの/b/，7, 8行目のlouder，around，soundの/au/の韻などがある。

(5)　But **soft**! What **light** through **yon**der **win**dow **breaks**?
　　It **is** the **east**, and **Ju**liet **is** the **sun**.
　　A**rise**, fair **sun**, and **kill** the **en**vious **moon**,
　　Who **is** al**read**y **sick** and **pale** with **grief**,
　　That **thou**, her **maid**, art **far** more **fair** than **she**.

　　　　　　　　　　　　　　　(Shakespeare, *Romeo and Juliet* 2.2)

（静かに！　あの窓から洩れる光は？　あれは東，ジュリエットは太陽。昇れ，美しき太陽，あの妬み深い月を葬ってしまえ，悲し

みの余り早くも色青ざめている月を，それに仕える乙女，あなた
の方が遥かに美しいからだ）（福田恆存訳）

　シェイクスピア『ロミオとジュリエット』で，ロミオがついに愛
しきジュリエットを見たときのセリフ。一行は弱強のアクセントで
構成され，それが5回連続する。音楽なら4分の5拍子で，弱強
（8分音符二つ）が5回連続して1小節となる。

(6)　It **is** the **east**, and **Jul**iet **is** the **sun**.

　この4分の5拍子は音楽ではあまり使われないが，英語の詩で
は一番安定した力強いリズムであり，よく使われる（音楽では躍動
感あるリズムになる）。劇なので脚韻はないが，1, 2行目で But,
soft, What, light, it, east, Juliet と7回エコーする末尾の /t/
音はロミオの高鳴る心臓の鼓動を写し，3行目の sun, moon の
/n/ 音，5行目の far, fair の /f/ 音のエコーも，ロミオのあふれ
る恋心を写し取っている。

　このように英語のリズムは多様である。弱強で構成されるから歩
く感じ，あるいは跳ねる感じであり，どれも心地よく，そのリズム
に乗って言葉が展開していく。その展開をさらに韻が支えて余韻を
響かせている。

　次に日本語の作品を見る。

(7)　荒海や佐渡によこたふ天の河　　　　　　　　　（松尾芭蕉）

　俳句は5・7・5だが，その背後には4拍子のリズムがあり，安
定している。音楽で言えば4分の4拍子で，3小節から構成されて
いる。英詩のように足で取るリズムではなく，手で取るリズムにな
る（1, 3節目は符点4分休符，2節目は8分休符。「荒海や」の後
に「ぽん」と休止が入る形になるが，「や」を長く引き伸ばすことも

できる）。

♩♩♩♪♪｜♩♪♩♩♪｜♩♩♪♩｜

（8）　荒海や　佐渡によこたふ　天の河

　この句は用言では終わらず，体言止めになっているが，いわば流れをせき止めることで，まるでしぶきが飛び散るように余韻・余情があふれ出す。その結果，「荒海や」の詠嘆の間投助詞「や」と合わせて，地上の心すさぶ悲しみ（佐渡は流罪の地だった）をおおう天の無窮の静けさと雄大さが感じられる。[9]

（9）　春の夜の　夢の浮き橋　とだえして
　　　　峰にわかるる　横雲の空
　　　　　　　　　　　　　　　　　　　　（藤原定家）

和歌も音楽で言えば4分の4拍子で，5小節から成る。

♩♪♩♪｜♩♪♩♩♪｜♩♪♩♪｜♩♪♩♩♪｜♩♩♪♩♪｜

　この句も体言止めで余韻が広がる。日本語の特徴は，押韻ではなく，余韻であり，はっきりと言葉に出さないことによってある雰囲気が漂い出る。縁語もそんな余韻の一つである。「とだえ」と「わかる」は引き離すことで，男女の別れを暗示する。さらに「夢の浮き橋」が『源氏物語』の最終巻の題名であることで悲恋を暗示する。このように，字面は明け方の描写で，恋のことなど一言も書いてな

---

[9] 「荒海」と「天の河」にア音の頭韻がある。和歌は語数が限られているから，英詩や漢詩のような押韻はあまり行われない。ただ頭韻は時々見られ，たとえば，「滝の音は　絶えて久しく　なりぬれど　名こそ流れて　なお聞こえけれ」（大納言公任　百人一首）では「た」と「な」の頭韻がある。英詩も古英語では頭韻がすべてで，Swa sceal geong guma gode gewyrcean / fromum feohgiftum on fæder bearme（*Beowulf* 20-21）のように語頭で韻を踏む。脚韻は中英語期にフランス詩の影響を受けて支配的となり，頭韻に取って代わる。なお漢詩の押韻は句末のみ（英語の脚韻に相当）。

いが，暗示により強い余情が漂い出る。

（10）　東海の小島の磯の白砂に
　　　　われ泣きぬれて
　　　　蟹とたはむる　　　　　　　　　　　　　　　（石川啄木）

　この歌では，東海という大きな世界から，小島となり，白砂と
なって視界がどんどん縮められ，ついには小さな蟹となることで，
詩人の落ち込んでいく心理が暗示される。涙の理由が大きな夢の喪
失なのか，生活の行き詰まりなのか，それは分からない。しかし
「の」の連続による，空から落ちていくかのような視界の急速な縮
小によって，歌人の心が感覚的に感じ取れる。このように俳句や和
歌は字数が限られていることで，暗示力を最大限に出そうとする。

（11）　a.　この世のなごり。夜もなごり。死にに行く身をたとふ
　　　　　　ればあだしが原の道の霜。一足づつに消えていく。夢
　　　　　　の夢こそあはれなれ。　　　　（近松門左衛門『曾根崎心中』）
　　　　b.　月も朧に白魚の，篝も霞む春の空，つめてえ風もほろ
　　　　　　酔いに，心持よくうかうかと，浮かれ烏のたゞ一羽，
　　　　　　塒へ帰る川端で，棹の雫か濡手で泡，思いがけなく手
　　　　　　に入る百両　　　　　　　　　（河竹黙阿弥『三人吉三巴白浪』）

　浄瑠璃の語りと歌舞伎のセリフを並べたが，共に七五調，四拍子
で，字数制限がないから自由に書ける。また音の効果として体言止
めがあったり，あるいは，「この世のなごり，夜もなごり」とか，
「かがりもかすむ」「うかうかと浮かれ」のように同じ音の繰り返し
がある。このように日本の詩歌は七五調・四拍子を基本にし，余
韻・余情を出すことに重きがある。こうした定型文に対し，近代詩
は音数に捉われない自由な詩をめざすが，やはり叙情性が前面に出
る（詩というジャンルは西欧から。それまでは漢詩と和歌）。表現
形式こそ違え，叙情性は日本の文化，あるいは日本人の主観性の強
さから出てくるものであろう。

　以上，英語と日本語の韻律を比較したが，この詩のリズムは言語によって異なる。西洋詩の土台にあるのは古代ギリシャ・ラテン語の韻律法だが，この言語は日本語と同じ高低アクセントであったため，強弱ではなく，音節の長短の組み合わせでリズムを作った。たとえば叙事詩の代表的な詩形は一行が六脚からなり，長短短のリズムが五回繰り返され，最後の六脚目が長長で締めくくられる形だった。フランス語の場合，強アクセントは行末に来るが，英語ほど規則的ではないので，その韻律は，強弱ではなく，長短でもなく，音節数で決まった。一行は 12，あるいは 10，あるいは 8 といった数で構成され，最後の音節が他行と脚韻を踏む形になる。この音節数を土台にする点では五や七という数で決まる日本の和歌と似る。中国語（漢詩）は一句が五字あるいは七字で，それが四句あるいは八句続いて，起承転結で内容上のまとまりを作り，偶数句の末語で押韻した。このように形式はさまざまであるが，どの詩形も，民族の心の表現として，その言語がもっとも快く，もっとも美しく響く形式になっている。

第5章 擬音語・擬態語

1. 擬音語

　対象は同一でも，それを言葉に写し取るとき，言葉が異なるためにその表現はまったく違ったものになる。そのことは音声を写す擬音語について端的に現れる。耳に聞こえる音は同一である。しかしそれを言葉で表現しようとすると，互いに違ったものになってしまう。おのおのの言語の音韻体系が異なるだけでなく，民族的なものの見方も異なるためである。犬の鳴き声は，英語では bowwow，日本語ではワンワンである。ほかの言語を見ても，ドイツ語はwau-wau，フランス語は ouaf-ouaf，スペイン語は guau-guau，ポーランド語は hau-hau，中国語は wang-wang，韓国語は meong-meong のように多様である。同じ日本語でも，昔は「びょうびょう」と鳴いていた。だから絶対的に決まった言い方はないのであるが，しかし一度その社会，その時代の中で言い方が確立されると，誰もが犬はそう鳴くものだと信じ込んでしまうし，また，そのように聞こえてしまう。こうして人は言葉の牢獄に閉じ込められ，言葉を通して現実を認識することになる。

　では，鳴き声ではなく，犬がワンワンと鳴く状況を文でどう捉えるか。その捉え方が英語と日本語では違ってくる。日本語では「犬がワンワンと鳴く」と言って，音声と行為を別々にする。「犬が鳴

155

く」だけでも音声は暗示されるが,「ワンワンと」としたほうが臨場感が出る。文法的には,「ワンワンと」は副詞,「鳴く」は動詞になる。一方,同じ状況を,英語では A dog barks. と表現する。あるいは名詞化して,A dog gives a bark. となる。日本語を直訳して,A dog barks with a bowwow. とは言わない。bark はもともと擬音語であり,ワンワンと鳴くこと自体が bark という動詞になるからである。同様にネコが鳴く場合は A cat mews. となる。mew は擬音語で,それがそのまま動詞として使われている。やはり A cat cries with a mew. とはならない。

　この表現方法の違いに,英語と日本語の認識方法の違いが現れている。日本語では,動物が鳴く場合,まず共通項として「鳴く」という行為(動詞)があり,何が鳴くか(主語),どう鳴くか(副詞)で,細かく区別する。犬なら,ワンワン,キャンキャン,クンクン,ウーウーなどと鳴く。ネコならニャーニャー,ブタならブーブー,ヤギならメーメー,牛ならモー,馬ならヒヒンとなり,擬音語を副詞として使うことで対象を認識する。それに対し,英語は「鳴く」という共通項を持たず,個別に認識し,犬がワンワンと鳴く場合は bark,キャンキャンと鳴く場合は yap,クンクンと鳴く場合は whine,ウーウーとうなる場合は growl,またネコがニャーニャーと鳴くのは mew,ブタがブーブーは grunt,ヤギのメーメーは baa,牛のモーモーは moo,馬のヒヒンは neigh となる。すべて擬音語から派生した動詞になる。動物ではなく,人が大きな声で「なく」場合は,日本語では「鳴く」ではなく「泣く」という表記にして,赤ちゃんはおぎゃあおぎゃあ,子供はわんわん,大人はおいおいと区別するが,英語ではこういう区別はなく,すべて cry という動詞になる。耳に聞こえる音は同じでも,捉え方が違うのである。

　声ではなく,音の場合も同じことが言える。「打つ,たたく」に関する表現を見ると,日本語の場合,「打つ」の「う」,「たたく」の「たた」は擬音語と言われているが,擬音語からできたその動詞に,

さらに「どん，ばたん，こんこん，どんどん，ばんばん，こつん，ごつん，ぴしゃり，ぱちん」といった擬音語を副詞としてつけることでいろいろな種類の音を表現する。動詞も「打つ」を強めて「ぶつ」，さらに「たたく」をくっつけて「ぶったたく」とすると強意になる。英語の場合は動詞によって一つ一つを区別する。一般的な動詞 strike, hit, beat は「打つ」などが語源だが，それ以外では擬音語から由来する語が多い。knock はトントン，コツコツで，こぶしなどで強く打つ，bang はバン，ドン，バタンで勢いよく打つ，slap はピシャリで，平手で強くたたく，pat はパタパタで，軽くたたく，clap はパチパチ，パンパンで，手を合わせてたたく，tap はトントン，コツコツで，指先などで軽くたたく，さらに smack はピシャリ，rap はコンコン，トントン，thump はゴツン，ドシンなどとなる。どちらの言語にも /b/, /d/, /k/, /p/, /t/, /g/ 音があるが，これは破裂音で勢いがある。英語にはさらに /s/, /r/, /θ/ などの摩擦音もある。

　別の音だと，ぴしっとひびが入るは crack，火がぱちぱちと燃えるは crackle（-le は反復を表す），シチューがぐつぐつと煮えるは simmer（-er は反復），肉がじゅうじゅうと焼けるは sizzle になる（どれも擬音語より）。水をはねかける音は，日本語では「どぶん，ざぶん，ざぶざぶ，じゃぶじゃぶ，ばちゃばちゃ，ぱちゃぱちゃ，ぴちゃぴちゃ，ばちゃん，ばしゃん，ぽちゃん」など多くあるが，英語ではどれも splash になる。spatter や splatter（splash + spatter）もばちゃばちゃという感じ，plop はぽちゃんという単独音になる。きしむ音も，日本語では「きいきい，ぎいぎい，きしきし，ぎしぎし，みしみし，みしりみしり」などあるが，英語ではすべて creak になる。ネズミがきーきーと鳴くようなきしみ音になると squeak，もっとひどくなると squeal になる（/l/ は音が長く伸ばされる感覚）。総じて /k/ の破裂音や /s/ の摩擦音が目立つ。風では，弱い順に，「そよそよ，さわさわ，ひゅーひゅー，ぴゅーぴゅー，びゅーびゅー」となるが，英語では The wind blows gently (hard).

と普通文にするか，あるいは whistle, rage という動詞を使って擬人化したり，breeze（そよ風），gale（強風）と別語にするが，どれも擬音語ではない。「ごうごう」という大きな音になると，獣のほえ声の roar や雷鳴の thunder を転用し，激しい波，列車の轟音などに用いるが，これも擬音語ではない。小さな音だと，今度はすべて擬音語で，click, clink, clank はカチッ，カチン，ガチャンという小さな音，clatter, rattle はカタカタ，ガタガタという連続音になる（-er, -le は反復語尾）。

　日本語が擬音語をそのまま副詞として使い，英語が動詞化・名詞化するのは，広く言えばその民族と自然との係わりを反映する。日本人は自然との調和・共生を大切にする。擬音語とは，いわば自然が発する声であるから，それをそのまま感覚的に受け入れる。擬音語が多ければ多いほど，自然との密着度が強いことになる。一方，西欧人は自然を支配し，人間に合わせようとする。その態度が擬音語を観念化し，動詞化・名詞化して文中に組み込む形となる。日本語のように副詞として使うこともあり，Pop went the cork!（ポンと栓が飛んだ），Click and snap went a nut between her teeth. (D. H. Lawrence, "Second Best")（歯で木の実がカリッ，パチンと割れた），*Crunch crunch crunch* went the footsteps. (Roald Dahl, *Boy*)（ザクザクと足音がした），Ping!—another [drop of rain] drummed on his hat. (Katherine Mansfield, "Mr and Mrs Dove")（ピシッ──また一粒雨だれが帽子に当たって弾けた）のように文頭に出したり，The car went crash into the wall.（車がガシャンと壁にぶつかった），the Herr General sat, beating tip, tap, tip to the music of Lehar (Graham Greene, "Dream of a Strange Land")（将軍殿は座りながら，レハールの音楽に合わせてトントントンと拍子を取った）のように動詞の後に置いたりする。しかし擬音語は生のものを未加工のまま提示する感覚があり，文章語ではあまり使われない。こうした音の扱いは料理の仕方とも似ている。日本人は魚，卵，肉，野菜など，生のままで食べることを好むが，西欧では火を使い，自然物を自分に合うよう

に加工・変形する（cook とは加熱して料理すること）。音も，日本人はそのまま使うが，西欧人はいわば火を使い，感覚的なものを観念化してしまうのである。

　英語の小説から犬と蛙と雨の騒がしい場面を引く。騒がしいが，擬音語はまったく使われていない。

(1)　... she [the ruffianly bitch] suddenly broke into a fury and leapt on my knees. I flung her back, and hastened to interpose the table between us. This proceeding aroused the whole hive: half-a-dozen four-footed fiends, of various sizes and ages, issued from hidden dens to the common centre. I felt my heels and coat-laps peculiar subjects of assault ... the hearth was an absolute tempest of worrying and yelping.

(Emily Brontë, *The Wuthering Heights*)

（牝犬が急に怒りだしてわたしのひざにとびかかってきた。わたしはそいつを突きとばしておいて，いそいでテーブルを中にはさんだ。これが蜂の巣をつついたような始末になって，大きいのや小さいのや，年とったのや若いのや，いろんな犬が五，六匹，それぞれのかくれ家からとび出してきて，悪鬼にようにわたしをとり巻いた。何よりわたしのかかとや上着のすそを目がけてやってくる …… 暖炉のまわりでは，かみついたりほえたりの大騒動……。）（三宅幾三郎訳，エミリー・ブロンテ『嵐が丘』）

(2)　The wind had blown off, leaving a loud, bright night, with wings beating in the trees and a persistent organ sound as the full bellows of the earth blew the frogs full of life. (F. Scott Fitzgerald, *The Great Gatsby*)

（風はすでに落ち，明るい夜空には，梢にはばたく羽音やら，いっぱいに開いた大地のふいごが蛙どもにあふれるばかりの生命を吹き込んだような，絶え間ない歌声が聞えて賑やかだった。）（野崎

孝訳, フィッツジェラルド『偉大なるギャツビー』)

(3) Boy, it began to rain like a bastard. In buckets, I swear
to God.　All the parents and mothers and everybody
went over and stood right under the roof of the carrou-
sel, so they wouldn't get soaked to the skin or anything,
but I stuck around on the bench for quite a while.　I got
pretty soaking wet, especially my neck and my pants.

(J. D. Salinger, *The Catcher in the Rye*)

(雨が急に馬鹿みたいに降り出した。全く, バケツをひっくり返
したように, という降り方だったねえ。子供の親たちは, 母親か
ら誰からみんな, ずぶぬれになんかなってはたいへんというので,
回転木馬の屋根の下に駆けこんだけれど, 僕はそれからも長いこ
とベンチの上にがんばっていた。僕はすっかりずぶ濡れになった。
特に首すじとズボンがひどかった。(野崎孝訳, サリンジャー『ラ
イ麦畑でつかまえて』)

　日本語であれば, ワンワンとかゲロゲロとかザーザーとかいった
擬音語が用いられ, 迫真的な効果を出してもいいところである。し
かし英語ではいっさい擬音語は使わず, ただ視覚的な事実だけを示
す。だから本来なら音声に満ちた騒々しい場面を, そこから距離を
置き, 外から客観的に捉えていることになる。

　次は日本語の例。こちらは音声に満ちている。まずは『平家物語』
那須与一の段。

(4) 与一 鏑を取つてつがひ, よつぴいてひやうど放つ。小
兵といふぢやう, 十二束三伏, 弓は強し, 浦響くほど長
鳴りして, 誤たず扇の要ぎは一寸ばかりを射て, ひいふ
つとぞ射切つたる。鏑は海へ入りければ, 扇は空へぞ上
りける。しばしは虚空にひらめきけるが, 春風に一もみ
二もみもまれて, 海へさつとぞ散つたりける。

弓を射るときの「ひやう」，的に当たるときの「ひいふつ」，扇が散るときの「さつ」といった擬音語が映画のような力強く迫真的な雰囲気をかもし出している。次は漱石の『坊ちゃん』。

(5)　おれはいきなり袂へ手を入れて，玉子を二つ取り出して，やっと云いながら，野だの面（つら）へ擲（たた）きつけた。玉子がぐちゃりと割れて鼻の先から黄味がだらだら流れだした。……
「だまれ」と山嵐は拳骨（げんこつ）を食わした。赤シャツはよろよろしたが「これは乱暴だ，狼藉（ろうぜき）である。理非を弁じないで腕力に訴えるのは無法だ」
「無法でたくさんだ」とまたぽかりと撲（な）ぐる。「貴様のような奸物はなぐらなくっちゃ，答えないんだ」とぽかぽかなぐる。おれも同時に野だを散々に擲き据えた。しまいには二人とも杉の根方にうずくまって動けないのか，眼がちらちらするのか逃げようともしない。
「もうたくさんか，たくさんでなけりゃ，まだ撲ってやる」とぽかんぽかんと両人（ふたり）でなぐったら「もうたくさんだ」と云った。

　文体も威勢がいいが，そこに「ぽかり，ぽかぽか，ぽかんぽかん」と小気味よい音が並び，迫力がおもしろおかしく伝わってくる。この部分の英訳を見ると，「ぽかりとなぐる」は gave him another whack（whack は擬音語派生の名詞），「ぽかぽかなぐる」は went right on with the beating（殴り続けた），「ぽかんぽかんとなぐる」は we began working them over again（work a person over で人をさんざん殴るの意）と説明調になる（*Botchan*, Trans. J. Cohn）。擬音語は英語の客観的描写に合わないのである。次は宮沢賢治の童話「注文の多い料理店」から。

(6)　　そのときうしろからいきなり，
　　「わん，わん，ぐゎあ。」という声がして，あの白熊のよう

な犬が二疋、扉をつきやぶって室の中に飛び込んできました。鍵穴の眼玉はたちまちなくなり、犬どもはううとうなってしばらく室の中をくるくる廻っていましたが、また一声
「わん。」と高く吠えて、いきなり次の扉に飛びつきました。戸はがたりとひらき、犬どもは吸い込まれるように飛んで行きました。

その扉の向うのまっくらやみのなかで、
「にゃあお、くゎあ、ごろごろ。」という声がして、それからがさがさ鳴りました。

室はけむりのように消え、二人は寒さにぶるぶるふるえて、草の中に立っていました。

見ると、上着や靴や財布やネクタイピンは、あっちの枝にぶらさがったり、こっちの根もとにちらばったりしています。風がどうと吹いてきて、草はざわざわ、木の葉はかさかさ、木はごとんごとんと鳴りました。

犬がふうとうなって戻ってきました。

擬音語が実に豊かに散りばめられており、読者はその場にいるような迫力を味わう。文中の「くゎ、ぐゎ」は拗音の一種で、今では廃れて「か、が」と単純化して表すが、昔は月光を「ぐわっくゎう」、観音を「くゎんおん」、菓子を「くゎし」などと発音した。中国語の発音から来た言い方で、漢字にしか現れない。英語では quality, quiet の /kwa/ に相当する。擬音語として使う場合は、/k/ が破裂音（/g/ は /k/ の有声音）だから、何かが弾けてウ段音からア段音へ勢いよく広がる感覚になる。

総じて、英語が視覚的描写を重んじ、説明しようとするのに対し、日本語は聴覚的描写を重んじ、体感させようとしていると言える。ただし、英語の小説にも伝統をひっくり返し、擬音語を積極的に用いるものもある。たとえばジョイスの『ユリシーズ』。

(7) Pprrpffrrppffff.
Done.

これは主人公のおならの音で，Done は放屁が済んだということと同時に，その放屁の音も表している。戯曲形式の章では人間以外のものにも役が与えられ，せりふをしゃべる。自転車のベルはHaltyaltyaltyall と言い（Halt all「みんな止まれ」の意），主人公からケーキをもらったカモメは Kaw kave kankury kake と鳴き（He gave Banbury cake.「彼はバンベリー・ケーキをくれた」の意），ガスの炎は Pooah! Pfuiiiiiii!，ドアの取っ手は Theeee!，滝はPoulaphouca Poulaphouca としゃべり，ズボンのボタンは Bip! と叫んで弾け飛ぶ。キス達も擬人化されて Icky licky micky sticky とささやき，馬は，家に帰ろうと言う主人公に Hohohohohohoh! Hohohohome! といななく（Home の意）。『フィネガンズ・ウェイク』では，誰かが，あるいは何かが転落するとき，落雷が，百文字でbababadalgharaghtakamminarronnkonnbronntonnerronntuonnt-hunntrovarrhounawnskawntoohoohoordenenthurnuk! と十回に渡ってとどろく。ジョイスの小説には生命が言葉や文法の鎖を断ち切って弾け出ており，言葉は生命感と躍動感に満ちて暴れまわっている。

2. 擬態語

さらに日本語には，擬音語だけでなく，擬態語というものもある。これは，たとえば静寂を「しーん」という音で表したり，驚くさまを「ぎくっ，どきっ」と言ったりするように，本来は耳には聞こえないものであっても，その状況や雰囲気を音声で表現しようとする発想である。一種の聴覚的イメージであり，言葉の意味ではなく，その音の響きによって，状況を直感的に相手に伝えようとする。叙情的なところでは『雪国』。物語を締めくくる最後の一文に

擬態語を入れている。

  （1）　踏みこたえて目を上げた途端，さあと音を立てて天の河
　　　　が島村のなかへ流れ落ちるようであった。（川端康成『雪国』）

その前にも，「ああ，天の河と，島村も振り仰いだとたんに，天
の河のなかへ体がふうと浮き上がってゆくようだった」とあり，
「さあ」とか「ふう」といった短く柔らかな音で，言葉にならない感
覚的な気持ちを伝えている。英訳では最初の文は，As he caught
his footing, his head fell back, and the Milky Way flowed down
inside him with a roar., 二例目は The Milky Way. Shimamura
too looked up, and he felt himself floating into the Milky Way. と
説明調になっている（Edward. G. Seidensticker 訳）。

　日常で使う簡単な例で見ていけば，小さく丸いものが転がるとき
はころころと転がる。オ音が連続するが，オは口を小さく丸めて発
する音だから，音の響き自体が，小さく丸いものがこぼれる感じに
なる。さらに，そのイメージから，「意見がころころ変わる」「ころ
ころした子犬」「ころころと笑う」などとも言い，「ころっ」とする
と，一回だけ素早く転がるイメージとなり，「考えがころっと変わ
る」「ころっと死ぬ」「ころっと眠る」のようになる。ごろごろと音
を濁らせると，岩や木といった大きく重いものが連続して転がるイ
メージとなり，そこから，雷の音，猫が喉を鳴らす音，お腹の鳴る
音，大きな物があちこち無造作に転がっている様（石がごろごろす
る），家でだらしなく過ごす様（家でごろごろする）なども表す（ご
ろつきはそこから派生）。さらに音だから自由に変形することもで
き，転がる「ころっ」は，ころりん，ころりんこ，ころろん，など
とも言える（雷の音は『古事記』では「ころろ」）。

　このように日本語に擬音語や擬態語が豊かなことは，音による直
感的コミュニケーションに優れ，英語のように意味と論理できちん
と文を作る必要がないことを意味する。「あのしゃきしゃきした女
性が孫のことではめろめろだ」とか，「ごっそり取られてげっそり」，

「あいつはムフフ，こちらはトホホ」「きのうはバタバタ，きょうは
のんびり」「準備はばっちり，結果はがっくり」などと言っても意
味が通じる。「ちょうムカつく」「まじウザ」といった若者言葉も，
むかむか，うざうざという擬態語から来た表現で，ちゃんとした言
葉ではなく，音の響きで感覚的に気持ちを伝えている。

　歩き方を見ると，音がするわけではないのに，その動作から，て
くてく，とことこ，とぼとぼ，すたすた，そろそろ，ぶらぶら，ふ
らふら，だらだら，のそのそ，よたよた，ちょこちょこ，つかつか
などと区別し，のそりのそり，しゃなりしゃなり，えっちらおっち
ら，すたこらさっさ，といったものまである。抜き足差し足忍び足
は，連語ではあるが，擬態語相当のリズムがある。英語の場合は，
聴覚的にではなく，視覚的に区別する。動詞では，一般的には
walk，ぶらぶら歩くは stroll, saunter, wander, amble，とぼとぼ
歩くは plod や trudge，よろよろ歩くは totter, stagger, shamble,
よちよち歩くは toddle，こそこそ歩くは sneak，どしんどしんと歩
けば tramp や lumber，大また歩きは stride，小走りに歩けば trot,
いばって歩けば swagger や strut や prance，忍び足になると tip-
toe となる（plod のみ擬音語派生）。日本語，英語とも語頭の /t/ 音
が目立つが，この破裂音は足が地面に当たる音を写すものだろう。
また /s/ の摩擦音も目立ち，これは足が地面にこすれる音を表す。
英語の語尾では破裂音の /t/, /d/ のほか，wander, stagger の -er
のように反復を表す語尾も目立っている。副詞を使えば，ぶらぶら
歩くは，一般語の walk に aimlessly や leisurely をつけ，すたす
たは briskly，のそのそは slowly や heavily，とぼとぼは wearily,
こそこそは furtively，ふらふら，よろよろは unsteadily や shakily
となる。あるいは副詞句を使って walk with light (heavy, long,
rapid, stealthy, stumbling, tottering) steps とも言える。擬態語は
いかにも日本語らしい主観的表現なので，英訳のときは擬態語は無
視し，ただ事実だけを客観的に表現することになる。

　涙を流す場合を見ると，涙の落ち方によって，はらはら，ほろほ

ろ，ぽろぽろ，ほろほろと落ちる。どれも何かが崩れてばらばらに
なる感じがあるが，しかし細かい区別があり，はらはら，ほろほろ
は涙の粒が小さくて軽く，それが静かに次々と落ちる感じ，ぽろぽ
ろは小さく丸い粒がころころと連続してこぼれ落ちる感じ，ぼろぼ
ろは大きな粒がとめどなく落ちる感じになる。「ほ」，「ぽ」，「ぼ」
は，清音，半濁音，濁音になるが，「ぽ」(po)，「ぼ」(bo) の /p/
と /b/ は，英語では破裂音で，唇を閉じて呼気の流れを止め，そ
れを急激に吹き破るときに生じる音で，声帯の振動があれば /b/,
なければ /p/ になる。つまりどちらも破裂する語感が伴うが，/p/
は無声音なので声が混じらず，何かがぽんと割れる感じ，/b/ は有
声音で声が混ざり込み，にごる感じになる。だから「ぽ」のほうが
「ぼ」よりも粒が軽くて小さい感じがある。それに対し「ほ」(ho)
の /h/ は，呼気は，声帯で狭められるものの，ほかは何にも妨げ
られず，無声音としてスムーズに外に出ていく。だから穏やかな語
感になる。一方，「ら」や「ろ」のラ行音は，舌先を歯茎にしっかり
とつけ，それを瞬間的にぱっと弾くように打つから，何かが勢いよ
く放たれる感じになる（英語の /l/ は舌先を歯茎に強く押し当てた
まま，/r/ はどこにもつけずに音を出す）。ア段音は口を大きく開
けるから弾けて広がる感じ，オ段音は口を小さくすぼめるから，丸
く小さくなる感じを伴う。そしてそれらの音の組み合わせが，涙の
落ち方，いわば堰が切れて涙が次々とこぼれ落ちていく感じに反映
されることになる。

　繰り返し言葉は連続を示すが，一粒の涙の場合は，はらり，ほろ
り，ぽろり，ぽたり，ぽとり，ぽつり，あるいは，ほろっ，ぽろっ，
となる（中原中也に，「ポロリ，ポロリと死んでいく。／みんな別れ
てしまうのだ。／呼んだって，帰らない」という詩がある）。なお，
ほろり，ほろっといった語頭に濁音がくるものは，歯など固いもの
が落ちる場合で，涙には使わない。濁音は重く荒い感じがするから
である。これら擬態語を受ける動詞は，こぼれる，落ちる，流
れる，こぼれ落ちる，流れ落ちる，したたる，ほとばしる，など

となる。英語にする場合は，擬態語はいっさい訳せないので，動詞で区別して，tears spilled (fell, flowed, rolled, trickled, gushed, streamed) としたり (trickle, gush が擬音語派生)，tears fell ceaselessly (bitterly, thickly, fast) などと副詞を使う。なお tear は普通は複数形だが，数えられる名詞なので，a, a few, many といった語がつく (しかし eight tears とは言わない)。数えられるのは玉 (teardrop) のイメージだろうか。日本語の「涙」は泣水垂 (ナキミダリ) が語源で，泣いて垂れ落ちる水のことになる。

　同じ水滴が落ちる場合でも，汗や雨の場合は違う言い方になる。汗は，ぽとっ，ぽとぽと，ぽとぽと，ぽたっ，ぽたり，ぽたぽた，ぼたぼた，たらっ，たらり，たらたら，だらだら，だくだく，となる。雨は，ぱらぱら，ばらばら，ぽつぽつ，ぽつり，ぽつりぽつり，しとしと，などがある。ざーざーは擬音語になる。汗や雨には涙の擬態語にはないタ (ダ) 行音があるが，/t/ 音も /d/ 音も，舌先を歯茎に押し付け，ぱっと呼気を押し出す破裂音で (/t/ は無声音，/d/ は有声音)，とん，どん，たたた，だだだ，など，勢いを出すときに使われる。汗，雨は，涙よりも量が多いから，勢いよく地に落ちて砕ける感じになる。「ぽろぽろ」と「ぽたぽた，ぽとぽと」を比べると，「ぽろぽろ」は涙が目からこぼれ落ちる様子であり，「ぽたぽた」は落ちた涙が何かに当たって弾ける様子である。「ぽたぽた」と「ぽとぽと」は，「た」がア段音であるから，水滴が弾け散って広がる感じ，「と」はオ段音であるから，粒がそのまま何かに打ち当たる感じになる。「ぼたぼた，ぼとぼと」と濁らせると，水滴の粒が大きく重くなる感じになり，木の実が落ちる場合にも使えるようになる。

　一方，「はらはら」は，涙に限らず，葉っぱ，花びら，髪の毛にも使う。しかし，ぱらぱら，ばらばらになると，涙には使わず (「ばらばら」は古典では使用)，砂や雨など，固く小さいものが連続して落ちる感じになる。「ら」はア段音で弾ける感じだが，「ろ」はオ段音でころころと転がる感じになる。「は・ぱ・ば」のア段音は，

「ら」のア段音ともども，まとまったものが弾けて広がる感じを表す。

　濁音は，奈良時代は語頭に来ることはなかった。それは和語が清音を好んだからである。漢語が入ってくると，我慢，病気，従者，仏門のように濁音が語頭に来るが，それでも今でも，ばか，ごみ，どろ，どじ，ほろ，でぶ，ずる，びり，ぐず，げす，ぶす，げろ，ぐれる，ごねる，だますのように，語頭に濁音のある語は汚かったり劣っていたりするものと結び付きやすくなっている（バラはきれいだが，昔はトゲがあるので嫌われた。元はイバラで，イが脱落）。特に「ど」は，ど阿呆，ど派手，どけち，どすけべ，など非難の気持ちを強める。ただし，どでかい，どえらい，ど真ん中はすごいという意でも使う。語中に濁音のある語もあまりいいイメージはなく，けがす，よごす，にごる，おじける，あばれる，いじける，きずつく，こげる，さびる，ただれる，まずい，まずしい，むごい，にがい，とぼしい，などは悪いイメージ，あがく，うごく，にげる，あがる，さがる，たずねる，きずく，みがく，おどる，やぶる，とぶ，はこぶ，さわぐ，なぐる，およぐ，などは体を動かしてする必要のある骨の折れる動作のイメージになる。「けもの」も「けだもの」とすると恐ろしげに響き，「うめる」も「うずめる」とすると深さが増す感覚になる。「父，母」もしわをつけて「ぢぢ，ばば」とすると老いてしまい，「ほける，たるい」も「ぼける，だるい」とすると症状が悪化する。なお，ぱ行は半濁音と呼ばれるが，古代では，「は」は「ぱ」あるいは「ふぁ」であった。半濁音というと濁音の性質を持つように聞こえるが，本来は清音に入り，語頭にも立つ。だから半清音と言ったほうがいいかもしれない。

　濁音に関して，日本語には連濁という現象がある。色と紙を足したとき，「いろがみ」となって後半の語頭が濁音化することをいう。和語は出だしは清音を好むから，後半の語が濁音化すると，その語の独立性がなくなり，前の語に従属する感覚になる。濁らないままだと，その独立性を保持する。だから山川は，「やまがわ」と読めば山の中の川，「やまかわ」と読むと山と川の意になる。同様に，

草木，田畑，目鼻は濁らず，独立しているが，草花は濁って，草と花ではなく，草に咲く花の意になる。また濁音は語感として，その語の響きを重くする。枯れ葉の「は」と落ち葉の「ば」では落ち葉のほうが重く感じる。一葉（ひとは）と二葉（ふたば）三つ葉（みつば）も同様である。日も，朝日，夕日は「ひ」で軽いが，夏日，冬日は「び」で重くなる（春日は「ひ」）。ただし長月は「づき」から「つき」，葉月は「つき」から「づき」に変わるように，習慣にもよる。

　擬態語の中には，促音「っ」を含み，「り」で終わる一連の副詞がある。あっさり，うっかり，うっとり，がっくり，きっぱり，くっきり，げっそり，こっそり，さっぱり，しっくり，しっとり，じっくり，じっとり，すっぱり，すっきり，すっかり，そっくり，ちょっぴり，ちゃっかり，ぱっくり，ばっさり，ばったり，ぴったり，ひょっこり，べったり，べっとり，ぽっくり，むっくり，といった語で，主に動作に使うが，状態も表す。たとえば「さっくり」は，ものを切るときの擬音語「さくさく」が元で（「裂く」はそこから派生），「ざくざく」と濁音にすると勢いが出てくる。連続ではなく一回の行為については「さくり」「ざくり」で，さらに強調すると「さっくり」「ざっくり」となる。「どっきり」「びっくり」なども，元は「どきどき」「びくびく（ひくひく）」といった擬態語になる。「うっかり」「さっぱり」などは「うか（浮か）」「さは（爽）」といった語幹が元にある。促音「っ」はその後に /k/, /p/, /s/, /t/, /d/ といった破裂音や摩擦音を従えて，強く弾けるような感じを与える。英語のカタカナ表記でもベッド（bed），ヒット（hit），ルック（look），キック（kick），キャッチ（catch），スイッチ（switch），トップ（top）のように促音が入る。

　「っ」ではなく，撥音「ん」のつく形もある。あんぐり，うんざり，げんなり，こんもり，すんなり，ちんまり，どんより，にんまり，のんびり，ひんやり，ふんわり，ほんのり，ぼんやり，やんわり，などで，「っ」が動作中心なら，こちらは主に状態を表す。「ん」

が語中に挿入されると，その状態を引き伸ばすような感じを与える。元の語は，「ひんやり」は「ひやひや」，「ふんわり」は「ふわふわ」で，「ひやり」「ふわり」に「ん」を入れて状態を強めている。「やんわり」は「やわ（柔）」，「ほんのり」は「ほの（か）」といった語幹が元にある。この「ん」は，「っ」と同様，漢字から入ってきた音で，それまでの日本語にはなかった。擬態語として登場してくるのは室町からで，母音を含まないことで，和語の穏やかさとは違う強さや鋭さの語感があり，動作や状態を強める働きをする。語尾の「り」は上の歯茎を舌で強く弾く音であるから，締めくくりの感覚を与える。ラ行音は上代では語頭には来ない音だったが，文末では「なり，たり，けり，めり，り」といった助動詞や形容詞，「あり，蹴る，見る，着る」といった動詞の終止形の音になった。「る」で終わる動詞は連用形で名詞化され，煙，周り，鳴り，切り，祟り，寒がりのように「り」で終わった。このように「り」はその弾音によって心地よい締めくくりの語感を与えるものになる。

　「きゃ，きゅ，きょ」などの拗音も漢字から入ってきた発音で，同じ漢字音の「っ，ん，ー」と組み合わせることで，和語の直音とは別種の言語感覚を作り出す。特にその構成が「きや」のように二つの音にまたがるので，鋭い動きの感覚を生み出す（現代仮名遣いではイ段の仮名に「や，ゆ，よ」を小さく書いて表す。歴史的仮名遣いでは同じ大きさ）。きゃっ（きゃー）と叫ぶ（表記では他に，きゃあ，きゃあっ，キャー，キャーッ），きゃんきゃん鳴く，きゅっ（ぎゅっ，きゅーっ，ぎゅーっ）と絞る，じゃーんと鳴る，しゅっ（しゅーっ，にゅっ，にゅーっ，ひゅっ，ひゅーっ，ぴゅっ，ぴゅーっ，びゅっ，びゅーっ）と出る，じゅっ（じゅーっ）と焼く，ぴょん（ぴょんぴょん）と飛ぶ，（胸が）きゅんとする，ぎょっとする，しゃんとする，しゅんとする，ちゃんとする，ちょんと切る，ちゅっとキス，きょとんとする，ひょんなことから，ちゃっかり，しょんぼり，きょろきょろ，ちょろちょろ，など，動きの感じられる副詞を作る。

3.　泣き笑い

　人間の基本的な感情である泣き笑いについて表現を比較してみる。どちらも声が出るものだから擬音語が中心と思われがちであるが，実際には擬態語も混ざり合う。まず笑う場合，和語では「笑う」と「えむ・ほほえむ（頬笑む）」があり，「笑う」は声を立て，「えむ」は立てない（「笑う」の語源は「割（破）れる」で，漢語の「破顔」と同じ発想）。英語では laugh と smile になる。laugh はおかしいとき，うれしいときに自然に出る朗らかな笑いで，日本語では「ははは」「わはは」「はっはっはっ」になる（英語の擬音語は ha-ha）。「は」は笑うときに緊張が解けて自然に出る声である。分解すれば，「は」/ha/ の「あ」/a/ は口を大きく広げて出す音，/h/ は，唇や舌の位置を自然のままにして，自由に息を吐き出すときの無声音になる。laugh は古英語では hlæhhan あるいは hliehhan で h が多く入ることから，元は擬音語だったと思われる。

　声を出す笑いは，他には chuckle, giggle, guffaw があり，chuckle は思い出し笑いなどの声を抑えた笑い，giggle は子供や若い女性の無邪気な笑いで，「くすくす」「くっくっ」「くすり」「くつくつ」「ふふふ」「ほほほ」「きゃっきゃっ」などに相当する。chuckle, giggle の語尾 -le は反復を表すもので，日本語では同じ言葉を繰り返すが，英語では語尾で表す。guffaw は大笑いする場合で，「げらげら」「けらけら」「からから」「がはは」などになる（〈gg〉や〈ff〉といった重子音も反復）。以上の英語はすべて擬音語である。日本語ではカ（ガ）行音が多いが，その音は，舌の奥を閉めて息を止め，ぱっと吐き出すときの破裂音になる。ウ音は口を突き出し，吹き矢のように息を吐く形で，声が噴き出す感じ，エ音は口がゆるんで音がもれ出る感じになる。

　一方，声を立てない笑いは smile で，日本語では擬態語での表現となり，「にこにこ」「にこっ」「にっこり」「にやにや」「にやっ」「にんやり」「にたにた」「にたり」になる。grin も同じだが，smile

よりも口を開いた大きな笑いで，声は出さず，歯を見せて笑う。日本語では「にっと」笑うがそれに相当する。うれしいとき，あるいは皮肉のときの笑い方だが，日本語では歯を見せる笑い方は普通のことなので特に区別されるわけではない。sneer は「冷笑」で，軽蔑するように「へへへ」「ひひひ」，smirk は「にやにや」「にたにた」，simper は間の抜けた「へらへら」になる。sneer, simper, smirk は語頭に無声・摩擦音の /s/（息のもれ出る音），その後に /m/ /n/ の鼻音が共通するが，どれも smile の一種になる。日本語のほほえみの擬態語は語頭に「に」が共通するが，「に」/ni/ の「い」/i/ は，ほほえむときに唇を大きく横に広げるので，唇が自然に取る形，/n/ は，舌先を上の歯茎につけて息の流出を止め，鼻から息を出すときの音だから，やはりほほえむ際に舌先が自然に取る位置になる。したがって，英語の /s/ が音の感覚を表すなら，「に」は唇の形を表すことになる（smile の /i/ も昔は /ai/ ではなく /iː/ の発音）。

　泣く場合は，和語では「泣く」の一語で，それに擬音語・擬態語がつくが，笑う場合と比べるとその数は少ない。日本語では声を出す場合と出さない場合に分けられ，声を出す場合は「わんわん」「おいおい」「ひいひい」「えーんえーん」「ぎゃーぎゃー」になる。「わんわん（と）」泣くは，犬の鳴き声から来ており，犬のように激しく泣く場合で，主として子供に使われる。大人が泣きわめく場合は「おー」という泣き声を写して「おいおい」になる。「ひいひい」は苦痛を表す「ひりひり」から来たもので，苦痛のための激しい泣き方を表す。一方，声を立てずに泣く場合は，「しくしく」「めそめそ」「さめざめ」になる。「しくしく」は「打ち続いて」の意で，「しくしく痛む」のようにも使い，声を出さずに哀れっぽく泣く感じ，「めそめそ」は，やはり声は出さず，弱々しく泣く感じになる。「くすんくすん」も泣きじゃくる声である。古めかしい言い方では，古代から続く「さめざめ」「よよ」がある。「さめざめ」は涙を流しながら静かに泣く感じ（語源は「小雨（さめ）」とも），「よよ（と）」は

しゃくりあげて泣く泣き方になる。なお漢字では「泣」（涙の粒の意）は声をたてずに涙を流す意，「哭」は大声をあげて泣く意になる。英語の場合，声を出す，出さないの区別はない。cry は大きな声で泣き叫ぶ，weep は涙を流して泣く，sob は息を詰まらせながら哀れに泣く，whimper，あるいは whine は子供がめそめそとすすり泣く場合になる。ほかに，高い声で長く叫び続ける wail，金切り声の scream，動物が吠えることからきた howl，bawl があり，激しく泣き叫ぶ意になる。cry，wail を除けば，すべて擬音語に由来する。/w/ 音が目立つが，/w/ は唇を突き出し，強く丸めて発する半母音で，たとえば weep（古英語では wēpan）の /we/ は「ウェーン」と泣くときのウェの音，〈ee〉の長母音は「ー」に相当する（scream, screech, squeal, shriek の /iː/ も声を長く伸ばす音）。語末の /l/ も目立つが，その語に長く尾を引く感覚を添える。純粋な擬音語としては boohoo があるが，童話や漫画で使われる語になる。

　この「泣く」は人間の行為であるが，動物の行為である「鳴く」とは同根である。漢字によって区別されているが，和語（つまり漢字以前）では同じものであった。風とか鐘とか，命のないものは「鳴る」というが，これも根は同じである（ただし，「うなる（うーうーと鳴る），どなる（怒鳴る）（「ど」は強意の接頭語），がなる（があがあと鳴る）」は人に使う）。「なく」，「なる」の「な」は「ね（音）」が元になっており，音を出すというのが共通の意味になる。しかし英語では細かく区別する。「泣く」は cry, weep, sob 等，「鳴く」は bark, mew, chirp, croak 等，「鳴る」は sound, ring, chime 等を当てることになる。だから英語は日本語と比べると，個別意識が強く，きわめて分析的である。ただし細かく分析的な分，日本語が持つふくらみや豊かさはない。

4. 語感

　擬音語・擬態語は日本語と英語ではその語感に違いがある。まず日本語は繰り返しを好み，英語は好まない。日本語は，ころころ，わんわん，げらげらのように，同じ音が二回繰り返されて，意味が強調されると共に，揺られるような，あるいは転がるような快いリズムを生み出す。日本語の擬音語・擬態語はすでに古代からある。『古事記』でイザナギ・イザナミが鉾(ほこ)で塩をかき回すときは「こをろこをろ」と回し，魚を「さわさわ」と引き上げ，剣が「さやさや」と鳴り響くように，あるいは『万葉集』で心が天雲のように「ゆくらゆくら」と揺れ，『古今集』では朝が「ほがらほがら」と明け，『源氏物語』や『枕草子』では伊予簾(いよす)が「さらさら」と鳴り，木の葉や涙が「ほろほろ」とこぼれ落ちるように，同じ音が二度繰り返される。この繰り返しは，擬音語だけでなく，普通の文章表現でも使われる。副詞では，そろそろ，いちいち，ゆめゆめ，ますます，わざわざ，せいぜい，たかだか，ほのぼの，しみじみ，しめしめ，とうとう，重ね重ね，恐る恐る，代わる代わる，生き生き，泣き泣き，行く行く，少々，時々，青々，名詞では，山々，人々，隅々，我々，しもじも，形容詞では，憎々しい，生々しい，若々しい，初々しい，かいがいしい，ばかばかしい，などである。この書き言葉の繰り返しもやはり古代からあり，つれづれ，ことごと（事々，異々），かくかく，つらつら，いまいまし，むくむくし，こちごちし，ことごとし，など数多い。感動詞にもよく使われ，どれどれ，ほらほら，おいおい，こらこら，もしもし，やれやれ，ねえねえ，のようになる。

　擬音語・擬態語は，用法としては副詞としての使い方と形容動詞としての使い方がある。多くは副詞で，「と」をつけ，動詞を修飾する。繰り返し言葉でないものは，すかっと，どきっと，むかっと，カチンと，ほろりと，ぐらっと，のように必ず「と」をつける。繰り返し言葉の場合は「と」をつけないことも多く，「いらいらす

る（「いら」は草木のとげのこと），「わくわくする」（「わく」は水が湧く，お湯が沸くの「わく」），「お腹がしくしくする」（「しくしく」は泣く意の転），「頭ががんがんする」（「がんがん」は鐘が連続して鳴り響くさま），「びくびくする」「めそめそする」「ぐずぐずする」「つんつんする」「ざらざらする」「くよくよする」「がつがつする」「わくわくする」「ぞくぞくする」，あるいは「びっくりする」「がっかりする」「うっとりする」「ゆっくりする」のようになる。また形容動詞としての使い方もあり，こちらは「に」をつけて，「ぽこぽこになる」「ぽこぽこにする」としたり，「もうくたくただ」のように「だ」に直接つける。へろへろ，めろめろ，くしゃくしゃ，ぐしゃぐしゃ，ぐにゃぐにゃ，ぴかぴか，つるつる，がたがた，どろどろ，ぽろぽろ，すってんてん，すっぽんぽん，などがある。「に」と「と」両方取れるものもあり，ぐらぐらになる／ぐらぐらと揺れる，ふらふらになる／ふらふらと歩く，のようになる。この二つは古語の形容動詞の「静かに」とするナリ活用と「満々と」とするタリ活用の流れを汲む。タリ活用は漢語を語幹とするが，朗々と，悠々と，淡々と，堂々と，洋々と，粛々と，延々と，のように同じ語を重ねたものが多い。

　動詞として独立したものとしては，「ばらばら」から「ばらす」という動詞が派生し，「ほろほろ」からは「滅びる」が生まれている（「ほろほろ」からは名詞の「ほろ（切れ）」が派生）。同様に，「光る，転がる，揺らめく，揺れる」は，「ひかひか，ころころ，ゆらゆら」という擬態語から派生したものである。あるいは，やわやわ，かたかた，という擬態語からは，「柔らか，和らぐ，固い，固まる」といった語が生まれている。しかしながら，「ぴかぴか光る」，「ころころ転がる」，「ゆらゆらと揺れる」と重複して使うことが多い。擬音語からも動詞が作られ，「どよめく，わななく，おののく，ざわめく，ささやく，さわぐ，おどろく，とどろく，響く，たたく，つつく，注ぐ，すする」などが音に由来する。

　擬音語派生でなくても，和語には同じ母音の繰り返しが多い。朝

なら asa のようにア段の音が繰り返されている。「朝，母は赤い花を頭に飾った」だとア段音は十九音中，十五音にもなる。名詞では他に，霧，川，岸，山，事，物，幹，石，腹，道，元，中，底，玉，息，穴，殻，刀，体，所，災い，子供，動詞では，思う，笑う，語る，殺す，与える，眺める，尽くす，流れる，とどめる，移る，思う，並ぶ，進む，縮む，続く，整う，働く，話す，残る，望む，届く，習う，通る，形容詞では，多い，細い，高い，遠い，長い，早い，古い，荒い，若い，厳しい，正しい，暖かい，柔らかい，少ない，怪しい，悲しい，美しい，やさしい，おもしろい，かわいい，鮮やか，などがある。同じ母音なので，発音のしやすさと共に，繰り返しの心地よさがある。

　英語にも繰り返し言葉はある。tick-tack, clip-clop, ding-dong, zig-zag などの擬音語で，アクセントは多く強・弱となり（アングロ・サクソン語は基本的に第 1 音節にアクセントがある），第一音節と第二音節は発音が少し異なって変化がついている。母音中心の柔らかくなめらかな日本語とは違い，母音と子音のコントラストがはっきりし，歯切れがよい。ただし繰り返し言葉は英語では幼児語的であり，よく使われるのは絵本や漫画などである。たとえばTrains are great at speed, speed, speeding. / Tooting-whooo-hooo! / Through tunnels rattling, at stations stopping: / Choo choo, clickety-clack! Off they go! (Margaret Mayo)（列車は速いぞビュンビュンビュン，警笛鳴らしてホーホーホー！ トンネルがたがた駅ではキーッ：シュッシュッ，ガタンゴトン！ 出発進行！）。また bye-bye, papa, mama, dada といった繰り返し言葉も幼児語的に響き，father, mother, あるいは Dad, Mum のほうが好まれる。

　動詞・名詞・形容詞になると，and などで結ばれた形で，副詞として文中に使われる。little by little, by and by, step by step, time after time, over and over, so and so, such and such などである。強調としては cry and cry, faster and faster のように同じ語を繰り返すが，さらに英語には違う表記で同じ意味の言葉を二つ

重ねて意味を強める用法がある。think and reason, dark and gloomy, weird and strange, well and good, pure and simple, sick and tired, far and away, over and done with, one and only, down and out などである。さらに，first and foremost, head and heart, safe and sound, sullen and sulky, stiff and set, sad and sorry, planned and plotted, by might and main などは /f/, /h/, /s/, /m/ の頭韻，fair and square, silent and quiet では末尾の /éər/, /t/ が韻を踏んで詩的な表現になっている（類語反復は日本語では冗長になって不適）。

　次に音の響き。日本語は母音優位の言語であり，母音の響きが重要なのに対して，英語は子音優位の言語であり，子音の響きが重要になる。日本語の母音の響きを見ていくと，「あ」は口を縦に大きく開けるから，大きく広がる開放感がある。驚いたときの「あっ」，泣き出すときの「わっ」がその代表である。「い」は「あ」とは逆に，口を横へいっぱいに広げる。引き伸ばす感じがあり，強さや鋭さが伴う。子供など，反感を示すときに歯をむき出して言う「いーだ」という感動詞，また，きっとにらむ，にっと笑う，という表現にその感じが出る。「う」は唇を丸めて前へ突き出すので，飛び出す感じがあり，勢いが伴う。ぷっと吹く，ふうと息をつく，ふわっと，ぬっと，などにその感じが出る。「え」は力を抜いて口を開けるので引く感じになり，弱さや鈍さの感じが伴う。えっと驚く，えーんと泣く，ええ，ねー，と同意する，へー，と感心するときの感じになる。「お」は唇を丸めるので，小さく縮む感じ，閉じる感じになる。おお，ほう，おっと，といった感動詞，ぽろぽろ，ぽとぽと，などにその感じが出る。音のイメージとすれば，「あ」と「お」が解放と閉塞で逆方向，「あ」と「い」は縦に広げる，横に広げるで逆，「う」と「え」は押すと引くで逆になる。この語感はパ行に各母音を当てはめるとよく分かる。「ぱっと」は大きく開く，「ぴっと」は鋭く鳴る，「ぷっと」は勢いよく吹き出す，「ぺっと」は（吹くではなく）吐き出す，「ぽっと」は小さく出る感じになる。あるいは笑い

に当てはめると，「ははは」は大声で豪快に，「ひひひ」は下品で不気味で，魔女の笑いのように鋭く，「ふふふ」は含み笑いで，笑いが堪えきれずに出る感じ，「へへへ」はせせら笑いで，人を小ばかにする笑いで力が抜けており，「ほほほ」は口を大きく開けまいとする上品で軽い笑いになる。

　驚いたときに出す声は「あ（あっ，ああ）」と「お（おっ，おお）」がある。女性なら「あ」を変形して「あら」「まあ」のように言う（古語なら「あな（うれし）」）。英語でも ah /á:/, oh(o) /óu/ があるが，日本語では「あ」が一般的で，英語では oh が一般的である（二重母音のほうが力強くリズミカル）。音の違いとして，「あー」「おー」としたとき，「あー」は口が大きく広がるから，息が一気に開放される感じがあるが，「おー」は口を狭めるから，筒から玉を放つように息が遠くまで飛ぶ感じがある。だから「あー」は驚きであり，「おーい」は遠くにいる人に呼びかける言い方になる。英語で呼びかけるときは hello /həlóu/ で，最後の音節の /lóu/ が強く発音されるので遠くまで響く。「やっほー」は山での呼び掛けだが，元の英語は yo-ho /jouhóu/ で，おーいという呼び掛けや，よいしょという掛け声になる。日本語は最初の「や」が高く大きく読まれるが，英語では最後の音節の /hóu/ が強く読まれる（「よっほー」では声が遠くまで届く気がしない）。リズムをつけ，yo-ho-ho とも言うが，やはり最後の音節が強く読まれる。heigh-ho /heihóu/, ahoy /əhói/ なども同様で，身体に喩えて言えば弾みをつけてジャンプする感じになる。くしゃみの「ハクション」は ahchoo /ɑːtʃúː/ で，日本語と違い，やはり末尾にアクセント。突然の痛みを受けたときは，日本語では「あいた」（あ＋痛い），英語は ow /áu/ や ouch /áutʃ/ といったア音が多い。

　日本語の母音の語感はただ擬音語・擬態語のみならず，和語の語彙とも感覚的に係わっているように思われる。出だしの音を見ると，ア段音は，動詞では口を大きく開ける動作，「あえぐ，あざける，語る，さえずる，叫ぶ，騒ぐ，泣く，嘆く，吐く，話す，わめ

く，笑う，あくぶ（古語であくびをすること）」といった語と係わり，また広がりや勢いを感じさせる語，「開ける（明ける），あふれる，現れる，あわてる，輝く，咲く，たぎる，晴れる，沸く」，あるいは息が強く放出される「争う，裂く，刺す，叩く，戦う，殴る，投げる，走る，焼く，破る，割る」といった語と係わろう。形容詞では力の感じられる好ましいイメージの語，「明るい，暖かい，新しい，熱い，甘い，固い，高い，長い，早い，丸い，若い，たくましい，楽しい，まぶしい」，また反対に力の感じられる好ましくない語，「荒い，辛い，寒い，まずい，悪い，悲しい」，さらに「あ」の違う側面，広がって深さや濃さのないことから「浅い，淡い，軽い，はかない」といった程度の弱い語とも係わろう。唇を丸め，口内に大きな空洞を作って響かせるオ段音は，ア段音とは逆の内にこもる力強さから，動詞では，こもるように音を発する動作，「そしる，とがめる，とどろく，ののしる，述べる，吠える，呼ぶ，読む」，また強い力のこもる行為，「押す，犯す，襲う，脅す，拒む，壊す，殺す，損なう，背く，呪う，滅ぼす，よごす」，また内に向かう動作，「老いる，負う，おおう，置く，遅れる，怠る，落ちる，劣る，衰える，思う，下りる，折る，終わる，込める，こもる，閉じる，どもる，もぐる」などと係わろう。形容詞では内にこもる度合いの大きさから「多い，大きい，重い，濃い，遠い」，また逆にその広がりの欠落した感覚から「遅い，のろい，細い，もろい，弱い」といった語とも係わろう。イ段音はア段音を押しつぶす感覚から，動詞ではつぶれるイメージの「切る，しおれる，しぼむ，沈む，縛る，しびれる，縮む，散る，引く，ひしぐ（ひしゃげる），ひねる，秘める，控える」，あるいは口を横に大きく広げる感覚から「開く，閃く，広げる」，形容詞では口の開きの小さいことから，「小さい，近い，にぶい，低い，短い」という程度の小さいことを表す語（名詞ではちび），あるいは口を押しつぶす感覚から「痛い，きつい，しぶい，苦い，ひどい，憎い」といった否定的な語とも係わろう。ウ段音は唇をすぼめて突き出す感覚から，動詞では「歌う，打つ，

生む，売る，突く，つつく，貫く，吹く，うなる，うめく，吸う，すぼむ，告げる」，形容詞ではその吹き出す勢いから「強い，深い，太い，鋭い，うまい，うれしい」，また逆に音が強くこもることから「暗い，古い，冷たい，難しい，苦しい，つらい，くさい，すっぱい，くやしい」といった否定的な語とも結び付こう。エ音はアとイの中間の母音で，明確さを欠いた弱くあいまいな響きから，「笑(え)む，減る，粘る，寝る，せまい，屁」などと係わろう。

　語彙の最初の音だけでなく，続く音との係わりにおいてもある流れや変化の感覚を作り出す。母音だけに注目すれば，たとえば，「話す，笑う，高い，早い，明るい」は「ア＋ア＋語尾」で感覚が連続的に強調され，「破る，寒い，丸い，まぶしい」は「ア＋ウ＋語尾」で広がりが縮む感覚，逆に，「歌う，うなる，うまい，深い」は「ウ＋ア＋語尾」で閉じていたものが広がる感覚がある。一方，「あえぐ，叫ぶ，わめく，投げる」は「ア＋エ＋語尾」で，強い行為の後に力が抜けた感じがある。また同じ語幹でも，「上がる，たまる，まざる，固まる，高まる」のような自動詞は「ア＋ア（＋ア）＋語尾」のように同じア段音が連続し，状態が維持される感覚があるが，他動詞になると，「上げる，ためる，まぜる，固める，高める」のように「ア（＋ア）＋エ＋語尾」のようになり，変化が生じる感覚がある。

　もちろん以上述べたことは音の原初的な感覚で，漠然としたイメージにすぎないが，しかし原初的だからこそ音のエネルギーといったものがあり，主要な語彙は多少なりともその音の感覚を反映しているように思われる。なるほど，時の流れの中で，音が脱落したり（いだく（抱）→だく，いだす（出）→だす），音が追加されたり（いしい→おいしい，か（鹿）→しか），母音が変化したり（いろこ（鱗）→うろこ，ぬた打つ→のた打つ）といった語もあるものの，数はわずかで，言葉の意味は音感覚と結び付くことで堅固なものになっている。

　子音の語感も語彙のイメージと結び付く。「固い－柔らかい」で

は，「固い」の /k/, /t/ の破裂音，「柔らかい」の /y/, /w/ の半母
音はそれぞれの語のイメージと合っている。「強いー弱い」，「きつ
いーゆるい」にもその対比がある。その /t/ 音，たとえば「た」は，
強く弾く音なので，強く勢いのある語，「倒す，たがえる，たぎる，
猛る，戦う，叩く，立つ，絶つ，建てる，たわめる，高い，確か，
正しい，楽しい，鷹，滝，竹，竜，盾，縦」といった語を作り出し，
同じ破裂音の /k/, たとえば「き」は，「刻む，きしる，競う，鍛え
る，嫌う，切る，消す，汚い，きつい，厳しい，傷，牙，錐」と
いった強く鋭いイメージの語を作り出す。「き」以外のカ行でも「掻
く，噛む，枯らす，刈る，くじく，崩す，砕く，くつがえす，くび
る，汚す，けずる，殺す，壊す，こぼつ，拒む，焦がす，敵，刀，
杭，釘，鎖，怪我」のような破壊的なイメージの語が集まる。摩擦
音の /s/ は擦り減る響きを持ち，たとえば「し」は，「しおれる，
しじむ（縮む），静まる，沈む，滴る，しなだれる，しなびる，死
ぬ，しびれる，しぶる，しぼむ，染みる，閉める，退く，しわがれ
る，しとやか，しめやか，下，尻，皺」，「す」は「据える，すがれ
る，過ぎる，すくむ，すたれる，捨てる，すねる，すべる，すぼ
む，擦る，座る，少ない，すげない，すかすか」といった勢いの減
じるイメージの語を作り出す。「上がる」も /s/ をつけただけで勢
いが減じて「下がる」になってしまう。鼻音「ま」はこもる響きか
ら，強さや勢いのない穏やかなイメージの語，「舞う，曲がる，巻
く，待つ，まどろむ，回る，まどか，丸い，まろやか，まったり，
間，まばら，毬」，同じく鼻音の「な」は「なえる，流れる，慰め
る，なごむ，なずむ，なだめる，なつく，なでる，なびく，怠け
る，なまる，なめす，なめる，なごやか，なだらか，なめらか，な
まめかしい，凪，なよなよ」といった柔らかい語を作り出す。半母
音「や」は，子音の持つ勢いがないから，強さの欠落した「休む，
やせる，やつれる，病む，やめる，和らぐ，やさしい，安い，やす
らか，柔らかい，柳」といった語を作り出している。

　以上は sound symbolism（音象徴）と呼ばれる音の響きの感覚で

あるが，英語では，日本語と違い，母音よりも子音の響きのほうが重要になる。/fl/ の音は摩擦音と流音の組み合わせだから，こすれて流れる軽快な感じを出し，flow, fly, float, flag, flare, flame, flap, flip, flash, flush, flit, flutter, flicker といった動詞で使われる。/gl/ は破裂音と流音の組み合わせで，glow, glory, glare, glimmer, gleam, glass, glitter, glimpse, glint, glisten, gloss, glamour などにきらきらと光る感覚を与えている。/kr/ で始まる「破裂音＋流音」も，crash, crack, crackle, crawl, creak, creep, crisp, crunch, crush など，カリッと引っかく，あるいはガチャッと当たる感覚がある。半母音の /wh/ は空気を切る語感があり，whistle（ヒューヒュー，ピューピュー），whisper（サラサラ），whip（ピシッ），whine（ヒュー），whack（バシッ），whir（ヒュー），whiz（ピュー），whimper（めそめそ）などがある。/wr/ はひねる感じで，wreathe, wrench, wrest, wrestle, wring, wriggle, writhe などがある。摩擦音 /s/ で始まる語は多い。/sl/ は摩擦音と流音の組み合わせで，slip, slop, slosh, slug, slick, slither, slide, slurp, slap, slime のように，するっとすべる感じ，/sp/ は「摩擦音＋破裂音」で，spark, spatter, speak, spill, spit, splash, split, spray, spread, spring, spur などの，ぱっと飛び散る感じで，space も語源は「広げる」，span は「伸ばす」である。/scr/ は「摩擦音＋破裂音＋流音」で，摩擦を起こしてスルッと出て行く感じを伴い，scratch, scrape, screech, scream, screw, scrub, scribble といった語が集められる。/sn/ は「摩擦音＋鼻音」で，snore, sneeze, sniff, snort, snarl, snivel, snub, snout, sneer, snuffle など，鼻に係わる語になる（日本語の「さ」音も「さらさら，さわさわ，ささやく，ささめく，さざめく，さえずる，さわぐ，ざわめく，さけぶ」のようによく音を表す）。grass, graze, green, grow の場合は同根で，イメージが重なる。blade, bloom, blow（「花が咲く」意）も同根。

　以上は単語の語頭だが，単語末尾の子音の破裂音や摩擦音も音響

的効果を出す。まず末尾の /p/ 音は鋭い閉鎖と破裂の感覚を伴う。pop, tap, rap, snap, snip, drop, thump, bump, dump, slump, plump, flap, slap, stop, slip, chirp, clip, clap, zip などである。/t/ も詰まって破裂する語感があり，cut, dart, fit, flit, hit, pat, put, set, shout, shut, sit, slit, spit, trot, spurt, squat などがある。「ドアを閉める」も，摩擦音の close /klóuz/ よりは shut /ʃʌt/ のほうがピシャンという強い響きが感じられる。/k/, /g/ についても同様で，bang, ring, sling, clang, smack, knock, crack, kick, pick, flick, hack, tick, click, clink, prick, stick には閉鎖・破裂の感覚がある。crash の /sh/ は摩擦音で，dash, clash, lash, gush, blush, flash, smash, bash, wash, splash, slosh, slush, swish, fish のように，激しい摩擦音と共に何かが破裂する感覚がある（〈a〉/æ/ の母音が目立つ）。同様に scatch の /tch/ は破擦音で，attach, catch, touch, watch, stretch, switch, etch, match, hitch, speech, search, pitch のように，ぶつかる，こすれるという感覚がある。kiss も，hiss, piss や buzz, fizz, whizz などと同様，摩擦音の擬音語に由来する。音のこもる鼻音では hum, thrum, boom, croon, moan, whine, groan, mourn, doom, gloom など，閉じる，ふさがる，尾を引くという感覚がある。流音 /l/, /r/ は，流れ，引き伸ばされる感じだから，purr（ごろごろ），murmur（ぶつぶつ），roar（うぉー）とか，growl（うー），howl（うぉーん），snarl（うー），roll（ごろごろ）などの擬音語に反映する。また -er や -le の語尾は繰り返しの感覚を作り出す。flicker（ちかちか），patter（ぱたぱた），waver（ゆらゆら），flutter（ひらひら），shiver（ぶるぶる），shudder（がたがた），glimmer（ちらちら），あるいは dazzle（くらくら），sizzle（ジュージュー），giggle（くすくす），guzzle（がつがつ），sparkle（きらきら），twinkle（ぴかぴか），babble（べらべら），rumble（ごろごろ）などがある。さらに語の中間の 〈tt〉 は細かい動きを表し，scatter, shatter, chatter, rattle, clatter, batter, mutter, stutter, splutter, totter, twitter, prattle,

tattle などとなる。dodder, waddle, toddle, twaddle の 〈dd〉,
wobble, hobble, gabble の 〈bb〉, wriggle, stagger, struggle の
〈gg〉も同じである (-er, -le は反復)。

　母音の効果については，英語は子音ほどはっきりしていない。歴
史的に表記と発音がずれてしまったため，〈u〉や〈o〉は /ʌ/ とも
なり (under, but, much; other, come, son), 〈a〉は /ɔː/ とも
/ei/ ともなった (all, also, ball; age, lake, take)。だから日本
語の母音ほど明確な区別はつけられない。ただ 〈i〉は小さいとい
う感覚を付与し，inch, minor, tiny, minute, micro, diminish,
trivial, thin, bit, chip, mini, little, slit, whit, child, chicken,
kitten, bird, island, slight, trifle, imp などにその感覚が表れ
る (『ガリヴァー旅行記』に出てくる小人国の名は Lilliput)。逆に
〈a〉は大きさを表し，large, vast, far, fat, grand, ample, abun-
dant, many, massive, magnificent, major, macro, all, aug-
ment, tall, fast などに現れる (long, strong, old の 〈o〉も古英
語では 〈a〉, broad は brād, whole も hāl の表記)。また 〈a〉は口
を大きく開ける感覚から gasp, pant, laugh, bark, chant, chat-
ter, call, talk などと係わり，またぶつかって大きく弾ける感覚か
ら bang, snap, crash, dash, crack, spark などとも係わる。た
だし例外もある。big－small, wide－narrow がそのよい例になる
(ただし wide の古形 wīd は /iː/ で長く伸ばす感覚)。音ではなく
語源の意味で決まる語もあれば，歴史と共に表記や意味が変わって
しまう語もある (immense は 〈i〉の表記を持つが，im- が not の
意で「測れない (ほど大きな)」の意)。こうした音の印象は，目で
読む散文では文字が記号化し，言葉の意味だけ読み取るのではとん
ど何の効果もないが，韻文 (詩) では，音の響きが生命で，口で唱
えて味わうから，きわめて重要な意味を帯びてくる。

5.　聴覚的受容と視覚的受容

　日本語に擬音語・擬態語が多いのは，日本語が，英語のように論理的な明確性を求めるのではなく，情緒的な暗示性を求めるからで，ある雰囲気を，意味によってではなく，音の響き，あるいは音の色によって感覚的に伝えようとする。その背後には一種のアニミズム的な発想がある。アニミズムとはあらゆる物事の背後に生命あるいは霊を見る発想だが，たとえ生き物ではなくても，その対象なり状況なりは生きており，それがこちらに何かを語りかけてくるという感覚である。太古の日本は「草木言問う」（『日本書紀』）国であり，草や木がぺちゃくちゃとしゃべっていた。鐘の声，松の声，秋の声，三月の声，七十の声というように，生き物でないものでさえ声を出す。人間はそれを聞き取ることで外の世界と係わろうとした。音も昔は動物や人の声まで含む広い意味だった（「音に聞く」とはうわさ・名声のこと）。「訪れる」も「音連れる」意で，相手に音（声，手紙）を伝えることだった。つまり万物は音声でその正体を現し，それを聞き取ることでその対象と係わった。

　この「聞く」は多義的で，話を聞くという場合（つまり hear）のほかに，道を聞くという場合のように，問う（ask）意味でも使う。しかしこれも，答えを聞くために尋ねるということで，基本的には同じである。さらに，「薬がきく，わさびがきく，顔がきく，鼻がきく」という言い方もあり，その場合は利く・効くの字をあてるが，和語としては同一である。「聞く」の語源は「気が来る」とも言われるが，それを当てはめれば，「薬がきく」とは薬の気がこちらに来る，つまり薬が効力を発揮する意になる。「口をきく」には「ものを言う」場合と「人の世話をする」場合があるが，これも口が効力を発揮するということになる。さらに「香を聞く，酒を聞く」という言い方もある。対象から発せられる気を理解し，その良し悪しを感じ取ることになる。したがって，聞くとは，事物が発する気を受け入れ，理解することであり，その対象は人に限らず，自分を取り

巻く万物に及ぶ。

　古語に「にほふ（匂う）」という語があるが，これにも擬音語・擬態語と同じ発想がある。この語の語源は「赤色（に・丹）が浮き立つ（ほ・秀）」で，本来は対象がみずからその美しい色を現し出すことであった。しかしその後，匂う場合にも使われるようになり，それが優勢になって，今日では視覚的な美しさについては使われず，もっぱら臭覚（それも多く悪臭）について使われる。現代の感覚では，匂いは対象から発散されるものだが，美しさは，こちらが捉えるもので，対象が発散するものとは考えない。しかし古代では匂いのように美はみずからを表すものと考えた。擬態語もそれと同じで，さまざまな状態や動作は，たとえ耳には聞こえなくても，ある気を放出しており，それを言葉で捉えることになる。

　英語にはこうしたアニミズム的な発想はない。むしろ，「聞く」ではなく，「見る」という発想が強い。理性は，聞くのではなく，見る，つまり対象を観念（idea）として把握しようとする。idea の語源は「見る」であり，見られた「形」を意味する。見るとは人間の側の積極的な行為であり，こちらから行動を起こして対象を見据える，目で対象を捉える，支配するといった意味合いを持つ。聞く場合，向こうから力が来る。しかし見る場合，こちらから力を発揮することになる。日本は台風，地震，火山，津波，洪水など自然の力が強く，それへの恐れから人はその背後にいる神の声を聞き取り，その怒りを静めようとした。聞くとは神々との積極的な交わりと言ってもよく，虫の声，風の音，あるいは静けささえ深い意味を持った。しかし西欧では台風や地震もなく，自然はおとなしいから，家畜に対するごとく，人間はそれを支配の対象とした。聖書でも神はアダムに大地を支配せよと命じている。見るとは，獲物を狙うように，対象を標的として定めること，対象を客観的に捉えることである。それが，音声や状況を動詞や名詞として観念化し，文の中にからめ捕る形で現れる。

　英語ではこの「見る」の優位から，視覚的あるいは観念的なイ

メージを使うことで迫真性を出す。しかし日本語では説明的になるので，擬態語のほうが感覚的に分かりやすい。

(1) a. He walked at a snail's pace.
(彼はカタツムリの歩調で歩いた→のろのろと歩いた)

b. Her hair is as smooth as velvet.
(彼女の髪はビロードと同じくらいなめらかだ→とてもつやつやしている)

c. The sky is as clear as crystal.
(空は水晶と同じくらい澄んでいる→ぴかぴかに晴れている)

d. I feet as dry as dust.
(私は土ぼこりと同じくらい乾いている→のどがカラカラだ)

e. It is raining cats and dogs.
(雨が犬と猫のけんかのように騒がしく降っている→ざあざあ降っている)

f. He walks on air.
(彼は空気の上を歩いている→うきうきしている)

g. Her sudden cry made my heart jump into my mouth.
(彼女が突然叫んだので心臓が口まで飛び出てきた→ぎょっとした)

h. He laughed his head off.
(彼は頭がはずれるほど笑った→げらげら笑った)

i. He was breathing with difficulty.
(彼は苦労して息をしていた→ハーハーと息をしていた)

j. He came without shame.
(彼は恥もなくやって来た→しゃあしゃあとやって来た)

k. He went away in a hurry.
(彼は急いで帰った→あたふたと帰った)

l. He fell flat on the ground.
(彼は地面に平らに倒れた→ばったりと倒れた)

m. She danced herself exhausted.

（彼女は疲れきるまで踊った→踊ってくたくたになった）

n. He looked me up and down.

（彼は上に下にと私を見た→じろじろと見た）

o. I bore the insult with patience.

（私は忍耐をもって侮辱に耐えた→じっと耐えた）

p. He entered the room by stealth.

（彼はひそかなやり方で部屋に入った→そっと入った）

q. I could eat a horse.

（私は馬でも食べられるほどだ→お腹がぺこぺこだ）

6. 詩歌での例

　先に小説での例を見たが，ここでは韻文の例を見る。まず，よく知られた「風の又三郎」の歌。

(1)　どっどど　どどうど　どどうど　どどう

　　　青いくるみも吹きとばせ

　　　すっぱいかりんも吹きとばせ

　　　どっどど　どどうど　どどうど　どどう

（宮沢賢治「風の又三郎」）

　和歌のように七語と五語の組み合わせ，あるいは四拍子のリズムに乗って，心地よい聴覚的効果を与える。強い風の音は，一般的には，ひゅーひゅー，ぴゅーぴゅー，びゅーびゅーで，半濁音だと速く鋭く，濁音だと勢いが非常に強い印象を与える。「ど」が使われるのは，「ど（ど）っと」大波が押し寄せる，「どーんと」雷・大太鼓が鳴る，「どど（ー）んと」爆発するような場合で，かなり激しい衝撃を与える。古語では「とどろに寄する波」で，とどろく（轟く）の語源になる。したがって，ここでも，「ど」を連続して使うことで，何かの大群，あるいは何か巨大なものが勢いよく押し寄せてく

る感じになる。

(2)　サーカス小屋は高い梁<ruby>梁<rt>はり</rt></ruby>
　　　　　　そこに一つのブランコだ
　　　見えるともないブランコだ
　　　<ruby>頭倒さ<rt>あたまさか</rt></ruby>に手を垂れて
　　　　　　汚れ<ruby>木綿<rt>もめん</rt></ruby>の<ruby>屋蓋<rt>やね</rt></ruby>のもと
　　　ゆあーん　ゆよーん　ゆやゆよん　　　　（中原中也「サーカス」）

　この詩は七五調できちんと言葉が続いたあとに，力の抜けた感じでブランコの揺れる音，「ゆあーん　ゆよーん」という擬音語が来る。サーカスとは，戦争の後の束の間の娯楽らしいが，その中心にあるブランコは，期待されるような勢いのある格好のいいものではなく，真っ暗な夜の中，薄汚れたテントの中で，力を失い，死んだようにけだるく揺れているだけであり，まだ戦争の荒廃した雰囲気に浸されている感じである。母音と半母音の組み合わせは柔らかな語感だが，子音の強い響きがないため，骨が抜けているようであり，「ん」で終わると力尽きた感じが伴う。

(3)　るんるん　るるんぶ
　　　るるんぶ　るるん
　　　つんつん　つるんぶ
　　　つるんぶ　つるん

　　　河童の皿を月すべり。
　　　じゃぶじゃぶ水をじゃぶつかせ。
　　　かほだけ出して。
　　　踊ってる。　　　　　　　　　　　　　　（草野心平「河童と蛙」）

　これも同じように七語と五語の組み合わせ，あるいは四拍子のリズムに乗って，月下の沼で踊る河童の楽しい気分を描写する。「る」は弾音，「つ」は破裂音で，撥音「ん」と重ねることで勢いがつく。

したがって，「るんるん」は陽気で浮かれた気持ち，「つんつん」は突き出るように勢いよく跳ねるさまを写し，「じゃぶじゃぶ」と共に，河童が元気に踊っている様子を表している。

　次は和歌。河野裕子が擬音語を巧みに使っている。

(4)　a.　たとへば君ガサッと落葉すくふやうに
　　　　　　私をさらつて行つてはくれぬか
　　　b.　土鳩はどどつぽどどつぽ茨咲く野は
　　　　　　ねむたくてどどつぽどどつぽ
　　　c.　君を打ち子を打ち灼けるごとき掌よ
　　　　　　ざんざんばらんと髪とき眠る
　　　d.　ぽぽぽぽと秋の雲浮き子供らは
　　　　　　どこか遠くへ遊びに行けり

　「ガサッと」は，まとめて，いっぺんに，勢いよくという感じがあり，その落葉を扱う粗雑な音が駆け落ちの情熱と重ねられてユーモラスである。「どどつぽ」は四回も繰り返されることで，のどかな野に響き渡る土鳩の圧倒的な声の存在を感じさせる。濁音と撥音の連続する「ざんざんばらん」は音の響きとしては何かが無残に崩壊するようで，家族との争いのあとの荒れた心を反映する。明るく弾けるような「ぽぽぽぽ」は，子供たちを誘い出さずにはおかない，のどかな雲の様子を暗示する。「ぽぽぽぽ」という形容に対し，「かかかか」という形容もある。

(5)　馬にでも喰はれてしまへ　呵呵呵呵と
　　　　笑ひ大屋根を越えてゆく雲
　　　　　　　　　　　　　　　　　　　　（永井陽子）

　呵呵大笑という言葉があるが，「呵呵」はからからと大声で笑うさまで，つまらないことにこだわり，縮こまる人間を尻目に，堂々と雄大に流れ行く大自然のさまを印象づける。

　続けて俳句。月光にまつわる句を見る。

(6) a.　ひらひらと月光降りぬ貝割菜<ruby>貝割<rt>かひわり</rt></ruby>菜<rt>な</rt>　　　　　　　　（川崎茅舎）

　　b.　月光ほろほろ風鈴に戯れ　　　　　　　　　　　（萩原井泉水）

　　c.　よよよよと月の光は机下に来ぬ　　　　　　　　　　（茅舎）

　「ひらひら」は蝶あるいは花びらが，軽やかに，また静かに舞うイメージである。それは月光が，まるで天女のように，やさしく静かに降り注ぐさまであると共に，また貝割菜が，その風のような月光を受けて静かに揺れているさまでもあろう。「ほろほろ」は花や木の葉が静かに落ちるさま，あるいは山鳩が鳴く声で，ここでも月光が静かに降り注ぐさまと風鈴が柔らかな音を奏でるさまを同時に表している。「ひらひら」が開いて平たい感じなら，「ほろほろ」は小さく丸まった感じになる。「よよ」は水やよだれ，あるいは涙などが滴り落ちるさまで，水のように月光が机の下までこぼれ落ちてそこで溜まっている。

　一茶も擬音語を巧みに使う。

(7)　ざぶりざぶりざぶり雨ふる枯野かな

　　　うまさうな雪がふうはりふはりかな

　　　雪とけてくりくりしたる月夜かな

　　　陽炎にさらさら雨のかかりけり

　擬音語は本来は飾りだが，ここでは擬音語によって情景の激しさ，柔らかさ，鮮やかさが際立ち，擬音語はむしろ主役になって大きく浮き立っている。

　このように，日常生活では使い古された言葉も，和歌や俳句では命が吹き込まれ，みずみずしく躍動したものになる。それはあたかも，太古の言霊がよみがえってきたかのような感がある。

　続いて英語の作品から。擬音語・擬態語は童話・童謡・詩などではよく使われる。言葉の意味よりも音の快さが求められるからである。

(8)　Hickory, dickory, dock,

　　　The mouse ran up the clock.

　　　The clock struck one,

　　　The mouse ran down.

　　　Hickory, dickory, dock.　　　　　　　　　(Nursery rhyme)

　　　（ヒッコリー，ディッコリー，ドック／ネズミが時計を駆け上が

　　　る／時計が一時を打った／ネズミが時計を駆け下りる／ヒッコ

　　　リー，ディッコリー，ドック）

　Hick-o-ry, dick-o-ry, dock という強弱弱三歩格の擬音語はチク
タク（tick-tack）と鳴る柱時計の振り子の音を表している。dock
と clock が脚韻を踏むとともに，struck と合わせて，/k/ 音が響き
渡る（one, down は不完全韻）。また /d/ の頭韻，/n/ の子韻もエ
コーしている。

(9)　A farmer went trotting upon his gray mare,

　　　Bumpety, bumpety, bump,

　　　With his daughter behind him, so rosy and fair,

　　　Lumpety, lumpety, lump.　　　　　　　　　(Nursery rhyme)

　　　（農夫が灰色の馬で駆けていく／バンペティ，バンペティ，バン

　　　プ／後ろには娘さん，ばら色の美人さん／ランペティ，ランペ

　　　ティ，ランプ）

　馬に乗って農夫とその娘が行く。馬の走り方は一般的には clip-
clop（ぱかぱか）だが，父親のほうは Bumpety, bumpety, bump と
/b/ 音が使われ，/b/ は破裂音だから，いかにも重そうな響きがあ
る（bump はどんとぶつかる意で，ここでは擬音語）。娘のほうは
/l/ 音で，流音だから，明るく軽やかに進んでいく感じがする。韻
律は一，三行目は弱弱強，二，四行目は強弱弱が基本で，どちらも三
拍子で，馬の走るリズムである。mare と fair, bump と lump で
脚韻を踏む。

詩では，詩の内容を音声で表現する方法が駆使される。声に出して読めば，BGM のように，音の響きが効果を上げる。

(10) The fair breeze blew, the white foam flew,
　　　The furrow followed free;
　　　We were the first that ever burst
　　　Into that silent sea.

　　　　　　　　　　(S. T. Coleridge, *The Rime of the Ancient Mariner*)
　　　（風さわやかに白波さわぎ／水尾（みお）はのびのび広がって行った。／そしてわしらが最初の人間だった，／あの音無しの海に突入したのは。）（上島建吉訳）

　船が順風を受けて颯爽と海を進む場面。弱強四歩格と三歩格が交互に並ぶ。fair, foam, flew, furrow, followed, free, first という /f/ 音の連続，breeze, blew, burst という /b/ 音，silent, sea という /s/ 音の頭韻，あるいは first, that, burst, silent の /t/ の子韻で船の快走する様子が感じ取れる。さらに /l/ と /r/ の流音も，breeze, blew, flew, furrow, followed, free などの語の中にちりばめられ，また blew, flew は中間韻，free, sea は脚韻となって，流れを加速させている。

　シェイクスピアの戯曲も詩の形で書かれており，せりふは舞台で声に出して語られるものだから，音の響きが心地よいものになっている。

(11) Fair is foul, and foul is fair:
　　　Hover through the fog and filthy air.　　　(*Macbeth* 1.1)
　　　（きれいは穢（きた）ない，穢ないはきれい。さあ，飛んで行こう，霧のなか，汚れた空をかいくぐり。）（福田恆存訳）

　劇冒頭の魔女のせりふで，/f/ 音の頭韻が六回連続し，その摩擦音と単語の意味で，かすむ霧のような不気味な雰囲気を作り出している。不気味ではあるが，fair と air が脚韻を踏み，かつ強弱のリ

ズムは整っていて心地よい。

(12)　Good night, good night! parting is such sweet sorrow,
　　　That I shall say good night till it be morrow.

(Romeo and Juliet 2.2)

　　　（お休みなさい，お休み！　別れがこんなに甘く悲しいものなら，
　　　夜が明けるまで別れの言葉を言い続けていよう。）（福田恆存訳）

　明日の結婚式を心待ちにするジュリエットのせりふはエコーに満ちている。sorrow, morrow の脚韻をはじめ，night, part(-ing), sweet, That, night, it の末尾 /t/ の子韻，such sweet sorrow の三回連続する /s/ の頭韻は，さらに shall, say とエコーする。甘い恋の喜びが，響き合う音声となって輝き出る。ロミオがジュリエットの亡骸を前に自害するときも，Thus with a kiss I die. と言うが，この短いせりふも，Thus と kiss の /s/，I と die の /ai/，with と kiss の /i/ と，三つの韻があり，心地よい。

(13)　Blow, winds, and crack your cheeks! rage! blow!
　　　You cataracts and hurricanoes, spout
　　　Till you have drench'd our steeples, drown'd the cocks!
　　　You sulphurous and thought-executing fires,
　　　Vaunt-couriers to oak-cleaving thunderbolts,
　　　Singe my white head!　　　　　　　　(King Lear 3.2)

　　　（風よ，吹け，うぬが頬を吹き破れ！　幾らでも猛り狂うがいい！
　　　雨よ，降れ，滝となって落ち掛れ，塔も櫓（やぐら）も溺れ漂う
　　　程に！　胸を掠（かす）める思いの如く速やかなる硫黄（いおう）
　　　の火よ，檞（かしわ）を突裂く雷の先触れとなり，この白髪頭を
　　　焼き焦してしまえ！）（福田恆存訳）

　すさまじい嵐の中を，激怒と絶望のうちにリアがさまよい歩く。単語の末尾に /s/，/z/ の子韻が過度に連続する。winds, cheeks, cataracts, hurricanoes, steeples, cocks, sulphurous, fires,

Vaunt-couriers, thunderbolts であり，この摩擦音は吹きすさぶ風の音や詰まってしまいそうなリアの苦悩の息遣いをリアルに写している。ここにはさらに /k/ の破裂音も連続し，crack, cataracts, hurricanoes, cocks, Vaunt-couriers, oak-cleaving など，嵐のすさまじさを音で描いている。このように場面自体は激しく破壊的だが，韻律は弱強五歩格が守られ，リズムは安定し，整っている。

第6章　文　字

　人類は言葉は持てても，長い間文字を持てなかった。文字ができたのは，メソポタミアのくさび型文字は BC3000 頃，エジプトのヒエログラフは BC2600，漢字の原型となる甲骨文字は BC1600 ぐらいにすぎず，その文字にしろ，祭祀などの特別な場合に記されるもので，今日のように誰もが自由に使えるものではなかった。人類ホモ・サピエンスの誕生が二百万年前，故郷アフリカから出て世界各地に広まっていったのが五万年前と言われているが，その間，種族の移動や分散，文化の興隆や衰退，幾多の戦いや平和が繰り返されてきたであろうが，どこで何があったのかはまったく分からない。もし文字があり，少しでも記録に残されていたとしたら，その文字を通し，何千年，何万年にもわたる人類の壮大な歴史が垣間見られたであろう。もしかしたら，はるかに高度な文化，はるかに崇高な種族があったかもしれず，すばらしい王，壮絶な戦い，美しい恋物語を知ることができたかもしれない。しかしそれを記録する文字はなく，すべては長い長い時間の中で過ぎ去り，消え去り，忘れられて，今はその影さえも残ってはいない。

　文字のなかった時代，民族の知的遺産，つまり法，倫理，伝承，神話，歴史，知識，学問など，民族にとって重要なことは口で伝承するしかなかった。しかしその記憶能力は，文字に依存する現代人

と違い，はるかに高かったと思われる。おそらくは，口承文学のように，口に出したときに現れるその言語特有の音やリズムなどが膨大な知識の記憶を支えたであろう。あるいは記憶しやすいような形で言語が発達したかもしれない。もっとも，音声で引き継ぐ限り，記憶はできても，記録には残せない。その種族が滅んでしまえば，すべては跡形もなく消え去ってしまう。しかし文字が発明されると，記憶はいわば物体化され，蓄えたり運んだり広めたりすることができるようになる。種族が滅んでも，記録されたものは残り，発掘され，解読される。さらに文字は，その種族を離れ，種となってあちこちに散っていき，いろいろな種族に受け継がれてたくさんの花を咲かせる。そしてそれぞれの地で工夫され，改良されて，だんだん使いやすい便利なものになっていく。

　文字は最初は支配者や特権階級のもので，民衆を支配する絶対的な力となるものであった。聖書でモーセが神から十戒と律法を受けるとき，彼は神から「神の指で書かれた石の板」（出エジプト記）を授けられる。文字はいわば神から与えられたもので，ただ特権を持つ者だけが扱うことができ，民衆は触れることもできなかった。中世でも，聖書はラテン語で書かれており，ラテン語の知識を持つ聖職者だけが読むことのできるものだった。しかし文化の成熟や教育の普及とともに文字は広がり，便利な道具として，誰でも，いつでもどこでも使えるようになる。今日，人は文字を通してさまざまな知識や情報を得，文字によって文学や思想を作り出し，また文字で手紙をやり取りしたり契約書や報告書を作成したりする。とりわけ現代はインターネットによって文字依存が加速し，世界は文字によって提示され，どこの誰とでも，顔を見ず，口も開かずに文字で会話ができ，文字なしでは社会生活を送ることさえできなくなろうとしている。そのレベルたるや，文字が音声に代わりつつあると言ってもよいほどである。

1. 漢字・仮名とアルファベット

　英語で使われる文字はアルファベットであり，日本語で使われる文字は，漢字，ひらがな，カタカナである。「先生は学校に犬を連れて来た」のように，名詞や動詞など，意味を持つ語は漢字を用い，「は」や「に」や「を」といったつなぎの語や「た」といった文を締めくくる終わりの語はひらがなを用いる。漢字は表意文字で，「木」「山」「川」「火」「雨」のように，それ自体が絵となり，意味を表している。だから見るための文字と言っていい。ひらがなやカタカナは漢字を崩して作られた日本独自の文字で，それ自体は意味を持たず，音を写すだけ，つまり表音文字になる。一方，アルファベットはすべて音を写しただけの表音文字で，一つの文字が一つの音を表し，文字の組み合わせによって単語を作る。

　この文字の違いは，文の認識方法の違いにもなる。英語は横書きで，左から右へ，目でアルファベットを追うことで，文字を組み立て，音声を頭の中に再生させて単語を認識し，意味を導き出す。それに対し日本語は，古代からの縦書き，現代の横書き，そのどちらであろうと，漢字の字体を見ることで，瞬間的，直感的にイメージを頭の中に再生させる。正確な楷書でなく，崩し書きであってもよい。したがって，文を読む際，英語は正しく読む必要があり，一文字でも読み間違えると，音が狂い，その語を認識できなかったり，違う意味になったりする（たとえば right, light, night, knight, might, fight, tight, eight, height, sight など）。しかし漢字の場合は字体だけはっきり認識できればよく，必ずしも正しく読めなくてもよい。「明日」は，あす，あした，みょうにち，（あるいは，めいじつ，みょうじつ，みゃうにち，あくるひ）などと読むし，「その後」は，そのご，そのあと，そののち，「上る」は，のぼる，あがる，「等」も，とう，など，ら，と読むが，読み方とは無関係に，漢字で視覚的に意味は理解できる。「酷い」「廃れる」は，読みが分からなくても，残酷，廃止という熟語を知っていれば，その意味は

推測できる（ちなみに「酷い」は，むごい，ひどい，と読む）。また送り仮名に揺れがあっても（たとえば，召し上がる・召し上る・召上る），あるいは漢字が二種以上あっても（哀れ・憐れ，耐える・堪える，聞く・聴く），あるいは二通りの漢字，二通りの読みがあっても（寂しい・淋しい，さびしい・さみしい），その意味は理解できる。つまり視覚的で，音の再現は必要ではない。

　人の話を聞く場合も，英語では相手の言ったことを正しく聞き取って初めてその言葉を認識できる。やはり音声を頭の中で確認して単語を認識し，意味を導き出す。一方，日本語の場合，同音語が多いので，正しく聞き取るだけではだめで，音声から正しい漢字を思い浮かべる必要がある。「くもの写真をとる」という場合も，「くも」は「雲」と「蜘蛛」，「とる」は「撮る」と「取る」，あるいは「採る」と「盗る」では意味が違う。漢語の場合も，「かんしょう」という言葉を聞き取れても，それだけではだめで，干渉か，鑑賞か，感傷か，観照か，勧奨か，それとも完勝か，緩衝かを文脈によって決めなくてはならない。漢語は和語以上に同音語が多い。中国語なら声調によって区別できるが，日本語にはそれがないから，音がみんな同一になってしまうのである。表記が仮名だけの場合でも，漢字に変換して認識する必要がある。たとえば会津八一の短歌「くわんおん　の　しろき　ひたひ　に　やうらく　の　かげ　うごかして　かぜ　わたる　みゆ」は，声に出して詠むことを前提にすべてひらがなの分かち書きだが，意味を取るためには一度漢字に換える必要がある（「観音の白き額に瓔珞の影動かして風渡り見ゆ」）。谷崎潤一郎に平仮名を多用した『盲目物語』という作品があるが，平仮名が多くて読みにくいため，読者は自分が盲目になり，薄暗闇の中でものを見るような頼りない感覚を味わうことになる。

2. 文字・表記の発達

2.1. 日本語

　まず日本語は，ずっと文字を持たず，4世紀後半になってやっと百済（朝鮮）より大陸の漢字漢文文化を伝えられて文字を得た。しかし漢字はあくまで漢語（中国語）を記すための文字であり，日本語を写すには無理があった。そもそも漢字は，事物の形を写した象形文字や，音を表す文字と意味を表す文字を組み合わせた形声文字などがあり，一字一音で，独立した一つの意味を持つ。さらに語順で意味を表すため，日本語のような「が・の・に・を」といった助詞を持たず，また日本語ではきわめて重要な敬語も表すことはできなかった。

　では，この日本語とはまったく異なる構造の言語を日本人はどう吸収し，使いこなしたのか。それには大きく分けて三つの方法があった。一つは入ってきた漢文体のまま文を作ることで，これは高い身分を持つ男性貴族によって学問として学ばれ，政治の世界で公文書や記録文の作成，日記や手紙の記述に使われた。ただし，純粋な漢文体は習得が難しく，敬語もないので，見た目は漢文でも文法や語彙は日本語に従う変体漢文が多く使われた。それは武士の時代になっても候文として引き継がれ，時代の変わる明治の頃まで続いた。だから使い手は社会的地位の高い男性になる。249年かけて1906年に完成した水戸光圀の『大日本史』全397巻もすべて漢文体による。

　二つ目の表現方法は，漢字を日本語に合うように工夫・変形することで，まず奈良時代に万葉仮名として現れる。これは漢字の意味は捨て，音だけを日本語に当てはめて使うもので，たとえばウグイスだと宇具比須のように表記する。このように漢字を表音文字として使うことですべての日本語を表せたが，しかし一音を記すのに画数の多い漢字をいちいち使うのは時間も労力もかかる。そこで次の平安時代に，漢字を崩して草書体が作られ，その草書体をさらに崩

して平仮名 48 文字が作られた（たとえば「安」から「あ」，「以」から「い」）。これで宇具比須は「うぐひす」と記され，早く楽に書けるようになった。この文字は女性によって作られ，女性によって使われたため，男性が使う漢字（男手，男文字）に対し女手（女文字）と呼ばれ，宮廷の女流作家の書く物語や日記，あるいは和歌の文体となった。読みやすさのため漢字が交じることもあったが，ほとんどは仮名で，平安貴族の日常語をそのまま写した口語体で書かれた（今日目にするものは，読みやすいように漢字仮名交じり文に書き換え，句読点や段落やかぎかっこもついているが，原文にはそういうものはなく，かつ筆書きで，墨の濃淡や筆運びなどで意味の切れ目が分かるとはいうものの，かなり読みにくい）。だから使い手は主に社会的地位の高い教養豊かな女性になる。平仮名は形が簡単で，曲線でできた柔らかな文字であり，縦書きしやすい作りになっているので，筆で書くと，水が流れ落ちるような美しさを描き出す。したがって，文字をつなげたその連綿体は，一つの芸術として，漢字の草書とともに，今日までずっと書道の対象になっている。

　この時期，平仮名とともに片仮名も作り出されている。いわば漢字から生み出された双子の文字だが，片仮名は漢籍仏典を訓読するための補助的な文字として考案されたもので，平仮名のように崩すのではなく，漢字の一部だけを取って簡略化したものである（たとえば「伊」の左側を取って「イ」，「宇」の上側を取って「ウ」）。柔らかな曲線でできた女性的な平仮名と違い，直線でできた文字であり，連綿体では書けず，よって書道の対象ともなっていない。初めは漢文の脇の空白に符号として小さく書き込まれるだけで，平仮名のように独立はしなかったが，簡単な字形のため，やがて独立して広く使われるようになる。使い手としては，漢籍仏典に係わる僧侶や学者など，知識階級の男性になる。

　漢字の三つ目の工夫は，漢字ばかりの漢文体と仮名ばかりの和文体を混ぜ合わせた和漢混淆文である。和文体と漢文体は本来は別々

の文字体系なので，その混在は「私 have a 本」という書き方と同様，奇妙なものだった。しかしその文体は純粋な漢文体や和文体と比べると読みやすく，広く受け入れられて，それが現代の漢字仮名交じり文の基礎になる。鎌倉時代の『平家物語』は，『源氏物語』が和文の規範なら，この和漢混淆文の規範となった。「祇園精舎の鐘の声，諸行無常の響きあり。沙羅双樹の花の色，盛者必衰の理をあらはす。」（原文に句読点なし）のように，漢文訓読体で，漢語が多いため，文は簡潔で力強く，格調高い。仮名の部分はもともとは片仮名だったろうが，写本では平仮名のものも漢字のものもある。歴史的には漢字（真名，男手）が一番権威があり，ついでその訓読を補助する片仮名，ついで漢字が読めない者にも読める平仮名（女手）になる。女性が作者となる和歌や物語などは平仮名，男性が作者となる軍記物などは片仮名だったが，江戸時代にはその区別はなくなった。この漢文訓読体は，明治期になると言文一致体となり，それまでの堅い書き言葉ではなく，日常生活で使う柔らかい話し言葉で書かれるようになる。

　この文体は，視覚的には，漢字が男性的，権威的，形式的な堅い語感を持つなら，ひらがなは女性的，情緒的で，柔らかな語感を持っている。だからその組み合わせは，男文字（漢字）が意味を成し，女文字（ひらがな）がそれを支える形であり，バランスがいい（表記では，画数の多い直線的な漢字に対して，ひらがなは画数が少なく曲線的なので一回り小さく書かれる）。絵として見れば，画数の多い漢字が八重の花なら，ひらがなは平たい葉であり，きれいな視覚的効果を持つ。カタカナは，もしひらがなが柔らかく広がる葉なら，針状の鋭い葉というところだろうか。一方，カタカナは，明治になると，江戸時代の候文に代わり，公文書などの堅い書き物の文体になる。明治憲法（大日本帝国憲法）や教育勅語，尋常小学校の教科書はこの漢字カタカナ交じり文で書かれている。しかし文学書や雑誌など，広く用いられていたのは漢字とひらがなだったので，終戦後は憲法や教科書も一般的な漢字ひらがな交じり文になっ

ている。

　一方，明治には，英語（西欧語）というまったく別種の言語と文字が入ってきて，日本語に大きな変革をもたらす。英語の日本語への受容は，学校教育では，漢文読み下し（訓読）の長い伝統を引き継ぎ，英文の読み下し，つまり文法理解や英文和訳が中心だった。語彙も大量に受け入れたが，その方法は，意味を重視し，漢字熟語に変える，音を重視し，カタカナ語にする，アルファベットのまま使う（ただし日本語に合わせて縦書きにするとかなり読みにくい）という方法を取る。明治期は，抽象語などは漢字熟語にするやり方が多かったが，現代は漢字による造語力の衰えもあって（現代人は英語は学んでも，漢文はもう学ばない），入ってくる英語をそのままカタカナ語に直すやり方が多くなっている。幸い日本語には漢字，ひらがな，カタカナという三つの表記方法があったから，カタカナを外来語表記に割り当てることができた。カタカナの直線性も英語の文字の記号性を表すのに適した形になっている（カタカナはほかに擬音語や花・虫・鳥などの名前，語の強調などの際にも使われる。擬態語はひらがなが一般的）。英語の影響としては，さらに，左から右に向けての横書き，句読点などの記号などがある。ただ文字・記号だけでなく，文体に与えた影響も大きく，受身形，人称代名詞，比較，進行形，無生物主語による他動詞表現，あるいは too ~ to ~，rather than ~，so ~ that ~，enough to ~ などの構文を消化することで日本語の論理性が強化された。さらに，それまでは日本語は書き言葉と話し言葉は明瞭に区別されていたが，西欧語の影響を受けて，日本語でも言文一致の文体が考案された。特に，「なり，あり」という文語体に対し，「だ，である」という言い方が工夫され，「です，ます」という丁寧語と共に，現在の日本語における主要な文体となっている。

　この文明開化がもたらした西洋崇拝の高波は大きく，言語についても，明治以降，何度か漢字廃止論や日本語廃止論が起こった。特に敗戦後は，西欧列強に追いつくためには今までの日本語ではダメ

だということで，漢字をやめ，すべてローマ字書き，あるいは仮名書きにすべきとか，日本語をやめて英語を使うべきとか，英語を公用語にすべきという議論が繰り返されてきた。21世紀になると，本格的なグローバル化の時代を迎え，ちょうど中世でラテン語がヨーロッパの共通言語となっていたように，英語が世界共通語となった。それに合わせ，日本の英語教育も，世界で活躍できる人材育成のため，従来の文法中心，読解中心のやり方から，日本語を介さず，英語だけで授業を行う会話中心のやり方に変わりつつある。

　しばしば漢字廃止論が主張されたのは，それが表意文字だからで，一つの物に一つの漢字を当てるから何千という膨大な数の漢字を覚えなければならず，学校教育でも小学校から高校まで一貫した漢字学習が不可欠で，きわめて非効率的だった。その点，ローマ字や仮名は表音文字だから，ローマ字なら26文字さえ覚えれば，あとはその組み合わせですべての単語を表現でき，きわめて効率的である。仮に古代，漢字の代わりにローマ字が入ってきたとしたら，何の工夫もいらず，すぐにそれを応用することができたであろう。しかし現実には漢字が日本の文化を形作ってきたのであり，体系のまったく違う漢語を消化吸収することで日本語は発展してきた。それに，日本人は文化的には保守的であり，革命よりは改革のほうを好む。だから，漢字廃止論が起こっても，ベトナムや韓国のようにそれを実行せず，膨大な数の漢字の中から日常生活で使う漢字を選び出し，数を制限することで文字の問題を解決しようとした。今日の常用漢字表がそれである。

　日本は，地理的にこれ以上先へ行きようがない極東の地であるため，大陸から文化的に異なるものが入り込んだとき，それをうまく融合する能力に長けている。かつてはまったく異なる宗教である神道と仏教を習合し，さらに昔には，まったく異なる血を持つ縄文人と弥生人を溶け合わせて大和民族を作った。言語においても，まったく体系の違う日本語と漢語を融合させ，さらには英語までうまく吸収してしまうところに，日本文化特有の能力がある。今日見る日

本語は，漢字，ひらがな，カタカナ，ローマ字という多様な文字だ
けでなく，句読記号，数字，さらにはルビまで加わり，また縦書
き・横書きまであって，実に多彩なものになっている。何かを排除
するのではなく，すべてを吸収し，消化してしまう力こそ，日本語
が持つ大きな特徴である。

2.2.　英語

　一方，5 世紀半ばにイギリスに住み着いたアングロ・サクソン人
は，もともとはゲルマン民族共通のルーン文字を使っていた。ただ
し木や石に刻む文字で，祭祀などの特別な場合にのみ使い，一般の
人が使うものではなかった。そして 6 世紀，日本では仏教と漢字
が入ってきたのと同じ頃に，ローマ帝国の下で勢力を伸ばしたキリ
スト教が入り込むと，すぐにキリスト教に改宗した。そして教会を
通してローマ帝国の言語だったラテン語の文字表記（ローマ字）を
取り入れ，ルーン文字と置き換えて，そこにさらにいくつかのルー
ン文字を付け加えることで英語独自のアルファベットを作ってい
く。この入れ替えは，ローマの文化のほうが自分たちの文化よりも
はるかに高度で豊かだったからで，その知識の受容にはローマ字で
行うほうが便利だった。しかしさまざまな追加や変動があり，今の
アルファベットが完成するのはやっと 18 世紀になってからである。
　このアルファベットの歴史は紀元前 11 世紀頃のセム語族のフェ
ニキア文字までたどれる（セム語族とはインド・ヨーロッパ語族と
は別の語族で，アラビア語，ヘブライ語などが含まれる）。それま
でに楔形文字やエジプトのヒエログラフがあったが，漢字と同じ象
形的な文字であり，たくさんの複雑な文字を必要とした。それに対
し，フェニキア文字は，もともとは象形文字だったものの，一つの
文字に一つの音を当てることで表音文字を作り出した。[1] その数は

---

　[1] たとえば A は，文字を逆にすれば角のある三角形の顔になるように，元は
牛の頭部を表す象形文字だった。セム人はそれに子音を当てたが，ギリシャ人は

22個ときわめて少なかった。すべての単語はその22個の文字の組み合わせによって表現できたから，その簡素さと合理性から，ヨーロッパからインドに至る広い範囲に革命的な影響をおよぼした（この表音文字の発明は，6世紀インドでの零の発見により，0〜9の10個の数字ですべての自然数を記せるようになったインド（位取り）記数法の確立に匹敵しよう）。このフェニキア文字はもともとは子音だけだったが，そこに母音を加えてギリシャ文字が生まれ，そこから古代イタリア文字が発展して，ラテン文字やゲルマン系のルーン文字が生まれた。そしてローマ文明の広がりとともに，ヨーロッパの言語はすべてラテン語のアルファベットに置き換えられていく。ただしラテン語はアルファベットが23文字しかなく，また大文字しかなかった。もともとは記念碑の石に刻まれる文字だったからである。その後，中世になってから，葦のペンを使って早く書けるように小文字が作り出された。小文字は，縦につなげて書きやすい平仮名とは対照的に，横につなげて書きやすい形であり，（毛筆ではなく）ペンを使ったカリグラフィー（西欧の書道）が発達することになる。

　英語は，キリスト教（ローマ帝国）がもたらしたラテン語，デーン人（ヴァイキング）支配がもたらした古ノルド語との接触など，他言語から大きな影響を受けているが，その最大のものは，何と言っても三百年も続いた中世でのノルマン人とフランス語の支配である。この時代，ノルマン人が支配者となったため（イギリス人口の1割未満），フランス語が宮廷や議会や法廷での公用語となり，またラテン語が教会や大学で使われる言語となった。本来は英語を守るべき上層のイギリス人たちは，ノルマン人支配の下で，社交生活ではフランス語を話し，学校ではフランス語やラテン語を学び，イギリス人どうしでは英語を話すという多重言語生活を強いられ

/a/という母音を当て，それがローマ字に引き継がれた。なお漢字の「牛」も牛の頭部を表す象形文字。

た。必然的に英語は，国語としての地位と権威を失い，被支配者の
人たち（人口の 9 割）が使う日の当たらない言語となった。それ以
前に，アルフレッド大王がまとめ上げた『アングロ・サクソン年代
記』の英語，つまりウェスト・サクソン方言の英語が規範になるか
と思われた。しかしノルマン征服によってその道は途絶え，英語は
中心を失って各方言に分かれ，統一されることもなく，また文学に
しろ学術書にしろ，英語による書物が書かれることもほとんどな
かった。そしてこの危機の時期に，避けようもなく，フランス語の
影響を強く受けることになる。

　その影響の最大のものは，フランス語からの膨大な借用語であ
る。今日の英語でもその語彙の半分近くはフランス語から入ってき
たものと言われている。文字表記では，フランス人筆記者の影響
で，古英語では一字一音だったものが二字一音になったり
(ċir(i)ċe が church, hūs が hous (＝house) /huːs/)，表記が cwic
から quick, sċip から ship, bryċġ から bridge になったり，m,
n, u, v, w の前後の u が o の表記になったりした (luve が love,
cumen が comen (＝come))。また二人称代名詞の複数形主格の
ye，およびその目的格 you が一人の人への敬意表現になり，語形
成にアングロ・サクソン系の -ness, -less, -ful, -ly に加え，フラ
ンス語系の -able, -ation, -fy, -ous, あるいは en-, dis-, inter-,
ex-, re- などが加わり，あるいは詩の韻律が古英語の頭韻からフラ
ンス式の脚韻に変わったりした。さらに，フランス語支配の下に，
古英語の形態を維持する力を失い，いわば言語の無政府状態の中
で，名詞や動詞などの屈折が単純化され，それに伴い，語尾で示さ
れていた文法的性が消失し，また語末・語中の /ə/ の発音が消失
したりした (called は /kɔ́ːləd/ から /kɔːld/)。しかしながら，フ
ランス語支配といっても，それは上流階級に限られ，ほとんどのイ
ギリス人は英語を話していたから，英語という言語を根本的に変え
ることはなかった。むしろ，フランス語支配の最も強い影響は，イ
ギリス人の中に英語の国語としての意識を高めたことにあったろ

う。その意識は，長いフランス語支配が終わると，一気に噴き出してくる。かくて近代英語が始まる。

　近代英語はルネサンスと共に始まり，英国の発展と繁栄に合わせて洗練されたものになっていく。西欧では古代のラテン語・ギリシャ語が完成された最高位の言語と捉えられており，それはローマ帝国およびローマ・カトリック教会の西欧支配によってヨーロッパ全土に広がっていた。そこにはラテン語文化圏＝キリスト教文化圏という大きな共同体意識があったから，ラテン語・ギリシャ語は中世以降，大学やグラマー・スクールで教えられ，本や論文も，特に自然科学系のものは，17世紀に至るまでラテン語で書かれた。英語というローカルな言語で書物を著すよりも，ラテン語という権威ある普遍的な言語で著したほうが広く長く読まれたためである。英語は，フランス語支配の時代は，身分の低い者が使う言語と見なされていたが，国語として独立すると，ルネサンスの機運に乗り，ラテン語からそれまでの比ではない膨大な量の語彙を取り入れることで，ラテン語に劣らぬ権威と地位を得ようとした。その一つがラテン語の綴りの取り入れで，debt, doubt の b，receipt の p などの発音されない黙字，perfect の c，fault の l，adventure の d などの発音される字を新しく組み込むことで英語の質の向上を目指した。またアルファベットも，それまで明確な区別のなかった i と j，u と v が母音と子音としてはっきり区別され，26文字として18世紀に完成された（日本語のいろは歌（五十音図）は11世紀の完成）。

　この近代英語は，ちょうど日本語の標準語（戦後は共通語）が明治期の東京・山の手の教養ある家庭の言葉を基本にしたように，16世紀のロンドンの上流階級の言葉を基本にして作られた（ロンドンの下町言葉は非標準の cockney で，東京の下町言葉と同様，独特の発音と表現がある）。その言葉で書かれた本は当時ロンドンに導入された活版印刷術によって全国に広まり，とりわけ欽定訳聖書とシェイクスピアの戯曲が，英語の規範として，多くの人に読ま

れ，頼られた。この欽定訳聖書は民衆に広く読まれることを目的に，ほとんどアングロ・サクソン語だけを用い，一万語足らずの語彙で，簡素で力強く，また美しく格調高い文体を編み出して，一つの規範となる。聖書は，英国民であれば誰もが小さい頃から親しみ覚えるから，英語の文体の原型を作った。一方シェイクスピアは，二万から三万におよぶ膨大な語彙を自由に駆使し，それまでになかった新しい語彙や生き生きとした多彩な表現を作り出し，時代を超えて英語表現の理想的な模範となった。さらに18世紀には規範となる英文法が定められ，辞書が編纂され，また新聞と小説が誕生して，英語は一流国の洗練された言語へと発展していく。そして19世紀の大英帝国，20世紀のアメリカ合衆国の発展とともに，世界共通語としての地位を確立していくことになる。

　このように日本語と英語はまったく異なった歴史を持つ。それは辞書の見出しにも反映する。英語は「night [náit]」のように「表記＋発音」の順であるが，日本語は，「よる【夜】」のように「発音＋表記」の順になる。アルファベットはもともと発音のとおりに文字化するための記号で，古英語では単語はアルファベットのとおりに読んだ。だから古代に辞書を作るとしたら，表記だけでよく，発音の指示は不要だった。ローマ字読みのラテン語の辞書はその形である。しかし英語はその後，表記は同じ形を維持したまま，発音が大母音推移などによって大きく変わってしまったから，表記と発音の両方を表示しなければならなくなった。一方，日本語も平安中期までの仮名表記は当時の発音をそのままに写したものだった。しかしその後，漢語の発音の影響を受け，音便などが生じて発音が変わっていったために，表記と発音の間にズレが生じた。だからもし仮名だけの問題だったら，日本語も英語式に，「けふ【きょう】」，「あふぎ【おうぎ】」，「まゐる【まいる】」のようになったところである。しかし日本語は名詞，動詞，形容詞は多くが漢字の表記を当てられ，また文体は漢字仮名交じり文となったから，仮名は漢字の読みを表すものにもなった。したがって，辞書としては「けふ【今日】」

という形になるが，戦後，発音に基づく現代仮名遣いに改められたため「きょう【今日】」となり，今に至っている。

ただしこの現代仮名遣いの表記は，実際には発音のとおりではなく，それを基本にしつつ，歴史的仮名遣いを取り入れたものになっている。「昨日，少年は故郷へ帰った」は，現代仮名遣いでは「きのう，しょうねんは　こきょうへ　かえった」になるが，発音どおりだと「きのー，しょーねんわ　こきょーえ　かえった」となる。歴史的仮名遣いでは「きのふ　せうねんは　こきやうへ　かへつた」である（拗音や促音は大文字表記）。混乱も生じる。「王子」は「おーじ」と読むが，漢語由来の語なので仮名書きのときは「おうじ」となる。しかし「狼」は，やはり「おーかみ」と読むものの，和語由来の語なので表記は「おおかみ」になる（歴史的仮名遣いでは各々「わうじ」「おほかみ」）。同様に，通りは「とおり」，道理は「どうり」になる（旧仮名では「とほり」「だうり」）。また鼻血は「はなぢ」，富士は「ふじ」で，「ぢ」と「じ」は表記は違うが発音は同じ，横綱は「よこづな」，絆は「きずな」で，「づ」と「ず」は表記は違うが発音は同じというのも混乱する。古代では「ぢ」「づ」は /di/，/du/ だったが，その音が消滅し，「じ」/ʒi/，「ず」/zu/ に吸収されたことが原因だが，横綱のように綱（つな）の意味がはっきり出ていれば「づ」の表記，絆（語源はキ綱）のように綱の意味が不明瞭なら「ず」になる。しかしこうした違いは歴史的仮名遣いを知らない人にとっては何とも不便な区別になる。さらに大地は「だいち」，地面は「じめん」（昔は「ちめん」），「膝をつく」は「つ」，「ひざまずく」は「ず」（昔は「づ」）というのも紛らわしい。その「ひざまずく」も和語的な「膝まずく」ではなく漢語の「跪く」の表記になる。

戦後の新生日本を象徴するものは，この現代仮名遣いと共に，日常生活で使う漢字を定めた常用漢字表である（前身は終戦直後の当用漢字表）。膨大な漢字の中から二千字ほどが常用漢字として選別され，字体も簡略化された。獨（独），佛（仏），聲（声），廣（広），

櫻 (桜)，氣 (気)，嶽 (岳)，燈 (灯)，藝 (芸)，學 (学)，體 (体)
といった旧字体は廃止され，知らなくてもよいものになった。教科
書や辞書も国で定められた方針に従い，日常生活で実際に使うとい
う観点で統一され，工夫されて，きわめて便利なものになった。そ
の一方で，こうした合理化，現代化によって，言葉がもともと持っ
ていた豊かさや膨らみは削られ，平板なものにもなった。挨拶，曖
昧，憂鬱，妖艶，怨霊，蠢動，爛熟，俯瞰，嘲笑，蹂躙，恩寵など
は，最新の漢字表 (2010 年) では常用漢字に入れられたが，以前
は除外されていたものであり，憂うつ，ちょう笑などといった表記
を強いられた。今でも深淵，欺瞞，氾濫，豊饒，憔悴，歪曲，祈
祷，逆鱗，耽溺，無垢，清楚，馥郁，聡明，凛然などは常用漢字に
は含まれていないため，ルビを振るのでなければ，欺まん，わい曲
といった表記とならざるをえず，その見苦しさは，あたかも半分溶
けてしまった氷の彫刻でも見るようである。平易になった日本語表
記は日常生活では歓迎されても，文芸では語彙の貧弱化であり，無
残な印象が伴う。英語の場合は日本語のような古代語への郷愁とい
うものは詩を除けば基本的にない。辞書も多くは，世界共通語とし
ての現代アメリカ英語を基本に，表記は，〈center, -re〉，〈color,
colour,〉，ox [áks/ɔ́ks] のようにイギリス式は追加的になり，あく
まで今通用する現実的，標準的な用例にこだわっている。

3. 文字と語彙

　文字は，語彙をどう表すかにも係わってくる。英語の場合はアル
ファベットしかないが，日本語の場合は漢字，ひらがな，カタカナ
によって語彙の表現方法も違ってくる。
　まず日本語の語彙は和語，漢語，外来語によって構成されてい
る。和語とは漢字が日本に入ってくる前から使われていた言葉で，
ひらがなで書いてもすぐに理解できる。春，空，月，雲，雨，山，
石，川，道，手，顔，風，水，人，鳥，虫，食べる，歩く，寝る，

洗う，飛ぶ，転ぶ，熱い，早い，うれしい，悲しい，寂しいなど，日常生活で使う基本的な語彙のほとんどが属し，素朴で柔らかな語感を持つ。もともとは文字化されずに使われていたが，漢字が入って文字で表記できるようになると，一字の漢字を当てて使われるようになった。ただし，漢字は漢民族の発想を表すから，大和民族の発想を知るためには漢字を取り除いてその音声を調べる必要がある。漢字とは和語の音声にかぶせた服のようなものであり，本来の意味は漢字の下に隠されて見えない。たとえば，「暗い，黒，暮れる」は，音声としては，「くらい，くろ，くれる」で，/kur-/という発音を共通して持つ。同様に，「明るい，赤，明ける（開ける，空ける）」は /ak-/ という発音を共通して持つ。つまり語源を同じくする言葉であるが，別々の漢字を当てられたために，根が断ち切られ，その共通性は見えなくなっている。あるいは，源は水本，湖は水海，港は水門が和語の本意で，溝，霙，汀の「み」，海，波，泉，涙の「み」も水の意になる。もっともこの場合，漢字でも部首はほとんどが三水なので，水の発想の点では同じである。また和語では同一の言葉でも，漢語はきわめて分析的に区別する。「かえる」は，「我にかえる」は「帰る」ではなく「返る」，「卵がかえる」は「返る」が元の意だが「孵る」を当てる。「ひるがえる」「かえりみる」も「返る」の意だが，漢字表記では翻る，顧みるとなる。「服を着かえる」は，「代える」や「変える」ではなく，「替える」あるいは「換える」になる。「代」は代理，「変」は変化，「替」は交替，「換」は交換の意だからである（英語では change one's clothes）。和語に当てられた漢字は簡単な字が多いので，たいていは漢字で表記するが，童話など，小さい子供向けの本などではひらがなで表記される。そして和語であれば，ひらがなで書いても理解ができる。

　和語に対して，漢語は中国から入ってきた語彙であり，和語と比べると高度な観念を表す語が多い。二字で表記される語がもっとも多く，次いで一字で，三字や四字もある。動詞は活用語尾がつく和語と違って，名詞に「〜（を）する」をつけて使う。読み方は中国

語に近い音読みで，漢語であるから，仮名では表記しない。同音語
が多いので，漢字の表記がなければ正しく意味をつかめない。耳だ
けだと誤解も生じる。電車が普通になる（不通），台風一家（一過），
縦売住宅（建売），濡れ手で泡（粟），土曜の牛の日（土用の丑）と
いったように。よく使う音読みの語としては，客，菊，芸，件，
式，像，本，霊，僕，点，天気，面倒，騒動，用意，返事，思案，
後悔，約束，心配，左右，食事，病気，無事，安心，親切，愛す
る，生ずる，論ずる，感じる，反する，損する，面する，害する，
評する，変な，純な，急な，不思議な，意外な，丁寧ななどがあ
る。音読みなのですべて漢語由来である。特に漢字熟語は堅く改
まった響きがあるから，話し言葉でよりも書き言葉で多く使われ
る。たとえば「わずかの差で勝ち，みんな喜んだ」を，「僅少の差
で勝利し，一同歓喜した」のように。

　外来語は主として西欧から入ってきた言葉で，漢字の熟語になっ
たり，片仮名で表記されたりする。自由，独立，権利，組織，規
律，理論，経済，科学，哲学，演説，健康，文学，文化，文明，分
析，芸術，現実，美術，物質，具体，抽象，電流，判定，液体，教
育，概念，観念，本能，人格，思考，価値，必要，可能，想像，主
観，直観などは明治期に英語の翻訳語として作られた言葉であり，
漢字を着せられた和語と同様，英語本来の意味は見えなくなってい
る。今日では外来語はほとんどがカタカナ表記になって日本語の中
に取り入れられているが，多くは名詞となっている。動詞にする場
合は，キスする，ハグする，プレイする，ランチする，ヒットす
る，タッチする，キャンプする，ドライブする，ダンスするなど，
漢字熟語と同様，「〜（を）する」をつける。

　このように三種の表記法，三種の語彙から成り立つ日本語は，書
く際には漢字と仮名の視覚的バランスが考慮される。漢字（男手）
が多いと力強く男性的になり，ひらがな（女手）が多いと，柔らか
く女性的な印象になる。カタカナは曲線から成り立つひらがなと違
い，直線から成り立ち，硬く鋭い印象を与えるので，英語などの外

来語の表記には似つかわしい。同じものを表現する場合でも，和語を使うか，漢語を使うか，カタカナ語を使うかでイメージが違ってくる。めし屋（和語），食堂・料亭（漢語），レストラン（カタカナ語）はどれも食事をする所だが，イメージが違う。レストランは西洋料理を出す高級店，めし屋は安くて簡単な食事を出す大衆的な店，食堂は中間で，和洋を取り混ぜた手ごろな大衆の店，ただし漢語でも料亭とすると座敷のある高級日本料理店となる。めし屋で出すのはメシだが，食堂や料亭で出すのはごはん，レストランで出すのはライスになる。同様に，恋・恋愛・ラブ，宿屋・旅館・ホテル，学び・学問・ラーニング，手紙（文）・書簡（書状）・メール（レター），言葉・言語・ランゲージ，思い出・記憶・メモリー，問い・質問・クエスチョン，旅人・旅行者・トラベラー，幸せ・幸福・ハッピー，暮らし・生活・ライフ，遊び・遊戯・ゲーム，ふるさと・故郷・ホーム（タウン），寂しい・孤独・ロンリー，命・生命・ライフ，体・身体・ボディ，髪・頭髪・ヘア，月明かり（月影）・月光・ムーンライト，紙・用紙・ペーパー，お化け・幽霊・ゴースト，お手洗い・便所・トイレ，色男・美男子・ハンサム，くだもの・果実・フルーツ，あるいは，大きな岩・巨大な岩石・ジャイアントロック，かわいい女の子・可憐な少女・キュートなガールなど，比べると，和語は素朴で柔らかな感じ，漢語は堅くて整った感じ，カタカナ語は現代的でスマートな感じが漂う。

　数字では，和語は一つ，二つ，三つで，日常生活で十までのものを数えるときに使い，英語はワン，ツー，スリーで，特別な場合に20ぐらいまでを数えるときに使う（横書きでは「1から10まで数える」「3年」のようにアラビア数字を使うが，英語では count from one to ten, three years のようにアルファベット表記が普通）。一般的なのは漢語で，一，二，三，十，百，千，万と客観的に数を表現するときに使う。日常生活では和語か漢語かの選択が多い。カタカナ語は歴史的にまだ浅いからである。車・自動車，女・女性，年・年齢，つらい・過酷，楽しみ・娯楽，喜び・歓喜，恥じ・恥辱，勤

め・勤務，夢・理想，雨・雨天，定め・運命など，文脈に応じて使い分ける。同じ漢字でも，牧場を「ぼくじょう」と音読みするのと「まきば」と訓読みするのとではイメージが違ってくる。ぼく場には牧童がいて牛や馬の世話をしていそうだし，まき場には少女がいて，羊やヤギと戯れていそうである。草原（くさはら，そうげん），荒野（あれの，こうや），生物（いきもの，せいぶつ），小雨（こさめ，しょうう），白色（しろいろ，はくしょく），腹痛（はらいた，ふくつう），大海（おおうみ，たいかい），上下（うえした，じょうげ），情（なさけ，じょう）なども二通りに読み，違った印象を受ける。生魚などは，せいぎょ，なまざかな，なまうお，いきうお，いきざかな，と五通りにも読む。

　この多様な文字から成り立つ日本語に対して，英語はアルファベット一種類だけである。英語の語彙は主としてアングロ・サクソン語，ラテン語，フランス語から構成されるが，どれもアルファベットであるため，日本語のような表記の区別はできない。ただし音節の多い少ないによって大まかな区別は可能である。

　英語の土台であるアングロ・サクソン語は日本語の和語に相当し，もともとから使われていた語で，和語と同様，素朴で柔らかい語感を持つ。単音節の短くて単純な語が圧倒的に多い。代名詞のI，you, he, she, that，動詞のdo, have, go, see, rise, fly, drive, help, speak, know, think, live, love, make, drink, ride, hear, work, be, pull, sing, say，名詞のsun, moon, star, man, son, tree, ear, fire, foot, house, crop, stone, light, stream, bird, night, sheep，形容詞のgood, glad, warm, wide, old, sweet, thin, young, long などがある。二音節の語としては，water, father, mother がある。アングロ・サクソン語は日常生活で多用される基本語を構成する。

　古英語の時代，ヴァイキングがイギリスの一部を征服したときに入ってきた古ノルド語もゲルマン語派に属し，生活と係わる単音節語が多い。birth, bloom, cake, egg, knife, law, leg, root, seat, skin, skill, skull, sky, snare, want, they, their, them, call, cast, cut, die, drown, gain, get, hit, scream, seem, take, both, flat, ill, low, same, weak, wrong などすべて一音節で，二音節では anger, fellow, husband, sister, window がある。

　ラテン語はヨーロッパを支配した古代ローマ帝国の言葉で，高度な抽象性と堅固な語感を持つものが多い。英語は初期には宗教や学問に係わる語を取り入れたが (God, Heaven, hell, angel, sin, candle, temple, grammar, school)，特にルネサンスから啓蒙時代にかけて，英語を一流国家の言語にすべく，あたかも飢えた人が食べ物を貪欲に求めるようにたくさんの語をラテン語から取り入れた。多音節語から成る語が多く，単音節から成るアングロ・サクソン語と比べると，いかにも重厚で高尚な響きを持つ。ラテン語は日本語における漢語に相当し，主として文章語で使われる。二音節語では complete, complex, conclude, conflict, culture, deceive, exist, invent, passion, proceed, respond, describe, translate, 三音節語では animal, confession, discipline, dominate, example, exhibit, external, feminine, genius, gratitude, interest, multiply, popular, prohibit, quality, 四音節語では agriculture, benevolence, communicate, recognition, convenience, difficulty, fidelity, fraternity, habitation, incredible, liberation, magnificent, material, miserable, necessary, notorious, territory, 五音節語では civilization, interrogation, opportunity など，音節数が多く，表記も長くて，いかにも厳かで重々しい感じを与える。

　フランス語からは，イギリスがフランスに支配されていた時代を中心に，膨大な量の語彙が取り入れられた。日本語で言えば西欧から怒濤のごとく入ってきた外来語に相当し，ちょうどカタカナ語が先進文明国の華やかできらびやかなイメージを持つように，フランス語も先進国の洗練された高度な香りを漂わせた。今でも，ちょうど日本語にカタカナ語を織り交ぜるのがしゃれた言い方になるよう

に，英語にフランス語を織り交ぜると洗練された雰囲気を出せる。フランス語はラテン語から派生したもので，ラテン語と混ざり合う語が多い。英語に取り入れられた語は，生活に係わるものよりも（生活上の語はアングロ・サクソン語），政治や文化に係わる語，つまり政治，法律，軍事，宗教，芸術，学問，あるいは外来の食事や服装や礼儀作法といった領域に係わる語が中心になった。すなわち，政治では administration, authority, crown, council, government, parliament, prince, public, sovereign, 法律では accuse, court, crime, defendant, evidence, judge, justice, proof, punish, prison, 軍事では arms, army, battle, defense, enemy, offence, peace, war, 宗教では pray, religion, sacrifice, vice, virtue, 学問・芸術では art, beauty, comedy, image, paint, paper, poet, prose, story, tragedy, verse, 礼儀作法では comfort, courage, courteous, delight, feast, festival, glory, grace, honor, joy, luxury, noble, pleasure といった語になる。

　日本語と同様，英語にも三種類の語彙体系があるから，同じものを言い表す場合でも，どの語を使うかによってイメージが違ってくる。アングロ・サクソン語（E）は素朴で平易，フランス語（F）は洗練されていて優雅，ラテン語（L）は格式があって重厚という語感を出す。たとえば服は，clothes（E）は布で作られた一般的な服，garment（F）は服の格式ばった言い方，costume, dress, gown（L）は正式な，あるいは装飾用の高級な衣服となる。食事も meal（E）は一般的で，dinner（F）は正餐になり，feast（L）は祝宴になる。結婚は，wedding（E）は式とその後の食事のこと，marriage（F）は広く結婚と結婚生活，4音節の matrimony（L）は marriage の公式的な言い方，nuptials（L）は豪華さを強調し，古風で文語的な響きを持つ。「明るい」は，一音節の bright, light（E）が一般的な明るさなのに対し，二音節の brilliant（F）はさらに明るく，三音節の radiant（L）や luminous（L）は自らが光を放つ燦然とした明るさになる。「質問する」は，ask（E）は一般的，question（F）は細

かく連続的な質問，inquire (L) は特定の情報を求める堅い語，interrogate (L) は尋問・取り調べになる。「始める」は，start, begin (E) は一般的，commence (F) は裁判などを始める際の格式ばった語，initiate (L) は新しい分野に積極的に踏み出す場合になる。そのほか，対となるものを挙げておくと，end (E) と finish, conclude (L)，freedom (E) と liberty (L)，buy (E) と purchase (F)，make (E) と produce, manufacture (L)，drunk (E) と intoxicated (L)，hide (E) と conceal (L)，lonely (E) と solitary (L)，tired, weary (E) と fatigued (F)，exhausted (L)，talk, speak (E) と converse, communicate (L)，nightly (E) と nocturnal (L)，motherly (E) と maternal (L)，love (E) と affection (F, L) など，アングロ・サクソン語は一般的な日常語，ラテン語やフランス語は堅く格式ばった語になる。あるいは，ラテン語などが「接頭辞＋語幹」という形で多音節の合成語一語で表すところを，アングロ・サクソン語では「動詞＋副詞」という平易な熟語で表すこともある。たとえば「戻す」は put back (E)，return (F)，restore (L)，「分解する」は take apart (E)，decompose (F)，resolve (L)，「壊す」は pull down (E)，destroy, demolish (L)，「組み立てる」は put together (E)，assemble (F)，construct (L)，「決心する」は make up one's mind (E)，decide, determine, resolve (L)，「償う」は make up for (E)，compensate (L)，「褒める」は speak well of (E)，praise (F)，admire (L)，「軽蔑する」は look down on (E)，scorn (F)，despise (L)，「延期する」は put off (E)，delay, adjoin (F)，postpone, defer (L) などとなる。

　イギリスの首相だったチャーチルは第二次世界大戦中，アングロ・サクソン語を多用した演説をし，民族感情に訴えた。I have nothing to offer but blood, toil, tears, and sweat. とか，we shall fight on the beaches, we shall fight on the landing grounds, we shall fight in the fields and in the streets, we shall fight in the hills; we shall never surrender. など，ほとんどの語は1音節のアングロ・サクソン語で力強く響く。surrender は全面放棄を意味するフランス語由来の3音節の堅い語だが，アングロ・サクソン語の平易な give up や yield を使わないことでその外来語を浮き立たせている。アングロ・サクソン語は日本語における和語に当たるが，ちょうど俳句・和歌は和語で書かれるのがほとんどのように，その民族の土台となる語は強く民族意識に働きかける霊的な力を持っている。一方で，ラテン語由来の多音節語を使えば壮大で重厚な雰囲気を出せる。シェイクスピアの『マクベス』で，マクベスは王を殺害したとき，血に染まった自分の手を見て，No, this my hand will rather / The multitudinous seas incarnadine, / Making the green one red. （ええ，だめだ，のたうつ波も，この手をひたせば，紅一色，緑の大海原もたちまち朱と染まろう（福田恆存訳））と語るが，目を引く多音節語 multitudinous, incarnadine は，vast や redden という言葉に置き換えられるものの，その平凡で短い言葉を使うよりも重く荘厳な響きがある。あるいは歌詞，And the little congregation / prayed for guidance from above, / lead us not into temptation, / may his soul find the salvation / of thy great eternal love ("Three Bells")（村の信徒らは天のお導きを祈った，どうぞ我らを悪しき誘惑に導かれませんように，どうぞ彼の魂が神の無限の愛により救済されますようにと）ではラテン語由来の多音節語（congregation, temptation, salvation）が厳粛な宗教的雰囲気をかもし出している。

4. 記号

　さらに英語の論理的組み立てを支えるものとして，記号がある。ピリオド，コンマ，コロンは，もともとは中世ラテン語の修辞学で，聖書を民衆に読んで聞かせる際に，長い休止，短い休止，その中間の休止というように，話す際の息の切れ目を示すために使われ，後に意味や文の切れ目を示すようになった。ラテン語は，古代

は大文字だけで，単語と単語の間に区切りはなく，カンマやピリオドの記号や段落もほとんどなかった。しかし中世でラテン語文献を写す際に，理解しやすくするために小文字や単語の分かち書きや句読点が発明され，広まっていった。英語で一般に使われるようになるのは言語に対する意識の強くなる 16 世紀以降で，コンマ，ピリオド，コロンに加え，セミコロン，ハイフン，アポストロフィ，ダッシュ，ドット，丸かっこ，角かっこ，引用符，感嘆符，疑問符といった記号を使うことで，視覚的に文の構造を分かりやすくした。punctuation（句読法）の元の意は点で固定すること，いわば釘を打ち込むことで，文と文をつなげ，形を整える金具のようなものになる。

　一方，日本語は，本来，段落も記号もなかった。段落をつけ，句読点をつけるようになったのは，明治期に西欧の書き方を導入してからである。ただし句読点は漢文訓読の際に使っていた符号が源としてあることはあるが，それが今日のような形で定着するのは英語に接してから，明治も 20 年代になってからのことである。かぎ括弧も，以前に庵点（いおり）があるものの，やはり英語の引用符を吸収消化した（引用符で囲まれた文中にさらに語や文を引用する場合，アメリカ英語では "…'A'…"，イギリス英語では '…"A"…' も使われる。日本語は「…『A』…」。ちなみに引用符は，ドイツ語では „A"，フランス語では «A» あるいは ―A）。コロン，セミコロンは細かい区別であり，日本語には導入されなかった。使い方の目安として，縦書きは句読点，横書きはコンマ，ピリオドを使うが，横書きでも句点を使うことが多くなってきている。（　　），―，！，？なども英語から取り入れたものであり，本来は横書き用だが，縦書きでもよく使われる。しかし日本語は流動的，暗示的な表現方法を好むので，段落で区切るとか，記号で区切るというのは，必ずしも日本語に合うものではなかった。だから，段落は必ずしも内容的に一つのまとまりとはなっておらず，長くなりすぎたら適当に段落をつけるという感じでつけられることもある。

　句読点の場合も、「。」は文の終わりだが、「,」は息継ぎの場所のような感覚で打たれ（「それは、わ、た、し、よ」）、必ずしも英語のように意味のまとまりで区切るものではない。たとえば、「退院したばかりなのに父は、みんながびっくりするほど元気に歩いていた」では、意味上は「〜なのに」で切れるが、「父は」の後に一拍おくことで、その語が導入となってその後の部分が強調される。「高尾さんが出版した本が売れないと嘆いていた」のような文では、「高尾さんが」が「出版した」にかかるのか「嘆いていた」にかかるのか不明で、読点が手掛かりになるが、文脈で分かるので必ずしも必要なものではない。文学作品での使い方を英訳と比べてみる。

(1)　　そうして、その、誰にも訴えない、自分の孤独の匂いが、多くの女性に、本能に依って嗅ぎ当てられ、後年さまざま、自分がつけ込まれる誘因の一つになったような気もするのです。　　　　　　（太宰治『人間失格』）

I also have the impression that many women have been able, instinctively, to sniff out this loneliness of mine, which I confided to no one, and this in later years was to become one of the causes of my being taken advantage of in so many ways.

(Trans. Donald Keene, *No Longer Human*)

　日本語は語句の短いまとまりで読点が打たれているが、この読点はなくてもいいものである。しかし短く切ることで語り手の息遣い、あるいは性格のようなものが感じられる。それに対し英文は、単語を強調するとき、および文の意味上の切れ目で打たれており、冷静で客観性の強い印象を受ける。「人間、失格。／もはや、自分は、完全に、人間で無くなりました。」も、Disqualified as a human being.／I had now ceased utterly to be a human being. と訳され、読点に表れた感情の表出はない。

　もともと日本語は文の終わりがはっきりしているから、句読点が

なくても理解できる。表彰状や年賀状は，伝統的な表記に従って今でも句読点はつけない。たとえば次の文は文の終わりが助動詞の終止形の「た」や「です」などではっきりと示されるので，句読点は必ずしも必要ではない。

(2) 以前お会いしましたねと男が言った驚いて彼女は彼の顔をじっと見つめたしかし思い出せなかったすみません分かりませんもう行かなくてはと彼女は立ち上がりながら言ったトム・タッカーです彼は微笑んで言ったついに見つけましたよ

英語の場合，文は SVO が基本だから，「主語＋動詞」の形で文の始まりは分かりやすい。しかし限度があり，目印がないと戸惑うこともある。

(3) I have met you before the man said surprised she stared at his face she couldn't remember however sorry I don't know you she said standing up I must be going now I'm Tom Tucker he said with a smile at last I have found you

記号がないと，before や surprised は the man said に掛かるかもしれないし，his face which she couldn't remember と捉えるかもしれないし，I must be going now は男のせりふと考えるかもしれない。あるいは，however sorry とつなげたり，he said … at last とも読めてしまう。この曖昧さは記号や段落をつけることですっきりする。

(4) "I have met you before," the man said.
Surprised, she stared at his face. She couldn't remember, however.
"Sorry, I don't know you," she said, standing up. "I must

be going now."

"I'm Tom Tucker," he said with a smile, "at last, I have found you."

　句読点の打ち方を間違えると，シェイクスピアの If we offend, it is with our good will (*A Midsummer Night's Dream* 5.1) (もし気分を害されるとしたら，それは我らが善意によるもの) で始まるこっけいな場面のように意味が逆転してしまうこともある。

　また文字でのみ可能な工夫として，英語では頭文字がある。文頭，人名・場所・本の題名などの固有名詞の出だし，I などは大文字で書く。普通名詞を頭文字にして擬人化し，その名詞を，人格や意志を持った神などの存在に変えてしまうこともできる。たとえば Death は死神，Spring は春の女神，Earth は母なる大地，Providence, Heaven, Almighty, Creator などはキリスト教の神を表す (ドイツ語は名詞はすべて頭文字)。イタリック体も強調表現として使われる。特に会話である単語を故意に強く発音したときは，文ではその語はイタリックになる。

　日本語には大文字・小文字の区別がないから英語のような真似はできないが，代わりに漢字，ひらがな，カタカナという三種類の文字があり，それをうまく使うことで特別な感覚を表せる。犬，いぬ，イヌはイメージが違ってくる。犬は日本犬，いぬは愛玩犬，イヌは西洋犬のイメージになろうか。鉛筆も，えんぴつと書くと芯先が丸く柔らかな B，エンピツと書くと芯がとがってシャープな H，鉛筆とするとその中間の硬くしっかりした HB のイメージになる。またルビ (振り仮名) という工夫がある。ただ難しい漢字にルビを振るだけではなく，たとえば，紅葉(もみじ)，故郷(ふるさと)，美の女神(ヴィーナス)のように漢字に和語やカタカナ語を並べることで，二重表現の効果を出すことができる。一心同体の意で，二人と書いて，それを「ひとり」と読ませることも可能である。また文の横に傍点や傍線をつけて強調する工夫もある。日本語特有の工夫としては，ほかに，繰り返し記号と

して，同じ漢字を使う場合の「々」（人々，山々），数字や語句を繰
り返す場合の「〻」などがある。縦書きで二字以上なら長い「く」
の字を使ったが，今は廃れている。

　こうした記号や符号の多様性は，文を目で追うこと，つまり話
す・聞くではなく，書く・読む場合が多くなってきたからでもあろ
う。21世紀の今は，必要な情報は，新聞・雑誌やインターネット
を通して無限に提供される。人はもう誰かと会って話す必要さえな
くなりかけている。文字の世界は限りなく広がっていき，電子メー
ルやチャットなどでは従来なかったような絵文字や顔文字，略語な
どがひんぱんに使われている。視覚的な漢字文化を持つ日本では絵
文字・顔文字が多く，（笑），（泣），(^o^)，(T_T)，m(_ _)m，
(>_<)，(*_*)，f(^_^；)，(￣へ￣井) など，気分や感情を表すも
のがよく使われる。アルファベット文化の英語では，:) や :(と
いった顔文字もあるが，やはり略語のほうが多く，LOL (Laughing
Out Loud)，ROFL (Rolling On the Floor Laughing)，PLS
(Please)，JK (Just Kidding)，IC (I see)，CU (See you)，B4
(Before)，4U (for you)，F2F (Face to Face) などが使われる。
これらの文字は流行に左右されるきわめて不安定なものだから，今
後，新しさや面白さを求めて次々と入れ替わっていくと思われる。

参 考 文 献

安藤貞雄（1986）『英語の論理・日本語の論理 — 対照言語学的研究』大修館書店.

安藤貞雄（2008）『英語の文型 — 文型がわかれば，英語がわかる』言語・文化選書 5，開拓社.

安藤貞雄・澤田治美（2001）『英語学入門』開拓社.

安西徹雄（1983）『英語の発想 — 翻訳の現場から』講談社現代新書.

荒木博之（1985）『やまとことばの人類学：日本語から日本人を考える』朝日選書 293，朝日新聞社.

Baker, Peter S. (2003) *Introduction to Old English*, Blackwell, Malden, MA.

Barber, Charles, Joan C. Beal and Philip A. Shaw (1993) *The English Language: A Historical Introduction*, Cambridge University Press, New York.

Baugh, Albert C. and Thomas Cable (2002) *A History of the English Language*, 5th ed., Routledge, London.

Biber, Douglas, Susan Conrad and Geoffrey Leach (2002) *Longman Student Grammar of Spoken and Written English*, Longman, London.

ブラッグ，メルヴィン（著），三川基好（訳）（2008）『英語の冒険』講談社学術文庫．［原著：Melvyn Bragg, *The Adventure of English: The Biography of a Language*, Sceptre, London, 2004］

土井忠生・森田武（1977）『新訂国語史要説』修文館.

土居建郎（1971）『「甘え」の構造』弘文堂.

江川泰一郎（1991）『改訂三版 英文法解説』金子書房.

Freeborn, Dennis (2006) *From Old English to Standard English: a course book in language variation across time*, 3rd ed., Palgrave Macmillan, Basingstoke.

Fromkin, Victoria, Robert Rodman and Nina Hyams (2003) *An Introduction to Language*, 7th ed., Heinle, Thomson, Boston.

藤原保明（2010）『言葉をさかのぼる — 歴史に閉ざされた英語と日本語の

世界』言語・文化選書 22，開拓社.

橋本功 (2005)『英語史入門』慶應義塾大学出版会.

長谷川潔 (1974)『日本語と英語——その発想と表現』サイマル出版会.

畠山雄二 (編) (2016)『徹底比較日本語文法と英文法』くろしお出版.

樋口昌幸 (2009)『英語の冠詞：歴史から探る本質』広島大学出版会.

平出昌嗣 (2008)『踊る羊と実る稲——日欧比較文化・日英比較言語への招待』学術出版会.

堀井令以知 (1997)『比較言語学を学ぶ人のために』世界思想社.

Huddleton, Rodney and Geoffrey K. Pullum (2002) *The Cambridge Grammar of the English Language*, Cambridge University Press, Cambridge.

家入葉子 (2007)『ベーシック英語史』ひつじ書房.

池上嘉彦 (1981)『「する」と「なる」の言語学』大修館書店.

池上嘉彦 (2006)『英語の感覚・日本語の感覚——「ことばの意味」のしくみ』NHK 出版.

池上嘉彦 (2007)『日本語と日本語論』ちくま学芸文庫.

今井隆夫 (2010)『イメージで捉える感覚英文法——認知文法を参照した英語学習法』言語・文化選書 20，開拓社.

井上ひさし (1981)『私家版日本語文法』新潮社.

井上和子 (1978)『日本語の文法規則——日英対照』大修館書店.

石津ジュディス・星加和美 (2001)『冠詞が使えるルールブック』ベレ出版.

城生佰太郎・松崎寛 (1994)『日本語「らしさ」の言語学』講談社.

影山太郎 (2002)『ケジメのない日本語』岩波書店.

影山太郎 (編) (2001)『日英対照　動詞の意味と構文』大修館書店.

金谷武洋 (2003)『日本語文法の謎を解く——「ある」日本語と「する」英語』ちくま新書 383.

金田一春彦 (1988)『日本語 (新版) 上・下』岩波新書.

金田一春彦ほか (1981)『変わる日本語——現代語は乱れてきたか』講談社ゼミナール選書.

岸田隆之・早坂信・奥村直史 (2002)『歴史から読み解く英語の謎』教育出版.

小池清治 (1989)『日本語はいかにつくられたか？』筑摩書房.

庵功雄 (2012)『新しい日本語学入門——ことばのしくみを考える』スリーエーネットワーク.

國廣哲彌（編）（1980a）『音声と形態』日英語比較講座　第1巻，大修館書店.

國廣哲彌（編）（1980b）『文法』日英語比較講座　第2巻，大修館書店.

國廣哲彌（編）（1981）『意味と語彙』日英語比較講座　第3巻，大修館書店.

國廣哲彌（編）（1982a）『発想と表現』日英語比較講座　第4巻，大修館書店.

國廣哲彌（編）（1982b）『文化と社会』日英語比較講座　第5巻，大修館書店.

久野暲・高見健一（2004）『謎解きの英文法：冠詞と名詞』くろしお出版.

リー，デイヴィッド（著），宮浦国江（訳）（2006）『実例で学ぶ認知言語学』大修館書店.［原著：David Lee, *Cognitive Linguistics: An Introduction*, Oxford University Press, New York, 2002］

巻下吉夫・瀬戸賢一（1997）『文化と発想とレトリック』研究社.

マシューズ，コンスタンス・メアリ（1982）『Words words words（英語物語：地方語から世界語へ）』（小田基・福地肇編注）金星堂.［原著：C. Mary Matthews, *Words Words Words*, Lutterworth Press, Guildford, 1979.］

松浪有（編）（1986）『英語史』大修館書店.

McCully, Chris and Sharon Hilles (2005) *The Earliest English—An Introduction to Old English Language*, Pearson Longman, Harlow.

三上章（1972）『現代語法序説――シンタクスの試み』くろしお出版.

水谷信子（1985）『日英比較　話しことばの文法』くろしお出版.

水谷信子（1989）『日本語教育の内容と方法――構文の日英比較を中心に』アルク.

水谷修（1987）『話しことばと日本人――日本語の生態』創拓社.

森岡健二ほか（1982）『語彙史』講座日本語学4，明治書院.

森田良行（1981）『日本語の発想』冬樹社.

森山卓郎（2002）『表現を味わうための日本語文法』岩波書店.

森山卓郎（2002）『ここからはじまる日本語文法』ひつじ書房.

Mugglestone, Lynda, ed. (2006) *The Oxford History of English*, Oxford University Press, New York.

村田美穂子（編）（2005）『文法の時間』至文堂.

中川右也（2010）『教室英文法の謎を探る』開拓社.

中島平三（2017）『斜めからの学校英文法』言語・文化選書70，開拓社.

中野道雄 (1981)『日英語対照研究』神戸市外国語大学外国語学研究所.

中尾俊夫 (1979)『英語発達史』篠崎書林.

中尾俊夫・児馬修 (1990)『歴史的にさぐる現代の英文法』大修館書店.

中尾俊夫・寺島廸子 (1988)『図説英語史入門』大修館書店.

野村益寛 (2014)『ファンダメンタル認知言語学』ひつじ書房.

小川浩・松浪有 (1995)『英語の歴史』大修館書店.

大野晋 (1974)『日本語をさかのぼる』岩波新書.

大野晋 (1987)『文法と語彙』岩波書店.

大野晋 (2014)『大野晋の日本語相談』河出書房新社.

大野晋・丸谷才一・大岡信・井上ひさし (1989-1992)『日本語相談 1 ～ 5』朝日新聞社.

沖森卓也 (編) (2010)『日本語概説』朝倉書店.

沖森卓也 (編) (2010)『日本語史概説』朝倉書店.

沖森卓也 (2010)『はじめて読む日本語の歴史——うつりゆく音韻・文字・語彙・文法』ベレ出版.

興津憲作 (1992)『外国語から見た日本語』近代文芸社.

ピーターセン，マーク (1988)『日本人の英語』岩波新書.

ピーターセン，マーク (1990)『続日本人の英語』岩波新書.

Pyles, Thomas and John Algeo (1982) *The Origins and Development of the English Language*, 3rd ed., Harcourt Brace Jovanovich, New York.

最所フミ (1975)『英語と日本語：発想と表現の比較』研究社.

阪倉篤義 (1973)『改稿　日本文法の話』教育出版.

阪倉篤義 (1974)『日本文法の話』教育出版.

阪倉篤義 (1993)『日本語表現の流れ』岩波書店.

Samuels, M. L. (1972) *Linguistic Evolution; with Special Reference to English*, Cambridge University Press, Cambridge.

佐藤喜代治 (1977)『日本文法要論』朝倉書店.

佐藤武義 (編) (1995)『概説日本語の歴史』朝倉書店.

佐藤芳明・田中茂範 (2009)『レキシカル・グラマーへの招待——新しい教育英文法の可能性』言語・文化選書 9，開拓社.

澤田治美・高見健一 (2010)『ことばの意味と使用：日英語のダイナミズム』鳳書房.

芦沢栄 (1978)『英語の輪郭』開拓社.

瀬田幸人・保阪靖人・外池滋生（2010）『「入門」ことばの世界』大修館書店.

志子田光雄（1980）『英詩理解の基礎知識』金星堂.

Singh, Ishtla（2005）*The History of English: A Student's Guide*, Hodder Arnold, London.

Smith, Jeremy（1996）*An Historical Study of English: Function, Form and Change*, Routledge, London.

外間守善・内間直仁（1986）『日本言語史』法政大学.

菅井三実（2012）『英語を通して学ぶ日本語のツボ』言語・文化選書 33, 開拓社.

杉本つとむ（1982）『ことばの文化史——日本語の起源から現代語まで』桜楓社.

鈴木寛次（2000）『英文法の仕組みを解く』NHK ブックス 898, 日本放送出版協会.

鈴木寛次・三木千絵（2007）『根本理解! やり直し英文法』大修館書店.

鈴木孝夫（1973）『ことばと文化』岩波新書.

鈴木孝夫（1975）『閉された言語・日本語の世界』新潮社.

鈴木孝夫（1990）『日本語と外国語』岩波新書.

諏訪春雄（編）（2006）『日本語の現在』勉誠出版.

Sweetser, Eve E.（1990）*From Etymology to Pragmatics: Metaphorical and Cultural Aspects of Semantic Structure*, Cambridge University Press, Cambridge.

高橋太郎（2005）『日本語の文法』ひつじ書房.

田中みどり（2003）『日本語のなりたち——歴史と構造』ミネルヴァ書房.

飛岡健・David Burleigh（1986）『日本人と欧米人』マクミランランゲージハウス.

外山滋比古（1992）『英語の発想・日本語の発想』NHK ブックス 654, 日本放送出版協会.

津守光太（2008）『a と the の底力——冠詞で見えるネイティブスピーカーの世界』プレイス.

宇賀治正朋（2000）『英語史』現代の英語学シリーズ 8, 開拓社.

綿貫陽（改訂・著）（2000）『徹底例解ロイヤル英文法』旺文社.

山田敏弘（2013）『国語教師が知っておきたい日本語文法（改訂版）』くろしお出版.

山口明穂（2004）『日本語の論理 ── 言葉に現れる思想』大修館書店.

山口明穂ほか（1997）『日本語の歴史』東京大学出版会.

山口堯二（2005）『日本語学入門 ── しくみと成り立ち』昭和堂.

柳父章（1982）『翻訳語成立事情』岩波新書.

安井稔（1996）『英文法総覧［改訂版］』開拓社.

米山三明（2009）『意味論から見る英語の構造 ── 移動と状態変化の表現を巡って』言語・文化選書 15，開拓社.

吉川洋・友繁義典（2008）『英語の意味とニュアンス ── 入門講座』大修館書店.

索　引

1. 日本語は五十音順で並べてある。
2. 数字はページ数を示し，n は脚注を表す。

232

平出　昌嗣　（ひらいで　しょうじ）

　千葉大学名誉教授。
　主な著書に，『踊る羊と実る稲 ── 日欧比較文化・日英比較言語への招待 ──』
（学術出版会），『イギリス・モダニズム小説 ── 個と闇と流動の作家たち ──』（彩
流社），『イギリス文学名作 30 選』（鷹書房弓プレス），『名作英米小説の読み方・
楽しみ方』（学術出版会）などがある。

英語と日本語の深層を探る（上）　　　　　　＜開拓社
　── 言語を比較する ──　　　　　　　　　言語・文化選書 89＞

2021 年 6 月 22 日　　第 1 版第 1 刷発行

著作者　　平 出 昌 嗣
発行者　　武 村 哲 司
印刷所　　日之出印刷株式会社

　　　　　　　　　　　　　　　　　〒112-0013 東京都文京区音羽 1-22-16
発行所　　株式会社　開 拓 社　　電話　（03）5395-7101（代表）
　　　　　　　　　　　　　　　　　振替　00160-8-39587
　　　　　　　　　　　　　　　　　http://www.kaitakusha.co.jp